Andrea Kienle, Gabriele Kunau

Informatik & Gesellschaft

Weitere empfehlenswerte Titel

Medientechnisches Wissen.
Band 1: Logik, Informations- und Speichertheorie
2. Auflage
Stefan Höltgen (Hg.), 2025
ISBN 978-3-11-103622-9, e-ISBN (PDF) 978-3-11-103654-0,
e-ISBN (EPUB) 978-3-11-103714-1

Technoscientific Research.
Methodological and Ethical Aspects
2nd Edition
Roman Z. Morawski, 2024
ISBN 978-3-11-117980-3, e-ISBN (PDF) 978-3-11-118003-8,
e-ISBN (EPUB) 978-3-11-118075-5

System Engineering mit SysML.
Mechatronische Produktionssysteme und Modellbasiertes Engineering
Birgit Vogel-Heuser, 2024
ISBN 978-3-11-142929-8, e-ISBN (PDF) 978-3-11-142971-7,
e-ISBN (EPUB) 978-3-11-143080-5

Künstliche Intelligenz und menschliche Gesellschaft
László Kovács (Hg.), 2023
Open Access
ISBN 978-3-11-103449-2, e-ISBN (PDF) 978-3-11-103470-6,
e-ISBN (EPUB) 978-3-11-103486-7

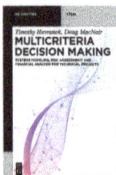

Multicriteria Decision Making.
Systems Modeling, Risk Assessment, and Financial Analysis for Technical
Projects
Timothy Havranek, Doug MacNair, James Wolf, 2023
ISBN 978-3-11-076564-9, e-ISBN (PDF) 978-3-11-076586-1,
e-ISBN (EPUB) 978-3-11-076590-8

Andrea Kienle, Gabriele Kunau

Informatik & Gesellschaft

Sozio-technische Systeme für die digitale Transformation

2., komplett überarbeitete und erweiterte Auflage

DE GRUYTER
OLDENBOURG

Autorinnen
Prof. Dr. Andrea Kienle
andrea.kienle@fernuni-hagen.de

Prof. Dr. Gabriele Kunau
gabriele.kunau@fh-dortmund.de

ISBN 978-3-11-147720-6
e-ISBN (PDF) 978-3-11-147855-5
e-ISBN (EPUB) 978-3-11-147959-0

Library of Congress Control Number: 2025941077

Bibliographic information published by the Deutsche Nationalbibliothek
Die Deutsche Nationalbibliothek verzeichnet diese Publikation in der Deutschen Nationalbibliografie;
detaillierte bibliografische Daten sind im Internet über http://dnb.dnb.de abrufbar.

© 2026 Walter de Gruyter GmbH, Berlin/Boston, Genthiner Straße 13, 10785 Berlin
Illustrationen und Titelbild: Dipl.-Des. Stefanie Levers
Satz: Integra Software Services Pvt. Ltd.

www.degruyterbrill.com
Fragen zur allgemeinen Produktsicherheit:
productsafety@degruyterbrill.com

Vorwort

Elf Jahre nach der ersten Auflage erscheint mit neuem Untertitel unser Lehrbuch zu Informatik & Gesellschaft erneut. Damit betonen wir, dass wir in dem Ansatz der Gestaltung sozio-technischer Systeme einen wertvollen Beitrag für die digitale Transformation sehen.

Die Welt hat sich seit der ersten Auflage rasant weiterentwickelt. Die digitale Transformation hat beachtlich an Fahrt aufgenommen und durchdringt alle Arbeits- und Lebensbereiche. Mit dem ChatGPT-Moment im November 2022 kommt die weite Verbreitung der künstlichen Intelligenz hinzu, die nochmals zu schnellen Weiterentwicklungen und einschneidenden Veränderungen in praktisch allen Bereichen führt.

Mit unserem Lehrkonzept möchten wir einen Beitrag zur Gestaltung der digitalen Transformation leisten. Es ist das Ergebnis unserer langjährigen Erfahrung mit und tiefgehender Reflexion der Vermittlung von Informatik & Gesellschaft. Das Konzept integriert eine Übersicht über längerlebige Grundlagen, Methoden und Werkzeuge in diesem Buch einerseits mit aktuellen Anwendungen, Beispielen und Verweisen auf Onlinequellen als digitales Zusatzmaterial andererseits. Im folgenden Begleittext für Lehrende gehen wir detaillierter auf das Lehrkonzept ein und geben Lese- und Verwendungshinweise.

Diese zweite Auflage ist zu unserem Herzensprojekt geworden. Von den ersten Ideen am Rande der Jahrestagung der Gesellschaft für Informatik (GI) 2023 in Berlin über Arbeitswochenenden am Phönixsee in Dortmund und am Sorpesee im Sauerland bis zur letzten Redaktionssitzung sollten rund zwei Jahre vergehen. Die gemeinsame Arbeit hat uns noch näher zusammengebracht und trotz aller Anstrengung viel Freude gemacht.

Besonderen Spaß hat uns die Zusammenarbeit mit Stefanie Levers bereitet. Ihre unverwechselbaren Figuren zaubern uns immer wieder ein Lächeln ins Gesicht. Ihre Ideen, komplexe Zusammenhänge in vermeintlich simple Darstellungen zu übersetzen, haben uns beeindruckt. Wer diese Art auch mag und Bedarf an Illustrationen für eigene Projekte hat, erreicht Steffi unter post@stefanielevers.de. Danke, Steffi, für die tolle Zusammenarbeit!

Unseren Familien und Freunden ein herzliches Dankeschön für eure Unterstützung und Nachsicht in den arbeitsintensiven Phasen der Erstellung dieses Buches.

Wir sind an einem Austausch mit anderen Lehrenden über die Gestaltung von Lehrveranstaltungen zu Informatik & Gesellschaft sehr interessiert. Deshalb freuen wir uns über Rückmeldungen an andrea.kienle@fernuni-hagen.de oder gabriele.kunau@fh-dortmund.de.

Dortmund, im Juni 2025
Andrea Kienle und Gabriele Kunau

https://doi.org/10.1515/9783111478555-202

Begleittext für Lehrende

Das vorliegende Lehrbuch ist Bestandteil eines zweiteiligen Lehrkonzeptes für Informatik & Gesellschaft. Es stellt Grundlagen, Methoden und Werkzeuge, die wir für längerlebig halten, abstrakt dar. Ergänzt wird es durch die umfassende Sammlung von digital bereitgestelltem Zusatzmaterial. Dieses enthält Beispiele und Aufgaben, die auf aktuellen Themen basieren und direkt in der Lehre eingesetzt werden können. Unser Ansatz ist breit gefasst und nimmt neben der Analyse und Beschreibung auch die Gestaltung sozio-technischer Systeme in den Blick.

In dem Lehrbuch stellen wir die Inhalte kompakt dar. Dabei geben wir zahlreiche Verweise auf weitere, oft digital verfügbare Quellen, die je nach Bedarf in den eigenen Lehrveranstaltungen aufgenommen werden können. Die Kapitel des Buches sind immer gleich aufgebaut:
–   Den Anfang machen ein einleitender Text und die mit dem Kapitel verbundenen Lernziele.
–   Es folgen inhaltliche Unterkapitel, die das jeweilige Thema in Sinnabschnitte unterteilen.
–   In jedem Kapitel haben wir uns auf ein oder zwei Abbildungen beschränkt, die nach unserer Auffassung wichtige Grundlagen, Methoden oder Werkzeuge darstellen.
–   Die wichtigsten Aussagen und Definitionen sind im Text blau markiert und zusammenfassend in blauen Infoboxen dargestellt.
–   Die Kapitel enden mit einer Zusammenfassung, Wiederholungsfragen, einem Verweis auf das Zusatzmaterial und dem dazugehörigen Literaturverzeichnis.

Im Exkurs in Kapitel 2 werden systemtheoretische Grundlagen sozio-technischer Systeme beschrieben, die über den Inhalt einer Bachelorveranstaltung hinausgehen, im wissenschaftlichen Diskurs jedoch eine wichtige Basis für unsere Definition bilden. Für das Verständnis dieser Definition sozio-technischer Systeme ist der Exkurs hilfreich, aber nicht notwendig.

Die Inhalte hier im Lehrbuch werden durch aktuelle Themen, Beispiele und Aufgaben zur aktiven Auseinandersetzung als Zusatzmaterial auf der Verlagswebseite ergänzt. Diese sind über einen QR-Code oder unter der URL https://www.degruyterbrill. com/document/isbn/9783111479590/html zu erreichen. Beides wird am Ende jedes Kapitels angegeben. Das Zusatzmaterial wird in regelmäßigen Abständen geprüft und aktualisiert. Sie beinhalten mindestens:
–   Anwendungsfälle zur Vertiefung
–   Diskussionsfälle zur Reflexion und zum Transfer
–   ergänzendes Material
–   klickbare Literaturverzeichnisse, um direkt zu den Online-Quellen zu gelangen

https://doi.org/10.1515/9783111478555-203

Wo es möglich ist, werden wir Verweise auf Zielgruppen hinterlassen. Unsere Hauptziel-gruppe sind Bachelorstudierende. Die zunehmende Lehre zu Informatik und Medien-kompetenz auch an Schulen führte dazu, dass unser Buch bereits in der ersten Auflage auch in diesem Gebiet zum Einsatz kam. Zudem wird Fach Informatik & Gesellschaft an einigen Hochschulen auch in Masterstudiengängen aufgegriffen. Beidem möchten wir durch vielfältige Beispiele, mit denen sich die unterschiedlichen Zielgruppen identifizie-ren können, gerecht werden. Es ist unser Ziel, den Lernenden auf unterschiedlichen Bil-dungsniveaus Möglichkeiten zur Steigerung Ihrer Reflexionsfähigkeit sowie der Entwick-lung einer Haltung für ein Leben und Wirken in der digitalen Transformation zu geben.

Durch den gewählten Ansatz der Kombination aus theoretischen Grundlagen im Lehrbuch und aktuellen Fällen im Zusatzmaterial bleibt das Lehrangebot insgesamt theoretisch fundiert und zugleich aktuell. Ausgehend von der ersten Auflage dieses Lehrbuches stellten wir in dem Workshop Informatik & Gesellschaft der Jahrestagung der Gesellschaft für Informatik (GI) 2022 ein überarbeitetes Lehrkonzept zur Diskus-sion. Wir haben darauf aufbauend das Konzept für die nun vorliegende zweite Auf-lage des Lehrbuches weiter schärfen können.

Wer sich für Quellen und historische Diskussionen zur Lehre von Informatik & Gesellschaft interessiert, kann in dieser Veröffentlichung dazu fündig werden: Kunau, Gabriele; Kienle, Andrea (2022): Die ethischen Leitlinien der GI als Rahmen für Infor-matik und Gesellschaft in der Bachelorausbildung. In: Demmler, Daniel; Krupka, Da-niel; Federrath, Hannes (Hrsg.): Informatik 2022 – Informatik in den Naturwissen-schaften. Lecture Notes in Informatics (LNI). Bonn: Gesellschaft für Informatik. S. 735–744. Online verfügbar: https://dl.gi.de/handle/20.500.12116/39511.

Geleitwort, 1. Auflage (2014)

Angesichts der Vielfalt des Informatikstudiums fragt man sich, ab wann Informatikerinnen oder Informatiker ausreichend gut ausgebildet sind – und ob dafür „Informatik und Gesellschaft" eine Rolle spielt. Die Antwort hängt unmittelbar damit zusammen, wie man erkennt, ob eine mit Hilfe der Informatik entwickelte Lösung gelungen ist oder ob noch nachgebessert werden muss. Man kann dafür Kriterien aus technischer Sicht ableiten, ob zum Beispiel die Bearbeitung schnell genug abläuft, der Speicherplatz ausreicht, die Integrität der Daten gewährleistet ist etc. Für die Kommunikation mittels E-Mail scheinen diese Kriterien erfüllt und somit eine ausreichende Lösung erzielt zu sein. Man kann mittels E-Mail nahezu synchron kommunizieren, die Daten werden korrekt übertragen – begrenzt ist nur der Datenumfang, wenn man an das Versenden von Videos im Anhang denkt, aber für den Nachrichtenaustausch ist er ausreichend.

Allerdings gibt es andere Probleme: Viele Menschen werden am Arbeitsplatz mit E-Mails überflutet, die von der eigentlichen Aufgabe ablenken. Viele sind per E-Mail auch in ihrer Freizeit erreichbar und können keine Distanz mehr zur Arbeit aufbauen. In 2013 wurde daher verstärkt diskutiert, inwiefern unser Umgang mit Email zu Burnout-Symptomen beiträgt; immer mehr Firmen erlassen organisatorische Regeln, um den E-Mail-Austausch einzuschränken, insbesondere nach Feierabend. Zusätzlich verstärkt sich angesichts der NSA-Affäre die Unsicherheit, ob E-Mail-Austausch noch vertraulich ist. Es stellt sich die Frage, ob nicht von vornherein eine Verschlüsselung von Nachrichten als Standard in den entsprechenden Austauschprotokollen hätte vorgesehen werden müssen.

Diese Beispiele verdeutlichen, dass die rein technische Qualitätsbeurteilung einer Lösung nicht ausreicht. Das Verhalten der Benutzer, ihre Interaktion in sozialen Zusammenhängen sowie die Ziele der Organisationen, die die Technik nutzen, sind ebenfalls zu berücksichtigen. Die Anforderungen, die sich aus dem Anwendungskontext ergeben, sind zu erheben – und oftmals reicht eine Erhebung nicht aus, da die künftigen Anwender oft nicht wissen, welche Möglichkeiten und Auswirkungen mit einer technischen Lösung einhergehen. Daher müssen Informatiker / innen im Rahmen des Requirements-Engineering Kreativität entwickeln, um die Auswirkungen einer Lösung abzuschätzen und auf dieser Grundlage die Anforderungen gemeinsam mit den Anwendern zu konstruieren. Hinzukommt bei der Beurteilung einer technischen Lösung, dass sie meistens kein fertiges Produkt darstellt und nachträgliche Eingriffe erforderlich sind. Es werden Anpassungen vorgenommen, neue Versionen installiert oder zumindest Patches aufgespielt. Aus dieser Perspektive ist Software-Entwicklung eher eine kontinuierliche Dienstleistung als ein Produktionsprozess. Ein zentrales Kennzeichen von Dienstleistungen im Allgemeinen ist es, dass sie in Interaktion mit den Kunden erbracht werden. Dieser Kontakt zu den Kunden ist auch von Informatikern /

https://doi.org/10.1515/9783111478555-204

innen sicherzustellen. Zu diesem Zweck sollten sie den Anwendungskontext zumindest rudimentär verstehen, um sich in der Kommunikation mit künftigen Anwendern auf deren Perspektive einstellen zu können.

Am Beispiel der E-Mail-Kommunikation wird deutlich, dass das Verhalten der Benutzer bei der Gestaltung einbezogen werden muss. Es sind organisatorische Regeln zu entwickeln, die sich in den technischen Lösungen widerspiegeln (etwa, indem Filter eingerichtet werden können, keine Mail ohne Betreff-Angabe gesendet werden kann etc.). Es sind Lernprozesse anzustoßen, die einen sparsamen Umgang mit dem Medium begünstigen. Die Lernprozesse sind durch das Kommunikationsmedium selbst zu unterstützen. Insgesamt muss also ein sozio-technisches Design stattfinden, das die Betroffenen einbezieht. Zu einer ausreichenden Informatikausbildung gehört es daher, dass man in der Lage ist, sich den Anwendungskontext eines IT-Systems durch geeignete Erhebung und durch die Kommunikation mit den künftigen Anwendern anzueignen sowie zu einer Anpassung der organisatorischen Prozesse und zur Kompetenzentwicklung im Anwendungsfeld beizutragen. Dabei ist die Mitwirkung von Informatikern / innen deshalb erforderlich, weil sie die Potentiale einer neuen IT-Lösung am besten verstehen. Sie kennen – eine geeignete Ausbildung vorausgesetzt – die Auswirkungen des bisherigen Technikeinsatzes und können aufgrund dieser Erfahrung abschätzen, welche Vorteile und Schwierigkeiten mit der Einführung eines neuen Systems zu erwarten sind und wie man sich im organisatorischen Kontext darauf vorbereiten muss.

Im Umfeld des Software- und Requirements-Engineering ist es durchaus üblich, eine sozio-technische Perspektive einzunehmen. Ein Aufsatz von Baxter und Sommerville aus dem Jahr 2011 geht im Detail auf diese Perspektive ein. Allerdings wird in dem Beitrag deutlich, dass mit sozio-technischem Requirements-Engineering oftmals gemeint ist, dass die Bedingungen des sozialen und organisatorischen Umfeldes für die Software-Entwicklung zwar verstanden werden müssen, aber dass es nicht zu den Aufgaben der Informatiker/innen gezählt wird, die organisatorischen Veränderungen mitzugestalten, die mit dem Software-Einsatz einhergehen. In dem Beitrag von Baxter und Sommerville wird verdeutlicht, dass die Software-Entwicklung und die Veränderung der softwaretechnisch unterstützten Arbeitsprozesse eng miteinander verknüpft sind. Informatiker/innen sollen für diese Verknüpfung sensibel sein und auf dieser Grundlage Software entwickeln. Es ist jedoch nicht systematisch vorgesehen, dass Software-Entwickler sich an den organisatorischen Veränderungen aktiv beteiligen.

Die Perspektive des Fachgebietes Informatik und Gesellschaft hilft, diese Einengung zu überwinden. Indem vermittelt wird, wie die Wirkungen des Einsatzes von Software abschätzbar sind, werden Informatiker/innen auch befähigt, die Nutzungsverläufe einer neuen Software zu beeinflussen und bei der Ausgestaltung der notwendigen organisatorischen Veränderungen und bei der Orientierung der Benutzer mitzuarbeiten. Es werden also neben den technischen Erfolgskriterien auch solche Anforderungen beachtet, die sich aus dem sozialen Gefüge der Nutzer ableiten lassen. Ob diese Anforderungen erfüllt werden oder nicht, kann man allerdings nur in der

Praxis erkennen – sie sind nicht, wie bei technischen Kriterien, im Labor überprüfbar. Hierdurch wird es erschwert, „Informatik und Gesellschaft§ im Rahmen der Hochschulausbildung zu vermitteln, da sich die Vorteile der Berücksichtigung des Anwendungskontextes und der gemeinsamen Erarbeitung der Anforderungen häufig erst in der Praxis erweist. Es empfiehlt sich daher, während des Studiums dieses Buches immer wieder den Kontakt mit der Praxis zu suchen, um die dargestellten Methoden und Erklärungen zu erörtern und mit einem konkreten Fall zu vergleichen. Es erweist sich als Vorteil, dass eine Autorin des vorliegenden Buches aus der täglichen Praxis der Hochschullehre kommt, während die andere intensiv in den praktischen Berufsalltag der Entwicklung und Umsetzung informationstechnischer Systeme eingebunden ist. So war eine Synergie möglich, die man für die Entstehung eines gestaltungsorientierten Buches über „Informatik und Gesellschaft" als besonderen Glücksfall ansehen darf.

Thomas Herrmann
Vertreter des Fachgebietes Informatik und Gesellschaft an der Universität Dortmund
von 1986–2004

Vorwort, 1. Auflage (2014)

Informatik und Gesellschaft ist ein Fach, das oft alle „sozialen" und „weichen" Themen am Rande eines Informatikstudiums aufnehmen muss. Mit diesem Lehrbuch präsentieren wir eine Möglichkeit, ein so breit gefächertes Themengebiet für eine einsemestrige Veranstaltung handhabbar zu machen. Informatik und Gesellschaft ist an vielen Hochschulen Pflichtfach nicht nur in der Informatik selber, sondern auch in weiteren Studiengängen wie Wirtschaftsinformatik oder Medizininformatik. Dieses Lehrbuch wendet sich an Lehrende und Studierende dieser Fächer, wobei wir davon ausgehen, dass das Fach Informatik und Gesellschaft in der Regel im Bachelor gelehrt wird.

Als roten Faden durch die so unterschiedlichen Themen haben wir eine soziotechnische Perspektive gewählt. Es ist inzwischen allgemein anerkannt, dass Informations- und Kommunikationstechnik ohne die Einbeziehung ihres organisatorischen oder gesellschaftlichen Nutzungskontextes weder erklärt noch gestaltet werden kann. Jedes Kapitel betrachtet das Wechselspiel zwischen technischen und sozialen Systemen in dem jeweils anstehenden Thema. Das Buch also vermittelt Grundlagenwissen nicht nur aus der Informatik, sondern auch aus relevanten Disziplinen wie der Soziologie und Psychologie. Beispiele, die sich auf aktuelle Trends und Themen beziehen, dienen der Anwendung der Theorie sowie der Anregung zum Nachdenken und zur Diskussion.

Jedes Kapitel folgt demselben Aufbau: Eine Kurzzusammenfassung in weißer Schrift auf blauem Grund stellt den kommenden Inhalt des Kapitels vor und ordnet ihn in die Folge der Kapitel ein. Die Summe der Einleitungen gibt einen guten Überblick über die Inhalte und den logischen Aufbau dieses Lehrbuchs. Es folgt eine Liste mit Lernzielen, die so bemessen sind, dass sie in einer doppelstündigen Vorlesung vermittelt werden können. Die Darstellung der Lerninhalte selber ist in Abschnitte gegliedert, in denen Beispiele, Definitionen und Begriffserklärungen im Design deutlich hervorgehoben sind. Je nach dem, wie eine Veranstaltung Informatik und Gesellschaft organisiert ist, bieten viele Kapitel Stoff für mehr als eine Unterrichtseinheit, wenn Beispiele ausführlich dargestellt und auch diskutiert werden. Gerade die aktuellen Beispiele können auch genutzt werden, um weitere Recherchethemen für Studierende zu formulieren. In der sich anschließenden Zusammenfassung werden die wesentlichen Aussagen des Kapitels komprimiert dargestellt. Es folgen dann Lernfragen, mit denen Studierende ihr Verständnis des Stoffes überprüfen können. Die Lösungen zu den Lernfragen finden sich gebündelt am Ende des Buches. Unter der Überschrift „Zum Nachdenken/Zur Diskussion" werden in jedem Kapitel Fragen und Thesen aufgeführt, die Gelegenheit zu einer vertieften Auseinandersetzung mit ausgewählten Inhalten des Kapitels bieten. Dies kann direkt als interaktives Element in einer Lehrveranstaltung geschehen. Die Themen bieten sich aber auch an, um als Referat durch Studierende vorbereitet und dann in der Gruppe diskutiert zu werden. Ein ausführliches Literaturverzeichnis steht am Ende jedes Kapitels. Es bietet sowohl Lehrenden

https://doi.org/10.1515/9783111478555-205

als auch Studierenden die Möglichkeit, ein Thema nach eigenem Interesse weiter zu vertiefen.

Gerade in einer Zeit, in der gedruckte Bücher durch elektronische Medien immer wieder in Frage gestellt werden, veröffentlichen wir ein Lehrbuch Informatik und Gesellschaft im Papierformat. Die Zusammenarbeit mit dem buchlabor der Fachhochschule Dortmund, Fachbereich Design hat uns sehr dazu ermuntert. Larissa Leich und Sabine an Huef haben ein Design entworfen und umgesetzt, das nicht nur formschön und spannend ist, sondern auch die Vermittlung der Lerninhalte auf das Beste unterstützt. Wir danken den beiden für die konstruktive und gute Zusammenarbeit. Dem Verlag danken wir an dieser Stelle für seine Flexibilität und seinen Mut, sich auf das Layout einzulassen. Unseren Familien und Freunden ein herzliches Dankeschön für ihre Unterstützung und Nachsicht in den arbeitsintensiven Phasen der Erstellung dieses Buches.

Dieses Lehrbuch ist zum einen das Ergebnis unserer intensiven wissenschaftlichen Auseinandersetzung mit den enthaltenen Themen, die ihre Ursprünge in der Arbeitsgruppe von Thomas Herrmann haben. Thomas und allen Kolleginnen und Kollegen der gemeinsamen Zeit ein herzliches Dankeschön für die konstruktiven Diskussionen. Zum anderen gibt dieses Buch unsere Erfahrungen als Dozentinnen wieder. Wir sind an einem Austausch mit anderen Dozentinnen und Dozenten über die Gestaltung von Lehrveranstaltungen Informatik und Gesellschaft sehr interessiert und freuen uns über Rückmeldungen unter den folgenden Adressen: andrea. kienle@fh-dortmund.de bzw. gabriele.kunau@fh-dortmund.de.

Dortmund, im April 2014
Andrea Kienle, Gabriele Kunau

Inhaltsverzeichnis

III Transdisziplinäre Perspektiven

I Einordnung

I

einordnung

1 einordnung

1 Einordnung

Dieses Kapitel beschreibt Informatik & Gesellschaft als Teil der Informatik. Dabei gehen wir zunächst auf wesentliche Meilensteine in der Geschichte ein, bevor wir Definitionen und Teildisziplinen der Informatik beleuchten. Im Zuge der digitalen Transformation aller Arbeits- und Lebensbereiche spielen zunehmend auch die Betrachtung des Nutzungskontextes und des Auswirkungsaspekts eine Rolle. Aufbauend auf dieser Erkenntnis werden Ziel und Inhalt von Informatik & Gesellschaft beschrieben. Zum Abschluss stellen wir mit der Soziologie und der Psychologie zwei verwandte Disziplinen vor, die relevant sind, um Gesellschaft und menschliche Eigenschaften besser verstehen zu können. Nach Studium dieses Kapitels kannst du

– Historie und Gegenstand der Informatik benennen,
– Informatik als eigenständige Disziplin beschreiben,
– Historie und Gegenstand von Informatik & Gesellschaft darstellen,
– Informatik & Gesellschaft definieren,
– Soziologie und Psychologie als verwandte Disziplinen beschreiben,
– den Begriff der Gesellschaft erläutern.

1.1 Informatik

Die Informatik ist eine sehr junge Wissenschaft, insbesondere wenn man sie mit anderen Disziplinen wie der Mathematik oder der Medizin vergleicht. Und auch die Psychologie, die es als Wissenschaft seit Anfang des 19. Jahrhunderts gibt, ist im Vergleich zur Informatik schon alt. Dieser Abschnitt gibt eine Übersicht über ausgewählte Meilensteine, definiert Informatik als eigenständige Disziplin und benennt die vier Teildisziplinen der Informatik.

1.1.1 Meilensteine

Informatik wurde lange zunächst als Spezialgebiet innerhalb anderer wissenschaftlicher Disziplinen wie zum Beispiel der Mathematik oder der Elektrotechnik betrieben.

https://doi.org/10.1515/9783111478555-001

Im Duden wird 1960 als Start der eigenständigen Disziplin der Informatik benannt: „[...] seit 1960 kann sie [die Informatik, Anmerkung der Autorinnen] nicht mehr nur als Ansammlung von aus anderen Wissenschaften (z. B. Logik, Mathematik, Elektrotechnik) entliehenen Methoden und Regeln aufgefasst werden; vielmehr hat sich die Informatik zu einem zusammenhängenden, theoretisch fundierten Gebäude, also zu einer neuen Grundlagenwissenschaft entwickelt, die auf andere Wissenschaften ausstrahlt." (Claus und Schwill, 2006, S. 305).

Die stetige Weiterentwicklung von Hardware ermöglichte den Übergang von Computern in Schrankformat hin zu Arbeitsplatzrechnern. So entwickelte Konrad Zuse zwischen 1936 und 1938 mit dem Z1 einen ersten mechanischen Versuchsrechner, zu den Zeiten noch ein Gerät in Großformat. Das Nachfolgemodell Z3 stellte mit seiner Fertigstellung im Jahre 1941 den ersten funktionsfähigen und frei programmierbaren Digitalrechner dar. Es sollte noch bis zum Jahre 1975 dauern, bis der erste Personal Computer (PC), der Altair 8800, zur Verfügung stand (Borchers, 2004). Im Jahr 1981 zogen mit dem IBM PC 5150 die ersten PCs in den Büroalltag ein (Mantel und Stiller, 2021).

Die Entwicklung der PCs nahm seitdem an Fahrt auf und führte 1983 auch zum ersten Laptop – allerdings noch leistungsschwach und mit 15 Kilogramm wenig praktikabel (Sucher, 2003). 2010 wird als das Jahr genannt, in dem Laptops eine vergleichbare Leistung wie Desktop-PCs erreichten und weitere Verbreitung fanden. Sie markieren den Grundstein für den Einzug in die mobile Arbeitswelt von heute. Zur Entwicklung der mobilen Arbeitswelt trägt auch die Erfindung des Mobiltelefons 1973 von Martin Cooper bei (Mücke, 2023). In einer langen Entwicklungsphase wurden Mobiltelefone handlicher und veränderten sich zu Smartphones, die mehr konnten als nur telefonieren. Als das erste Smartphone gilt das IBM Simon aus dem Jahre 1992 (Steimels, 2022).

Zugleich wurde an der Vernetzung von Computern gearbeitet. Ein wesentlicher Meilenstein war im Jahre 1969 das vom US-Militär in Auftrag gegebene Arpanet, das eine abhörsichere Verbindung zweier Computer zwischen Ost- und Westküste Nordamerikas ermöglichte (Lukasik, 2011). Auf dieser Basis entstand 20 Jahre später ein weltumspannendes Netz, das 1989 mit dem Mosaic-Browser auch einer breiteren Öffentlichkeit zugänglich wurde. Damit war der Grundstein für das heute nicht mehr wegzudenkende Internet gelegt, das sich in den folgenden Jahren wiederum stark gewandelt hat. In den ersten Jahren waren es nur wenige Produzenten, die Inhalte für eine größere Gruppe von Konsumenten zur Verfügung gestellt haben. Die Trennung dieser Rollen verschwand mit dem Aufkommen des Web 2.0 im Jahr 2006 (Musser und O'Reilly, 2006). Jeder kann nun potenziell Inhalte produzieren und anderen zur Verfügung stellen – in Zeiten sozialer Medien eine nahezu selbstverständliche Eigenschaft.

Parallel zu der Entwicklung von Hardware und Vernetzung schreitet auch die Software stetig voran. Als ein revolutionärer Moment gilt der November 2022 mit der Veröffentlichung des generativen Sprachmodells ChatGPT. „Selten hat ein Computersystem weltweit so viel Aufmerksamkeit und Debatten erregt wie ChatGPT seit seiner Einführung im November 2022. Der Chatbot beruht auf einem Computermodell, das mithilfe von Methoden der künstlichen Intelligenz (KI) auf die Verarbeitung sprachlicher Daten trainiert wurde. Er kann in kürzester Zeit eloquent erscheinende Antworten zu den unterschiedlichsten Themen generieren, ganze Essays oder Computerprogramme erstellen und Sprachstile wie Gedichte, Witze oder Erörterungen verwenden und das in verschiedenen Sprachen." (Albrecht, 2023, S. 9).

Die Entwicklungen verdeutlichen auch, dass sich die Zielgruppen von Informatiksystemen im Verlaufe der Zeit stark gewandelt haben. Waren die ersten Computer und ihre Software vor allem wenigen Experten für sehr spezielle Aufgaben vorenthalten, existieren heute Anwendungen praktisch für jedermann in fast allen Lebensbereichen. Damit wachsen nicht nur die Anforderungen an die Nutzbarkeit und Akzeptanz dieser Systeme, sondern auch die Verantwortung der Entwickelnden für die Systeme.

Die mit dem technischen Fortschritt verbundene, wachsende Bedeutung der Informatik in verschiedenen Lebensbereichen und ein steigender Bedarf an Fachleuten hatte die Gründung von Informatikstudiengängen an Universitäten und Fachhochschulen zur Folge. Der erste Studiengang der Informatik entstand 1969 an der Universität Karlsruhe. Im gleichen Jahr wurde die Gesellschaft für Informatik gegründet. Die ersten Lehrstühle für das Fachgebiet Informatik & Gesellschaft kamen Mitte der 1980er Jahre auf. Seit den 1990er Jahren wird Informatik & Gesellschaft vor allem als Gestaltungswissenschaft verstanden.

Abbildung 1.1 fasst die Meilensteine der Informatik zusammen. Auf der linken Seite sind technische Fortschritte dargestellt, auf der rechten Seite die Entwicklungen von Studiengängen und Anwendungen.

1.1.2 Definitionen

Die Disziplin der Informatik wird unterschiedlich definiert. Ein Punkt, in dem sich die Definitionen wesentlich unterscheiden, ist die Einbeziehung der Anwendung und der Auswirkung von IT-Systemen.

Auf der einen Seite gibt es Definitionen, die sich rein auf die Entwicklung von IT-Systemen fokussieren. So verfasst Wilfried Brauer, der in den 1960er und 1970er Jahren maßgeblich an der Gestaltung von Informatik als eigenständiger Disziplin mitwirkte, 1978 diese Definition: Informatik ist „[...] die Wissenschaft von der systematischen Verarbeitung von Informationen – insbesondere der automatischen Verarbeitung mit Hilfe von Digitalrechnern." (Coy, 2004, S. 489).

Auch im Jahre 2010 wird diese Perspektive eingenommen. So plädiert Peter Rechenberg dafür, den Computer selbst wieder in den Mittelpunkt der Informatik zu rücken: „Informatik ist die Technik der Automatisierung durch Computer. [...] Die Informatik beschäftigt sich mit der Automatisierung durch Computer." (Rechenberg, 2010, S. 60).

Rechenberg betont, dass die wesentlichen Fortschritte der Informatik nur durch die technische Weiterentwicklung des Computers möglich sind. Insofern ist für ihn die technische Informatik die treibende Kraft in der Informatik. Die Gestaltung des

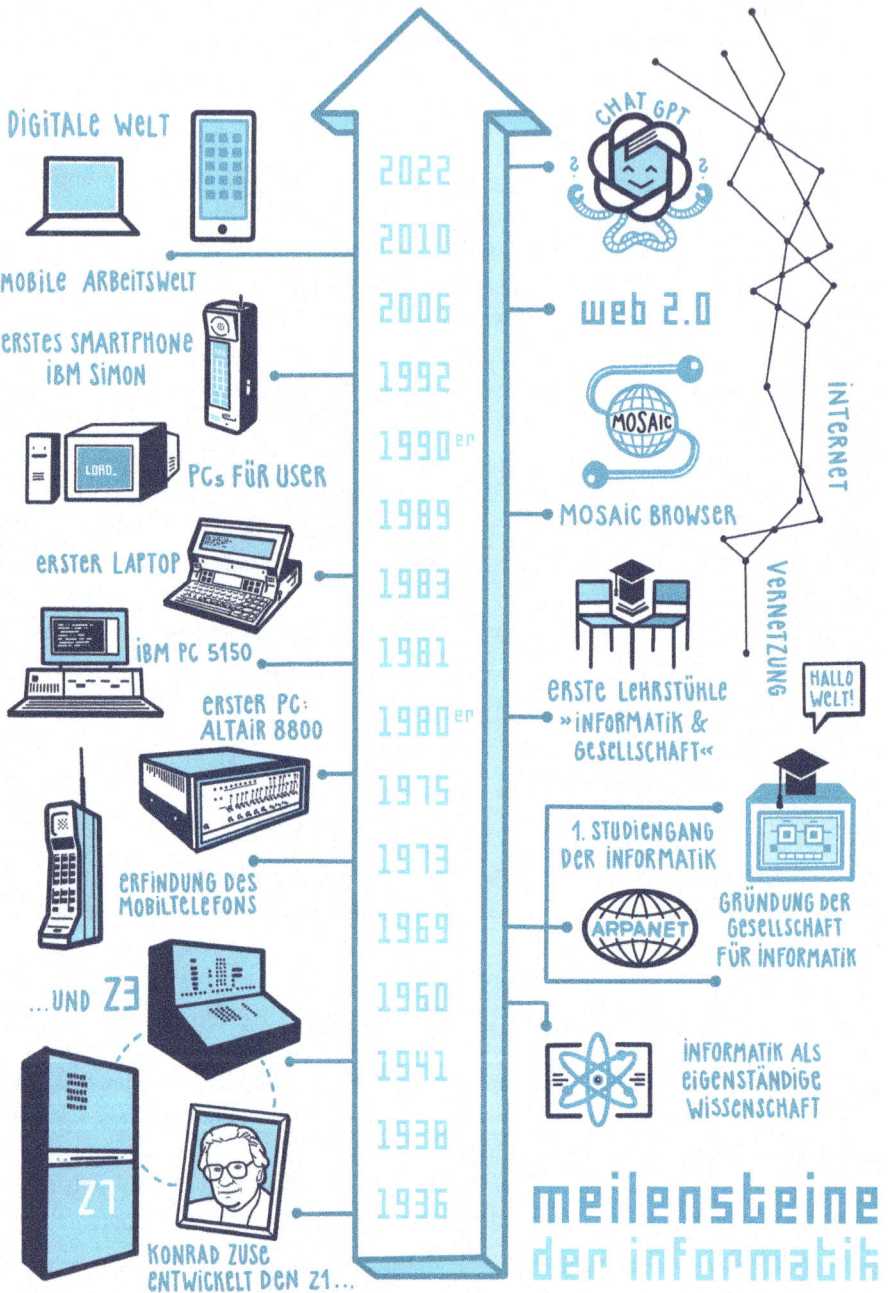

Abbildung 1.1: Meilensteine der Informatik.

Einsatzes von Computern sowie die Analyse der Auswirkungen gehören hier nicht in das Gebiet der Informatik.

Auf der anderen Seite gibt es Definitionen, die Anwendung und Auswirkungen des Computereinsatzes in unterschiedlichem Maße mit zum Gegenstand der Informatik machen. Wilfried Brauer verfasste elf Jahre nach seiner ersten Beschreibung eine Definition, die die Öffnung der Informatik zu Anwendungsfeldern zeigt: „Informatik ist die Wissenschaft, Technik und Anwendung der maschinellen Verarbeitung und Übermittlung von Informationen. Informatik umfasst Theorie, Methodik, Analyse und Konstruktion, Anwendung (und) Auswirkung des Einsatzes von Computern." (Coy, 2004, S. 489). Diese Sichtweise vertritt auch Timo Glaser, wenn er Dijkstra zitiert: „Computer science is not more about computers than astronomy is about telescopes." (Glaser, 2009, S. 224). Glaser fährt fort: „Computer sind also nicht das zentrale Thema, welches die Informatik beschäftigt, sondern vielmehr Werkzeuge, deren sie sich bedient. [...] Somit sind Informatiker nicht nur die Entwickler technischer Systeme, sondern Architekten unserer Gesellschaft. Sie können Regeln setzen und Verhalten regulieren. [...] Informatik sollte nicht als Computerwissenschaft, sondern als Struktur- und Koordinationswissenschaft angesehen werden." (Glaser, 2009, S. 224–225).

Mit Strukturwissenschaft ist gemeint, dass Informatikerinnen und Informatiker die Kompetenz haben sollten, Strukturen und ihre Wirkmechanismen zu erkennen. Koordinationswissenschaft bezieht sich darauf, dass Informatikerinnen und Informatiker auch in der Lage sein sollen, organisatorische oder gesellschaftliche Strukturen zu erkennen, um diese dann gestalten und verbessern zu können. Indem er Informatikerinnen und Informatiker als Architekten der Gesellschaft bezeichnet, gibt er ihnen die Verantwortung für die Auswirkungen der Informationstechnik auf unsere Gesellschaft.

Für eine weniger provokante Beschreibung der Informatik hat sich die Gesellschaft für Informatik entschieden (vgl. Infobox). Sie beinhaltet die historischen Wurzeln der Informatik ebenso wie die Betrachtung der Auswirkungen von IT-Systemen. Inwieweit die Analyse und Gestaltung der Anwendungsbereiche noch zur (Kern-)Informatik gehören, lässt die Beschreibung allerdings offen. Da diese Definition gut in den Kontext von Informatik & Gesellschaft passt, verwenden wir sie im weiteren Verlaufe des Buches.

Definition Informatik
„Informatik ist eine Basis- und Querschnittsdisziplin, die ihre Grundlagen aus der Mathematik und den Ingenieurswissenschaften bezieht und in alle Lebens- und Anwendungsbereiche wirkt." (GI, 2015, S. 3).

1.1.3 Teildisziplinen

Eine andere Art, Informatik zu beschreiben, verzichtet darauf, den Gegenstand des Faches in einem oder mehreren Sätzen zu definieren. Stattdessen werden Teildisziplinen beschrieben, die in der Summe dann die Informatik als Ganzes ergeben.

In den meisten Lehrbüchern hat sich die Unterteilung der Informatik in die vier Teildisziplinen theoretische, technische, praktische und angewandte Informatik durchgesetzt. Für einen detaillierteren Blick auf die Teildisziplinen empfiehlt sich das Informatikhandbuch (Rechenberg und Pomberger, 2002), das jedem der vier Teildisziplinen ein eigenes Kapitel widmet. Für die Zwecke dieses Lehrbuchs dient die folgende starke Verdichtung der Aussagen:

– „Die theoretische Informatik befasst sich mit Grundlagenfragen und abstrahiert von den technischen Gegebenheiten realer Computer. Sie stellt mathematische Modelle von Computern auf und fragt sich, was sich überhaupt berechnen lässt [...] Die theoretische Informatik bedient sich in starkem Maße mathematischer Begriffe und Methoden." (Jung et al. 2002, S. 31).

– „Die technische Informatik behandelt die Bestandteile, den Aufbau und die Zusammenarbeit von Computern (die Hardware). Die ihr zugrunde liegenden Fortschritte der Halbleitertechnik, Optoelektronik und elektrischen Nachrichtentechnik sind es, denen wir hauptsächlich das Gebäude der Informatik verdanken. [...] Die technische Informatik ist damit die Ursache der meisten Fortschritte in der Informatik, der Motor, der die Informatik antreibt." (Hagelhauer et al., 2002, S. 259).

– „Zur praktischen Informatik gehören [...] Algorithmen und Datenstrukturen, Programmiersprachen, die verschiedenen Programmiertechniken, Betriebssysteme, Softwaretechnik. [...] Die praktische Informatik ist durch die Verschiedenheit ihrer Gegenstände das umfangreichste Teilgebiet der Informatik und in gewisser Weise ihr Zentrum." (Nievergelt et al., 2002, 425).

– In der angewandten Informatik wird [...] der Computer als Werkzeug zur Lösung von Aufgaben eingesetzt, die außerhalb seiner eigenen Weiterentwicklung liegen, also für Anwendungen in allen Bereichen." (Purgathofer et al., 2002, S. 805). Beispiele für solche Anwendungsbereiche sind Wirtschaftsinformatik, Medizininformatik oder Rechtsinformatik.

Informatik & Gesellschaft wird als einer der jüngsten Aspekte in der Disziplin der Informatik gesehen und oftmals der praktischen Informatik zugeordnet.

1.1.4 Schlussfolgerungen

Der bis heute anhaltende Diskurs, inwieweit der Anwendungskontext von IT-Systemen mit in das Fach Informatik gehört, zeigt, wie komplex der Zusammenhang ist. Die reine Beschränkung auf technische und algorithmische Fragen erscheint angesichts der gesellschaftlichen Bedeutung der Informationstechnik als zu kurz gegriffen. Computer sind in allen Lebensbereichen so omnipräsent, dass sie Personen, Organisationen und die Gesellschaft beeinflussen und verändern. In den letzten Jahren sind diese Phänomene auch unter dem Stichwort Digitale Transformation geführt. „Der Begriff **Digitale Transformation** bezeichnet erhebliche Veränderungen des Alltagslebens, der Wirtschaft und der Gesellschaft durch die Verwendung digitaler Technologien und Techniken sowie deren Auswirkungen. Hierbei kann zwischen den Dimensionen Leistungserstellung, Leistungsangebot und Kundeninteraktion unterschieden werden." (Pousttchi, 2019). Die Veränderungen dabei sind vielfältig und einschneidend. „Die digitale Transformation [...], die fälschlicherweise auch als Digitalisierung im weiten Sinn gemeint ist, erzeugt noch nicht dagewesene Geschäftsmodelle, Organisations- und Arbeitsformen, Produkte und Verfahren. Eine weitere Neuerung ist das Vertrauensbusiness, das durch die Technologie neu organisiert wird. Die Digitalisierung ist eine Voraussetzung für die digitale Transformation." (Franzetti 2019, S. 223).

Die Notwendigkeit, sich systematisch mit Gestaltungsoptionen und den Auswirkungen der Informations- und Kommunikationstechnik auf die Gesellschaft zu befassen, ist somit offensichtlich. Gerade Informatikerinnen und Informatiker mit ihren Kompetenzen sollten im gesellschaftlichen Diskurs über den angemessenen Einsatz aber auch die Beschränkung von Informationstechnik maßgeblich mitwirken. Dabei gilt es zu bedenken, dass sie sich nicht immer in den verschiedenen Anwendungsbereichen auskennen. Aus diesem Grund ist ein stärkerer Einbezug der Anwender- und Nutzendensicht geboten. Dieses Buch beinhaltet deshalb auch einen Abschnitt zur Partizipation (vgl. Kapitel 8).

Die Diskussion darum, wie ein gesellschaftlicher Blickwinkel in das Selbstverständnis der Informatik integriert werden kann, dauert weiter an: „Die internationale Forschungs-Community zu Information Systems führt seit vielen Jahren einen Theorie- und Selbstverständnisdiskurs, der insbesondere die Wichtigkeit der Nutzungssicht, aber auch der gesellschaftlichen Sicht betont." (Paech und Poetzsch-Heffter, 2013, S. 246). Dabei gibt es auch den Vorschlag, für die Erforschung der Wechselwirkungen zwischen IT-Systemen und ihrem Nutzungskontext eine eigene Teildisziplin Sozio-Informatik zu gründen. Darin würde die „Bedeutung von IKT-Anwendungen für sozialen und organisationalen Wandel ebenso analysiert wie umgekehrt der Einfluss gesellschaftlicher Kräfte und sozialer Praktiken auf die Gestaltung von Informationstechnologien." (Rohde und Wulf, 2011, S. 210). IKT steht in dem Zitat für Informations- und Kommunikationstechnik. „Ziel der Sozioinformatik ist es, sozioinformatische Systeme möglichst früh auf potenziell aus ihren entstehenden emergenten Phänomenen und deren Auswirkungen hin zu analysieren." (Zweig et al., 2021, S. 9).

Eine weitere Disziplin, die IT-Anwendungen in einen sozialen Kontext setzt, ist Digital Design, definiert als die „kreative und ganzheitliche Gestaltung digitaler Lösungen" (Lauenroth, 2024, S. 7). Hier wird betont, „dass es beim Design einer digitalen Lösung nicht nur darum geht, ein technisches System für einen gegebenen

Kontext zu gestalten, sondern vielmehr darum, das technische System im Zusammenspiel mit seinem Kontext ganzheitlich im Sinne einer innovativen Lösung zu gestalten." (Lauenroth, 2024, S. 9).

1.2 Informatik & Gesellschaft (I&G)

Wenn schon die Informatik als Disziplin über keine stabile Definition verfügt, so verwundert es nicht, dass auch das Selbstverständnis der Teildisziplin Informatik & Gesellschaft (noch) nicht gefestigt ist. In dem ersten Lehrbuch für Informatik & Gesellschaft, das 1995 erschienen ist, stellt Arno Rolf das Fach als gleichberechtigte fünfte Disziplin neben die oben erläuterten Disziplinen theoretische, praktische, technische und angewandte Informatik: „Informatik und Gesellschaft – dieses Fachgebiet analysiert die Wirkungen des Einsatzes der Informatik in unterschiedlichen Bereichen und entwickelt Kriterien und Methoden zur Gestaltung sozialverträglicher Informatiksysteme." (Rolf, 1995, S. 6). Auch wenn sich diese Einordnung des Faches nicht durchgesetzt hat, so hat doch die inhaltliche Beschreibung in großen Teilen nach wie vor Bestand.

Fuchs und Hofkirchner formulieren in ihrem 2003 erschienenen Studienbuch die zentrale Frage des Faches: „Wie müssen sozio-technische Systeme, die zur Unterstützung der (zwischen- und überindividuellen) Informationsverarbeitung gebraucht werden, konzipiert und konstruiert, eingeführt und eingesetzt werden, damit sie gesellschaftlichen Fortschritt ermöglichen?" (Fuchs und Hofkirchner, 2003, S. 82). In einem 2008 erschienenen Beitrag stellt Arno Rolf fest, dass es dem Fach Informatik & Gesellschaft an einem „gemeinsamen Kristallisationspunkt" (Rolf, 2008, S. 1) mangelt. Als gemeinsame Orientierung schlägt er vor, sozial nützliche Technikgestaltung betreiben zu wollen und Informatik aus der Perspektive ihrer Wechselwirkungen von Menschen und Gesellschaft zu betrachten." (Rolf, 2008, S. 25).

Vor dem Hintergrund dieser Historie stellen wir in unserer Definition von Informatik & Gesellschaft den Begriff des sozio-technischen Systems (für Details siehe Kapitel 2) in den Mittelpunkt (vgl. Infobox).

> **Definition Informatik & Gesellschaft**
> Das Fach Informatik & Gesellschaft hat sozio-technische Systeme zum Gegenstand.
> 1. Es entwickelt Theorien und Modelle zu ihrer Beschreibung.
> 2. Es analysiert und beschreibt die Wechselwirkungen zwischen der Informationstechnik und den sie nutzenden sozialen Systemen.
> 3. Es erarbeitet Methoden zu ihrer Gestaltung, die neben der Technikgestaltung auch die Veränderung im sozialen System im Blick haben.

Als Wissenschaft interessiert sich Informatik & Gesellschaft dann sowohl für die Beschreibung und Analyse sozio-technischer Systeme als auch für deren Gestaltung. Damit setzt unsere Definition die Entwicklung fort, die Arno Rolf mit Bezug auf die

Akteure im Fachgebiet Informatik & Gesellschaft formuliert hat: „Aus sozialwissenschaftlichen ‚Lamentierern' sind sozialorientierte Gestalter geworden." (Rolf, 2008, S. 1).

1.3 Verwandte Disziplinen

Die Betrachtung von Informatik & Gesellschaft zeigt, dass nicht nur Grundlagen der Informatik relevant sind. Vielmehr spielen auch andere Disziplinen und einige der dort definierten Begriffe eine Rolle. In diesem Unterkapitel gehen wir deshalb auf die beiden Disziplinen der Soziologie und den zentralen Begriff Gesellschaft sowie der Psychologie und den Begriff des Menschen ein. Weitere Begriffe aus diesen Disziplinen werden in den jeweils thematisch passenden Kapiteln dieses Lehrbuchs erläutert.

1.3.1 Soziologie und die Gesellschaft

Da Informatik & Gesellschaft sozio-technische Systeme gestaltet, lohnt sich auch ein Blick auf die Soziologie als die Disziplin, die sich mit sozialen Systemen beschäftigt. Die Soziologie ist eine empirische Wissenschaft, die sich selbst so beschreibt: „Soziologie ist die Wissenschaft vom Sozialen, d. h. den verschiedenen Formen der Vergemeinschaftung (z. B. Familie, Verwandtschaft, Sippe, Nachbarschaft oder soziale Gruppe) und der Vergesellschaftung (Organisation, Gesellschaft, Staat) der Menschen; sie fragt nach den Strukturen des sozialen Handelns und der sozialen Gebilde und welchem sozialen Wandel diese unterliegen. [...] Die Soziologie hat die Aufgabe, das Soziale als eigene Realität herauszuarbeiten und in seinen Strukturen zu verdeutlichen. Die Strukturen des Sozialen reichen von den täglichen Umgangsformen, wie den Sitten und Bräuchen, bis zu komplexen sozialen Tatsachen, wie dem Recht oder bestimmten Institutionen und Organisationen." (Schäfers, 2024a, S. 475). Beispielsweise würde einen Soziologen interessieren, wie der Zutritt zu einer Schule oder Hochschule gesellschaftlich organisiert ist, zum Beispiel Bildungssystem, Einschreibeverfahren, welche Bevölkerungsgruppen haben Zugang, welche nicht?

Ein für die Soziologie und auch für dieses Lehrbuch zentraler Begriff ist Gesellschaft. Gesellschaft ist definiert „als Gegenstand der Soziologie v. a. die territorial abgegrenzte Organisationsform zur Befriedigung und Sicherstellung der Lebensvollzüge einer größeren Menschengruppe." (Springer Gabler Verlag, 2010). Die Struktur einer Gesellschaft entsteht zum Beispiel durch eine gemeinsame Sprache oder gemeinsame Normen, durch die Sozialisation der nachfolgenden Generationen bzw. Regelungen für normabweichendes Verhalten. Detaillierter wird der Begriff der Gesellschaft in soziologischen Lehrbüchern erklärt: In der Soziologie wird **Gesellschaft** im engeren Sinne beschrieben als „jene Form des menschlichen Zusammenlebens, die seit der frühen Neuzeit als bürgerliche Gesellschaft, als nationale und industrielle Gesellschaft einen die individuelle Erfahrungswelt übersteigenden Handlungsrahmen entwickelte (des Rechts, der Ökonomie, des Zusammenlebens in großen Städten, der Kommunikation usw.)." (Schäfers, 2024b, S. 159). Diese Definition macht deutlich, dass Informatik & Gesellschaft weniger die Erfahrung des einzelnen als vielmehr den Einfluss der digitalen Transformation auf das Zusammenleben vieler Menschen zum Thema hat.

Das Teilgebiet der Soziologie, das einen besonders engen Bezug zu Informatik & Gesellschaft hat, ist die Techniksoziologie, die wir in Kapitel 5 vertiefend betrachten. **Techniksoziologie** beschäftigt sich mit der zunehmenden Technisierung der Gesellschaft und stellt Fragen nach der Steuerbarkeit von Technikentwicklung. Techniksoziologen erforschen also die Ursachen und Folgen der zunehmenden Informatisierung und Technisierung unserer Gesellschaft. Sie stellen Fragen nach der Gestaltbarkeit und Steuerbarkeit von Technikentwicklung aus gesellschaftlicher Sicht (Schubert und Schulz-Schaeffer, 2019; Böschen et al., 2021). In einer Gesellschaft bestehen und entwickeln sich Normen und Werte, die auch bei der Gestaltung und Nutzung von IT-Systemen eine Rolle spielen.

1.3.2 Psychologie und der Mensch

Informatik & Gesellschaft beschäftigt sich nicht nur mit der Gesellschaft als Ganzes, sondern nimmt auch die Perspektive auf die Nutzenden, also einzelne Menschen, ein. Damit bewegt sich Informatik & Gesellschaft auch auf den Pfaden der Psychologie.

„Gegenstand der **Psychologie** sind Verhalten, Erleben und Bewusstsein des Menschen, deren Entwicklung über die Lebensspanne und deren innere (im Individuum angesiedelte) und äußere (in der Umwelt lokalisierte) Bedingungen und Ursachen." (Zimbardo und Gerring, 2018, S. 2). Die Disziplin der Psychologie hat zum Ziel, menschliches Verhalten zu beschreiben, zu erklären und vorherzusagen.

Aus dem Studierendenleben würde eine Psychologin beispielsweise interessieren, wie ein Individuum zu dem Entschluss gekommen ist, Informatik zu studieren. In Bewerbungsverfahren versuchen Unternehmen, mit psychologisch fundierten Methoden vorherzusagen, wie gut ein Kandidat eine zu besetzende Stelle ausfüllen wird.

Für Informatikerinnen und Informatiker sind besonders Erkenntnisse aus zwei Bereichen der Psychologie interessant: Die **Arbeits- und Organisationspsychologie** legt die Basis für die Gestaltung von Arbeitsaufgaben und –prozessen (vgl. Kapitel 6). Inhalte der Wahrnehmungspsychologie können für die Gestaltung von Benutzungsschnittstellen gewinnbringend eingesetzt werden und sind häufig Bestandteil von Lehrveranstaltungen zu Mensch-Computer-Interaktion.

1.4 Zusammenfassung

In diesem Kapitel wurde die Informatik als sehr junge Disziplin vorgestellt. Es wurde deutlich gemacht, dass sie sich 1960 als eigenständige Wissenschaft etabliert hat und auf Methoden aus der Mathematik und Elektrotechnik stützt. Zentrale Meilensteine dokumentierten die Entwicklung der Informatik. Die Vorstellung der vier Teildisziplinen machte das breite Spektrum der Informatik deutlich.

Nach unserem Verständnis ist Informatik definiert als eine Basis- und Querschnittsdisziplin, die ihre Grundlagen aus der Mathematik und den Ingenieurswissenschaften bezieht und in alle Lebens- und Anwendungsbereiche wirkt. Damit rückt Informatik & Gesellschaft mehr und mehr ins Zentrum der Informatik. Das wesentliche Ziel von Informatik & Gesellschaft ist es, IT-Systeme unter Einbezug der Kenntnisse aus der Informatik, wichtigen verwandten Disziplinen sowie der Anwendungsbereiche als sozio-technische Systeme zu gestalten.

Zum Abschluss wurden mit der Soziologie und der Psychologie zwei verwandte Disziplinen vorgestellt, die relevant sind, um Gesellschaft und menschliche Eigenschaften besser verstehen zu können.

1.5 Fragen zur Wiederholung

1. Definiere Informatik aus verschiedenen Blickwinkeln.
2. Welche Teildisziplinen der Informatik werden unterschieden?
3. Beschreibe die Disziplin Informatik & Gesellschaft.
4. Definiere den Begriff Gesellschaft.
5. Welche Rolle spielt die Soziologie für Informatik & Gesellschaft?
6. Welche Rolle spielt die Psychologie für Informatik & Gesellschaft?

1.6 Zum Nachdenken/Zur Diskussion

Im Zusatzmaterial befinden sich zu den Inhalten dieses Kapitels zahlreiche aktuelle Fallbeispiele zur Diskussion und Vertiefung. Es ist hinter dem QR-Code oder hier zu erreichen: https://www.degruyterbrill.com/document/isbn/9783111479590/html.

1.7 Literatur

Albrecht, Steffen (2023): ChatGPT und andere Computermodelle zur Sprachverarbeitung – Grundlagen, Anwendungspotenziale und mögliche Auswirkungen. Büro für Technikfolgenabschätzung des Deutschen Bundestages (TAB). Online verfügbar unter https://publikationen.bibliothek.kit.edu/1000158070 (abgerufen am 21.04.2025).

Böschen, Stefan; Grunewald, Armin; Krings, Bettina-Johanna; Rösch, Christine (2021): Technikfolgenabschätzung: Handbuch für Wissenschaft und Praxis. Berlin: Nomos.

Borchers, Detlef (2004): Vor 40 Jahren: Die PC-Revolution nimmt ihren Lauf. heise online. Online verfügbar unter https://www.heise.de/news/Vor-30-Jahren-Die-PC-Revolution-nimmt-ihren-Lauf-122714.html (abgerufen am 21.04.2025).

Coy, Wolfgang (2004): Was ist Informatik? Zur Entstehung des Faches an deutschen Universitäten In: Hellige, Hans Dieter (Hrsg.): Geschichten der Informatik. Berlin: Springer, S. 473–498.

Claus, Volker; Schwill, Andreas (2006): Duden Informatik A – Z. Fachlexikon für Studium, Ausbildung und Beruf, 4. Auflage. Mannheim et al.: Dudenverlag, S. 305.

Fuchs, Christian; Hofkirchner, Wolfgang (2003): Studienbuch Informatik und Gesellschaft. Norderstedt: Libri Books on Demand.

Franzetti, Claudio (2019): Essenz der Informatik. Berlin: Springer Vieweg.

Gesellschaft für Informatik (GI) (2015): Was ist Informatik. Online verfügbar unter https://gi.de/fileadmin/GI/Hauptseite/Themen/was-ist-informatik-kurz.pdf (abgerufen am 21.04.2025).

Glaser, Timo (2009): Die Rolle der Informatik im gesellschaftlichen Diskurs. In: Informatik Spektrum Band 32, Heft 3. S. 223–227.

Hagelhauer, Richard et al. (2002): Technische Informatik. In: Rechenberg, Peter; Pomberger, Gustav (2002): Informatikhandbuch. München, Wien: Carl Hanser, S. 261–426.

Jung, Jean Christoph et al. (2002): Theoretische Informatik. In: Rechenberg, Peter; Pomberger, Gustav (2002): Informatikhandbuch. München, Wien: Carl Hanser, S. 33–168.

Lauenroth, Kim (2024): Basiswissen Digital Design: Konzepte und Werkzeuge für die ganzheitliche Gestaltung digitaler Lösungen und Systeme. Heidelberg: dpunkt.verlag.

Lukasik, Stephen (2011): Why the Arpanet Was Built. IEEE Annals of the History of Computing. Vol. 33, No. 3, p. 4–21. Online verfügbar unter https://ieeexplore.ieee.org/document/5432117 (abgerufen am 21.04.2025).

Mantel, Mark; Stiller, Andreas (2021): 40 Jahre IBM PC: der Computer, der ungewollt die IT-Revolution einläutete. Online verfügbar unter https://www.heise.de/hintergrund/40-Jahre-IBM-PC-der-Computer-der-ungewollt-die-IT-Revolution-einlaeutete-6163767.html (abgerufen am 21.04.2025).

Mücke, Peter (2023): Wie ein Anruf die Welt veränderte. Online verfügbar unter https://www.deutschlandfunk.de/ein-anruf-veraendert-die-welt-das-erste-mobiltelefongespraech-heute-vor-50-jahr-dlf-a649d5ee-100.html (abgerufen am 29.05.2025)

Musser, John; O'Reilly, Tim (2006): Web 2.0 Report. Sebastopol: O'Reilly Media.

Nievergelt, Jürg et al. (2002): Praktische Informatik. In: Rechenberg, Peter; Pomberger, Gustav (2002): Informatikhandbuch. München, Wien: Carl Hanser, S. 427–806.

Paech, Barbara; Poetzsch-Heffter, Arnd (2013): Informatik und Gesellschaft: Ansätze zur Verbesserung einer schwierigen Beziehung. In: Informatik Spektrum, Band 36, Heft 3, S. 242–250.

Pousttchi, Key (2019): Digitale Transformation. In: Enzyklopädie der Wirtschaftsinformatik Online verfügbar unter https://wi-lex.de/index.php/lexikon/technologische-und-methodische-grundlagen/informatik-grundlagen/digitalisierung/digitale-transformation/ (abgerufen am 21.04.2025).

Purgathofer, Werner et al. (2002): Angewandte Informatik. In: Rechenberg, Peter; Pomberger, Gustav (2002): Informatikhandbuch. München, Wien: Carl Hanser, S. 807–1038.

Rechenberg, Peter; Pomberger, Gustav (2002): Informatikhandbuch. München, Wien: Carl Hanser.

Rechenberg, Peter (2010): Was ist Informatik? In: Informatik Spektrum. Band 33, Helft 1, S. 54–60.

Rohde, Markus; Wulf, Volker (2011): Sozio-Informatik. In: Informatik Spektrum, Band 34, Heft 2, S. 120–123.

Rolf, Arno (1995): Das Selbstverständnis der Informatik. In: Friedrich, Jürgen; Herrmann, Thomas; Peschek, Max; Rolf, Arno (Hrsg.): Informatik und Gesellschaft. Heidelberg, Berlin, Oxford: Spektrum Akademischer Verlag GmbH, S. 3–7.

Rolf, Arno (2008): Informatik und Gesellschaft – ein Orientierungsrahmen. In: Kreowski, Hans-Jörg (Hrsg.): Informatik und Gesellschaft. Berlin: LIT-Verlag, S. 1–27.

Schäfers, Bernhard (2024a): Soziologie. In: Kopp, Johannes; Steinbach, Anja (Eds., 2024): Grundbegriffe der Soziologie. Wiesbaden: Springer Fachmedien, S. 475–479.

Schäfers, Bernhard (2024b): Gesellschaft. In: Kopp, Johannes; Steinbach, Anja (Eds., 2024): Grundbegriffe der Soziologie. Wiesbaden: Springer Fachmedien Wiesbaden, S. 159–163.

Schubert, Cornelius; Schulz-Schaeffer, Ingo (2019): Berliner Schlüssel zur Techniksoziologie. Wiesbaden: Springer Fachmedien.

Springer Gabler Verlag (2010): Gabler Wirtschaftslexikon, Stichwort: Gesellschaft. Online verfügbar unter https://wirtschaftslexikon.gabler.de/definition/gesellschaft-35084/version-258573 (abgerufen am 01.06.2025).

Steimels, Dennis (2022): Die Geschichte des Smartphones – wie alles begann. Online verfügbar unter https://www.computerwoche.de/a/die-geschichte-des-smartphones,3613435 (abgerufen am 21.04.2025).

Sucher, Jörn (2003): 15 Kilo für unterwegs. Manager Magazin. Online verfügbar unter https://www.manager-magazin.de/lifestyle/technik/a-274621.html (abgerufen am 29.05.2025).

Zimbardo, Philip G.; Gerrig, Richard J. (2018): Psychologie (21. Auflage). Heidelberg: Springer.

Zweig, Katharina; Krafft, Tobias; Klingel, Anita; Park, Enno (2021): Sozioinformatik. Ein neuer Blick auf Informatik und Gesellschaft. Husum: Hanser.

II Sozio-technische Systeme

Ⅱ

Sozio-Technische Systeme

2 Definitionen sozio-technischer Systeme

In diesem Kapitel widmen wir uns dem Konzept der sozio-technischen Systeme (STS). Nach einer Motivation starten wir bei den historischen Wurzeln des Begriffs im britischen Steinkohlebergbau der 1950er Jahre. Von dort aus wird die vielfältige Verwendung des Begriffes insbesondere in der Informatik nachgezeichnet, bevor wir zu der in diesem Lehrbuch verwendeten Definition sozio-technischer Systeme kommen. Ein Exkurs in die Systemtheorie am Ende des Kapitels bietet eine optionale theoretische Vertiefung. Nach Studium dieses Kapitels kannst du

- die Motivation für die Verwendung des Konzeptes sozio-technischer Systeme erläutern,
- historische Hintergründe des Konzeptes sozio-technischer Systeme darstellen,
- die Erkenntnisse aus den Projekten im Steinkohlebergbau auf aktuelle IT-Projekte übertragen,
- eine allgemeine Definition sozio-technischer Systeme wiedergeben,
- unterschiedliche Ansätze der Definition sozio-technischer Systeme benennen,
- die Definition sozio-technischer Systeme für I&G erläutern und auf Beispiele anwenden,
- erklären, was sozio-technische Selbstbeschreibungen sind, und welche Relevanz sie in IT-Projekten haben.

2.1 Motivation

Will man das Zusammenspiel von Menschen und Technik beschreiben, kommt schnell die Erkenntnis, dass es nicht ausreicht, die beiden Elemente getrennt voneinander zu beschreiben. Es gibt Wechselwirkungen. So verhalten sich Menschen anders, wenn sie eine Technik zur Verfügung haben als ohne diese Technik. Die Sinnhaftigkeit und Qualität von Technik wiederum lassen sich nur im Kontext ihrer Nutzung durch Menschen beschreiben und bewerten. Das Konzept der sozio-technischen Systeme soll hier unterstützen. Eine generische Beschreibung lautet: Sozio-technische Systeme beinhalten menschliche Akteure, die mit Technik interagieren (vgl. Polojärvi et al., 2023, S. 485).

https://doi.org/10.1515/9783111478555-002

Die Plattform ebay Kleinanzeigen war 2009 ein frühes Beispiel der digitalen Transformation, an dem sich das Konzept der sozio-technischen Systeme verdeutlichen lässt: Durch das Zusammenspiel der Handelsplattform (Technik) und den privaten Handeltreibenden (menschliche Akteure) formt sich ein neues sozio-technisches System. Es entsteht ein vorher nicht gekannter, räumlich nahezu unbeschränkter Markt für den Handel zwischen Privatleuten. Dabei haben die Menschen auch vorher schon privaten Handel getrieben, dieser war aber auf lokale Anzeigenblätter und Flohmärkte beschränkt. Die menschlichen Akteure interagieren mit der Technik, indem sie ihre Verkaufsangebote dort platzieren und Käufe tätigen. Es entstehen überregionale private Handelsbeziehungen, die ohne die digitale Plattform kaum möglich wären. Die digitale Handelsplattform wäre nutzlos ohne die am privaten Handel interessierten Menschen. Die technischen Funktionen müssen speziell für die Rahmenbedingungen privater Verkäufe – im Gegensatz zu gewerblichem Handel – angepasst werden.

Sozio-technische Systemgestaltung bezeichnet ein Vorgehen, das heute bei der Gestaltung solcher Innovationen hilft und vielfältig verwendet wird. Allein eine systematische Literaturrecherche über begutachtete, englischsprachige Artikel in dem Bereich Systems Engineering fand 61 Artikel, die den Begriff sozio-technische Systeme nutzen und definieren (Polojärvi et al., 2023). Um die Mächtigkeit und Gültigkeit des Konzeptes zu verstehen, lohnt sich ein Blick in die Geschichte.

2.2 Historische Ursprünge des Begriffs

Der Begriff des sozio-technischen Systems wurde geprägt von Forschern des britischen Tavistock Institute of Human Relation in den 1950er Jahren im Kontext von Forschungen zum britischen Steinkohlebergbau (Trist und Bamforth, 1951; Sydow, 1985). Traditionell wurde Steinkohle auch in England im Kammerpfeilerbauverfahren abgebaut. In diesem Verfahren trieben die Bergleute den Abbau in Bahnen voran, ließen aber Kohlepfeiler stehen, um die Decke der unterirdischen Lagerstätte zu stützen. Nur so konnten sie den Abbau insgesamt weitertreiben. Ein Teil des wertvollen Rohstoffes blieb aber auf immer unter der Erde und konnte nicht verwertet werden. Der Eigentümer der Minen, in diesem Fall der britische Staat, suchte nach Möglichkeiten, die Effizienz und damit den Gewinn des Steinkohlebergbaus zu erhöhen. Eine naheliegende Optimierung war es, die Abbautechnik so zu verändern, dass auch die tragenden Kohlepfeiler abgebaut werden können. Innovationen im Maschinenbau erlaubten in den 1950er Jahren genau diese Änderung. Anstatt die Kohle nur in Kammern rund um die statisch notwendigen Pfeiler abzubauen, setzte man mächtige Hobel ein, die die Steinkohle über lange Strecken abschabten. Die Decke wurde anschließend durch Metallpfeiler gestützt. So entstand das Verfahren des Strebbaus. Nach dem Zweiten Weltkrieg investierte der britische Staat als Eigentümer der Steinkohlegebiete große Summen in die technische Ausstattung und die Umstellung zum Strebbau. Die Umstellung brachte jedoch nicht den erhofften Erfolg. Die Produktivität sank, trotz höherer Löhne und besserer Zusatzleistungen verließen die Arbeiter die Minen und die Krankheitsquoten stiegen. In dieser Situation beauftragte der britische Staat das Tavistock Institute of Human Relation mit der Erforschung der Ursachen.

Die Forscher wandten ihren Blick nicht nur auf die technische Ausstattung der Minen, sondern auch auf die Arbeitsorganisation. Hier stellten sie wesentliche Unterschiede zwischen dem Kammerpfeilerbau und dem Strebbau fest. Im Kammerpfeilerbau arbeiteten Kleingruppen von zwei bis sieben Bergleuten gemeinsam. Nicht selten schlossen diese Gruppen eigene Verträge mit dem Bergwerk ab. Die Gruppe verantwortete den gesamten Prozess des Abbaus und das Ergebnis. Auch für ihre interne Organisation war sie selbst verantwortlich.

Demgegenüber hielt mit dem Strebbau auch eine andere Arbeitsorganisation Einzug. Gearbeitet wurde in drei Schichten: Die erste Schicht baute mittels Hobel Kohle ab, die zweite war für die Beladung der Förderbänder zuständig, die dritte bewegte den Streb vorwärts. Jede der Schichten war nur für ein Teilergebnis zuständig, die innere Organisation der Schichten war unterschiedlich. Insbesondere in der zweiten Schicht zur Beladung benötigte man große Gruppen. Die Forscher des Tavistock Institute identifizierten die fehlende Berücksichtigung der sozialen Strukturen der Bergarbeiter, die eben auf die selbstverantwortlichen Kleingruppen ausgelegt waren, als Ursache für den ausgebliebenen Erfolg der technischen Investitionen.

Rollen und Hierarchien änderten sich durch die Einführung der Schichtarbeit auf eine Weise, dass unter Tage sozial ineffektive Strukturen entstanden. In der Folge reduzierte sich die Arbeitsmoral, während sich die Fluktuation der Arbeiter erhöhte. Die Forscher damals kamen zu der Schlussfolgerung, dass die Beziehung sozialer, psychologischer und technischer Aspekte so eng ist, dass man sie nur in Kombination verstehen und gestalten kann. Eine in diesem Sinne gute Arbeitsorganisation sieht Kleingruppen vor, die ihre Arbeit weitgehend selbst organisieren und erkennbare, in sich abgeschlossene Arbeitsergebnisse erzeugen können. Die technischen Systeme, die die Arbeit unterstützen, müssen gemeinsam mit der Arbeitsorganisation optimiert werden können. Grundlegend hierfür ist die Einschätzung, dass kein technisches System eine Arbeitsorganisation vollständig festlegen bzw. determinieren kann. Es bleiben immer organisatorische Freiräume, die gestaltet werden können. Diese beiden Einsichten sind so zentral, dass es eigene Begriffe für sie gibt: Die gemeinsame Gestaltung sozialer und technischer Systeme nennt man Joint Optimization (gleichzeitige Verbesserung). Organizational Choice (organisatorische Wahlfreiheit) bezeichnet die Erkenntnis, dass eine Organisation immer Optionen hat, sich zu gestalten. Die Begriffe werden in Kapitel 8 ausführlich erläutert.

So bietet der britische Steinkohlebergbau der 1950er Jahre ein Beispiel dafür, dass trotz der erfolgreichen Einführung technisch innovativer Systeme das Gesamtziel der Produktivitätssteigerung nicht erreicht wurde. Um den engen Zusammenhang technischer und organisatorischer Aspekte bei der Organisationsentwicklung und Arbeitsgestaltung deutlich zu machen, prägten die Forscher des Tavistock Institute erstmals den Begriff des sozio-technischen Systems. Dieser hat Gültigkeit über den Steinkohlebergbau hinaus bis hin zur heutigen Einführung von IT-Systemen im Zuge der digitalen Transformation.

Aktuellere Verwendungen des Konzeptes der sozio-technischen Systeme beziehen sich immer noch explizit auf die Historie im britischen Steinkohlebergbau. So definieren Hirsch-Kreinsen und ten Hompel im Kontext von Industrie 4.0: „Obgleich in der Forschung nicht immer einheitlich definiert, kann in einer ersten Näherung und in Anlehnung an Rice (1963) unter einem sozio-technischen System eine Produktionseinheit verstanden werden, die aus interdependenten technologischen, organisatorischen und personellen Teilsystemen besteht. Danach begrenzt zwar das technologische Teilsystem die Gestaltungsmöglichkeiten der beiden anderen Teilsysteme, jedoch weisen diese eigenständige arbeitspsychologische, arbeitspolitische und organisationale Eigenschaften auf, die wiederum auf die Funktionsweise des technologischen Teilsystems zurückwirken." (Hirsch-Kreinsen und ten Hompel, 2015, S. 5). Der genannte Sozialforscher Albert Kenneth Rice arbeitete am Tavistock Institute. Diese Definition verortet sozio-technische Systeme in einer industriell geprägten Arbeitswelt.

2.3 Sozio-technische Systeme in der Informatik

Das Konzept der sozio-technischen Systeme findet auch in der Informatik, insbesondere in der Softwareentwicklung, Anwendung. Dahinter steckt die Erkenntnis, dass auch Softwaresysteme nur dann erfolgreich eingesetzt werden können, wenn sie sinnvoll in einen organisatorischen Zusammenhang eingebettet werden. Für Softwaresysteme gilt genau das, was die Forscher des Tavistock Institute für die modernen Maschinen im Bergbau beschrieben haben: Die Beziehung sozialer, psychologischer und technischer Aspekte ist so eng, dass man sie nur in Kombination verstehen und gestalten kann. Die Erste, die sozio-technische Systeme in der Softwareentwicklung betrachtete, war die Britin Enid Mumford in den 1980er und 1990er Jahren (vgl. Mumford, 1983; Mumford, 1995; Mumford, 1996). Es gibt in der Informatik keine einheitliche Definition des Begriffes sozio-technisches System. Im Folgenden werden mehrere unterschiedliche Definitionsansätze vorgestellt, die konkreter auf den Kontext von IT-Systemen eingehen als die bisher vorgestellten Definitionen.

In seinem Lehrbuch *Software Engineering* beschreibt Ian Sommerville sozio-technische Systeme wie folgt: „Diese Systeme enthalten ein oder mehrere technische Systeme, doch darüber hinaus – und das ist entscheidend – umfassen sie Personen, die den Zweck der jeweiligen Systeme innerhalb des Gesamtsystems verstehen. Sozio-technische Systeme zeichnen sich durch definierte Arbeitsprozesse aus sowie durch Personen (die Bediener, auch Operatoren genannt), die fester Bestandteil des Systems sind. Solche Systeme werden durch Unternehmensrichtlinien und -vorschriften geregelt und unterliegen externen Zwängen, wie nationalen Gesetzen und Verordnungen." (Sommerville, 2018, S. 621).

Die Wirtschaftsinformatik betrachtet Informationssysteme als sozio-technische Systeme: „Gegenstand der Wirtschaftsinformatik sind Informationssysteme (IS) in Wirtschaft, Verwaltung und privatem Bereich. IS sind soziotechnische Systeme, die menschliche und maschinelle Komponenten (Teilsysteme) umfassen." (Die Wirtschaftsinformatik e.V., 2011). Sozio-technische Systeme werden dann wie folgt definiert: „Unter einem sozio-technischen System (engl.: socio-technical system) versteht man ein System, bei dem eine technische und eine soziale Teilkomponente untrennbar voneinander zusammenspielen. Während das Verhalten der technischen Komponenten eines Informationssystems durch Programmierung festgelegt wird, ist das Detailverhalten der sozialen Teilkomponenten weit weniger bestimmbar." (Hansen et al., 2019).

Darüber hinaus werden die folgenden Eigenschaften sozio-technischer Systeme als relevant herausgestellt:

- Sie zeigen ein emergentes Verhalten, weil sie unerwartete Eigenschaften entwickeln, die erst durch das Zusammenwirken der sozialen und technischen Komponenten entstehen.
- Sie haben ein nicht deterministisches Verhalten, weil das Verhalten eines sozio-technischen Systems nicht vorhersagbar ist.
- Sie verfügen über einen komplexen Aufbau, weil insbesondere die sozialen Teilkomponenten schwer zu analysieren sind. (Hansen et al., 2019, S. 13).

2.4 Weitere Konzepte

2.4.1 Mensch-Technik-Organisation

Forschungen der Arbeits- und Organisationspsychologie, die auf den Erkenntnissen des Tavistock Institutes zu sozio-technischen Systemen basierten, kamen zu dem Schluss, dass es bei der guten Gestaltung von Arbeitsprozessen wichtig ist, das Zusammenspiel von Individuen, Organisation und Technik zu beschreiben. So wurde das Mensch-Technik-Organisation-Konzept (MTO-Konzept) erarbeitet, das heute häufig zur Beschreibung sozio-technischer Systeme eingesetzt wird (bspw. in der Soziologie; Hirsch-Kreinsen, 2018). Es bezieht sich in seiner ursprünglichen Fassung auf alle Arten von Technik, die in einem Arbeitsprozess verwendet werden (Ulich, 2022). Kerngedanke des MTO-Konzeptes ist, dass in einem sozio-technischen System die Elemente Mensch, Technik und Organisation sowohl einzeln als auch in ihren Zusammenhängen gestaltet werden müssen. In einem Projekt, das ein neues IT-System in einer Abteilung eines Unternehmens einführt, sind beispielsweise die folgenden Themen zu berücksichtigen:

Mensch:

- Wie ist er für seine Aufgaben an dem IT-System qualifiziert?
- Was sind seine Position und seine Aufgaben in der Organisation?

– Wie wird sein Arbeitsalltag durch das IT-System geprägt? Welche Handlungsspiel-
  räume hat er?

Technik:
– Welche IT-Systeme werden in den Arbeitsprozessen verwendet? Welche Funktionen stellen sie bereit?
– Welche Konfigurationsmöglichkeiten bieten sie an? Welche Anforderungen können umgesetzt werden?

Organisation:
– Wie sind die Arbeitsprozesse gestaltet?
– Für welche Aufgaben wird das IT-System wie eingesetzt?
– Wer ist für welche Aufgabe verantwortlich?

Mit dem MTO-Konzept verfügen IT-Projekte innerhalb existierender Organisationen
über zahlreiche validierte Methoden und Instrumente zur sozio-technischen Systemgestaltung (Bendel und Latniak, 2023). Die Konzepte geraten jedoch an ihr Limit,
wenn sozio-technische Systeme außerhalb solcher Organisationen gestaltet werden
sollen. Beispiele sind Nachbarschaftsnetzwerke, Gesundheitsapps oder auch kooperative Fitnessapps.

2.4.2 Sozioinformatische Systeme

Die Betrachtung sozio-technischer Systeme in der Softwareentwicklung sowie in der
Wirtschaftsinformatik gehen davon aus, dass das technische System von einem be-
schreibbaren sozialen System genutzt wird. Diese Konzeption ist hilfreich für die Gestaltung sozio-technischer Systeme im Rahmen von konkreten Projekten.
    Im Kontext von Technikfolgenabschätzungen für IT-Systeme stößt diese Betrach-
tung an Grenzen, man alle von der Technikeinführung betroffenen Menschen und Organisationen berücksichtigen muss. So führen Zweig et al. den Begriff sozioinformati-
scher Systeme ein. Sie betrachten „sozioinformatische Systeme als eine Teilmenge der
soziotechnischen Systeme, bei denen der zentrale Technikteil ein Hard- und/oder Softwaresystem ist oder ein solches enthält." (Zweig et al., 2021, S. 70).
    Im Weiteren betonen sie den Modellcharakter solcher Systeme: „Damit definie-
ren wir nun ein sozioinformatisches System als ein Modell mit einem von zwei
Zwecken: Ein beobachtetes emergentes Phänomen bei der Nutzung von Software
durch Individuen, Organisationen oder die Gesellschaft als Ganzes möglichst gut erklären zu können, also eine probleminduzierte Technikfolgenabschätzung durchzuführen. Explorativ mögliche emergente Technikfolgen der Nutzung von Software
durch Individuen, Organisationen oder die Gesellschaft als Ganzes zu untersuchen,

also eine technikinduzierte Technikfolgenabschätzung durchzuführen." (Zweig et al., 2021, S. 73 f).

2.5 Sozio-technische Systeme für I&G

Die vorgestellten Ansätze zur Beschreibung sozio-technischer Systeme gehen davon aus, dass die Beziehung sozialer und technischer Aspekte so eng ist, dass man sie nur in Kombination verstehen und gestalten kann. Die zu gestaltende Einheit aus sozialem und technischem System wird sozio-technisches System genannt und muss definiert werden. Die folgende Definition sozio-technischer Systeme in der Informatik respektiert die in dem Exkurs weiter unten dargestellten systemtheoretischen Grundlagen. Insbesondere vermeidet sie, einen gemischten Systemtyp bestehend sowohl aus technischen als auch aus sozialen Komponenten zu kreieren. Die Definition geht über den generischen Ansatz in Abschnitt 2.1 hinaus, indem sie konkret auf IT-Systeme eingeht. Die Verortung im industriellen Kontext, wie der Ansatz des Tavistock Institutes es vornimmt, wird für IT-Projekte geöffnet. Die thematischen Einschränkungen auf Unternehmenssoftware wie in Abschnitt 2.4.1 oder Technikfolgenabschätzung in 2.4.2 werden zu Gunsten einer allgemeinen Beschreibung erweitert.

Das Beispiel einer I&G-Vorlesung in einem Wintersemester soll die Definition sozio-technischer Systeme für I&G und ihre Bestandteile einführen. Es entsteht ein Gesamtbild, das in Abbildung 2.1 dargestellt ist.

Elemente sozialer Systeme sind Kommunikationen. Für das Beispiel bilden eine Dozentin und die Studierenden durch ihre Kommunikation miteinander ein soziales System. Die Kommunikationen finden während der Vorlesungsveranstaltung statt, wenn die Dozentin unterrichtet und mit den Studierenden diskutiert. Kommunikationen finden aber auch außerhalb der Vorlesung statt, wenn Studierende beispielsweise Ausarbeitungen zu gestellten Aufgaben einreichen und die Dozentin dazu Rückmeldung gibt.

In diesem Beispiel nutzt das soziale System, das die Dozentin und die Studierenden einer I&G-Vorlesung bilden, das technische System einer E-Learning-Plattform. Das technische System bietet Funktionen zur Ablage von Dateien, zur Kommunikation via E-Mail, News oder (Video-)Chat, und zur Überwachung von Fristen bei der Abgabe von Übungsaufgaben. Diese E-Learning-Plattform nutzt die Dozentin, um Materialien wie Vorlesungsfolien oder Übungsaufgaben für die Studierenden bereitzustellen. Die Studierenden ihrerseits stellen Lösungen in die Plattform ein. Informationen an alle Beteiligte werden durch die E-Mail-Funktion kommuniziert. So gibt es in dieser Situation ein soziales System, das eine besondere Beziehung zu einem technischen System in seiner Umwelt eingeht.

Um das Ganze als sozio-technisches System zu betrachten, bedarf es weiterer Eigenschaften. Erstens nutzt das soziale System das technische System zur Unterstützung von Kommunikationsprozessen. Das ist in dem Beispiel der Fall, weil die Dozentin über die

Abbildung 2.1: Definition sozio-technische Systeme.

E-Learning-Plattform Modulinhalte kommuniziert. Auch die Studierenden nutzen die Plattform zur Kommunikation, wenn sie einen Foliensatz für ein Referat hochladen.

Zweitens prägen sich das technische und das soziale System wechselseitig. Die E-Learning-Plattform unterstützt als technisches System nicht nur die Kommunikationsprozesse des sozialen Systems, sondern nimmt auch Einfluss auf das soziale System. In unserem Beispiel verwenden die Dozentin und die Studierenden E-Mails, News oder (Video-)Chat als Kommunikationsunterstützung und treffen sich seltener in der Hochschule. Ein weiteres Beispiel dafür, dass das technische System das soziale System beeinflusst, ist die Bereitstellung von Lernmaterialien. In den 1980er Jahren gab es an Hochschulen Skriptenverkaufsstellen, an denen Studierende die ausgedruckten Skripte für ihre Lehrveranstaltungen erwerben konnten. Diese Institutionen gibt es heute nicht mehr, weil sie durch den Einsatz von E-Learning-Plattformen in Vorlesungen überflüssig geworden sind. Hier hat ein IT-System das nutzende soziale System so beeinflusst, dass es sich in seinen Strukturen verändert hat.

Umgekehrt findet auch eine Beeinflussung in anderer Richtung statt, da das soziale System das technische gestaltet. In der E-Learning-Plattform findet das beispielsweise durch die Zulassung von Kursteilnehmende und die Zugriffsrechte auf Dokumente statt. Das soziale System Vorlesung hat Regeln, die festlegen, wer welche Unterlagen sehen darf. So kann die Dozentin entscheiden, dass nur Kursteilnehmende die bereitgestellten Materialien sehen dürfen. Übungsaufgaben, die Studierende einreichen, sollen für andere Studierende nicht sichtbar sein. Diese sozialen Regeln werden im technischen System der Lernplattform dann als Rechte- und Rollenkonzept umgesetzt und für die I&G-Vorlesung konfiguriert. So kann eine Lernplattform desselben Herstellers für unterschiedliche Vorlesungen unterschiedlich konfiguriert und genutzt werden. Das soziale System gestaltet mit seinen Regeln damit auch das technische System.

Drittens zeichnet sich ein sozio-technisches System dadurch aus, dass es Eingang in die Selbstbeschreibungen des sozialen Systems findet. Soziale Systeme bestimmen ihre eigenen Grenzen und definieren sich durch Selbstbeschreibungen (vgl. Exkurs in 2.9). Sozio-technische Selbstbeschreibungen stellen dar, wie ein soziales System die Nutzung eines technischen Systems integrieren möchte. Im Beispiel der I&G-Vorlesung kann die Dozentin zusagen, zuverlässig innerhalb von zwei Tagen auf Anfragen über die E-Learning-Plattform zu antworten. Auch die Zusage der Dozentin, vor jeder Vorlesung Materialien in der E-Learning-Plattform – und auch nur dort – zur Verfügung zu stellen, ist Teil der sozio-technischen Selbstbeschreibung der Vorlesung I&G. Die Organisation von Sprechstundenterminen ist ein weiteres Thema, das in Form einer Selbstbeschreibung geregelt werden muss. Es kann sein, dass die Dozentin buchbare Termine in die E-Learning-Plattform einstellt, es kann auch sein, dass sie Anfragen per Mail erwartet.

Sozio-technische Selbstbeschreibungen regeln die Grenzen eines sozio-technischen Systems, indem sie festlegen, wie die Kommunikationen im sozialen System das technische einbeziehen. Soziale Systeme können umso erfolgreicher komplexe Strukturen ausbilden, je mehr sie sich selbst beobachten und beschreiben. Für IT-Projekte kann man daraus schlussfolgern, dass soziale Systeme, die sozio-technische Selbstbeschreibungen erzeugen, besonders erfolgreich in der Ausbildung komplexer Nutzungsszenarien sein werden (Kunau, 2006, S. 53 f). Mögliche Inhalte sozio-technischer Selbstbeschreibungen sind:

– Beschreibung der Aufgabenteilung zwischen Menschen und Technik (Functional Allocation, vgl. Kapitel 9.3.1),
– Beschreibung der Nutzung eines technischen Systems im Ablauf eines Arbeitsprozesses,
– Vereinbarungen unter Kollegen hinsichtlich der Auswahl und Nutzung eines technischen Systems,
– Vereinbarungen hinsichtlich der Nutzung ergänzender technischer Systeme,
– Vereinbarung hinsichtlich der Nicht-Nutzung technischer Systeme.

In diesem Abschnitt wurden wesentliche Elemente sozio-technischer Systeme heraus-gearbeitet, auf deren Basis wir sozio-technische Systeme definieren (vgl. Infobox).

> **Definition sozio-technisches System für I&G**
>
> Ein soziales System soll dann sozio-technisches System genannt werden, wenn es eine besondere Be-ziehung zu einem technischen System in seiner Umwelt eingeht. Diese besondere Beziehung ist durch folgende Eigenschaften gekennzeichnet:
> – Das soziale System nutzt das technische System zur Unterstützung von Kommunikationsprozessen.
> – Das soziale und das technische System prägen sich wechselseitig
>   – Das technische System beeinflusst das soziale System.
>   – Das soziale System gestaltet das technische System.
>
> Das technische System findet Eingang in die Selbstbeschreibungen des sozialen Systems. So entstehen sozio-technische Selbstbeschreibungen

2.6 Zusammenfassung

In diesem Kapitel stellten wir dar, dass der Begriff des sozio-technischen Systems viel-fach verwendet wird, aber nicht einheitlich definiert ist. Die Ansätze reichen von sehr generischen über kontextbezogene bis hin zu sehr komplexen Definitionen. Die in die-sem Kapitel näher dargestellten Ansätze zur Definition haben alle ihre Berechtigung und können handlungsanleitend in thematisch korrespondierenden Projekten genutzt werden. Für die weiteren Kapitel dieses Lehrbuches verwenden wir die in Ab-schnitt 2.5 beschriebene Definition, weil sie vielfältig für unterschiedliche Anwen-dungsszenarien einsetzbar ist und wir sie dehalb für das Fach I&G für besonders ge-eignet halten. Für eine systemtheoretische Vertiefung sozio-technischer Systeme bietet sich der Exkurs in 2.9 an.

2.7 Fragen zur Wiederholung

1. Warum braucht man ein Konzept wie das der sozio-technischen Systeme?
2. Beschreibe den historischen Ursprung des Begriffs der sozio-technischen Systeme.
3. Wo wird das Konzept der sozio-technischen Systeme in der Informatik ver-wendet?
4. Wie lautet eine allgemeine Definition des Begriffs sozio-technisches System?
5. Welche anderen Ansätze zur Definition sozio-technischer Systeme kennst du?
6. Erkläre die Definition sozio-technischer Systeme, die in diesem Lehrbuch verwen-det wird, anhand eines Beispiels.
7. Was sind sozio-technische Selbstbeschreibungen und welche Relevanz haben sie in IT-Projekten?

2.8 Zum Nachdenken/Zur Diskussion

Im Zusatzmaterial befinden sich zu den Inhalten dieses Kapitels zahlreiche aktuelle Fallbeispiele zur Diskussion und Vertiefung. Es ist hinter dem QR-Code oder hier zu erreichen: https://www.degruyterbrill.com/document/isbn/9783111479590/html

2.9 Exkurs: Systemtheoretische Betrachtung sozio-technischer Systeme

In diesem Exkurs werden Grundlagen sozio-technischer Systeme beschrieben, die über den Inhalt einer Bachelorveranstaltung hinausgehen, und im wissenschaftlichen Diskurs eine wichtige Basis für die in Abschnitt 2.5 genannte Definition bilden. Für das Verständnis dieser Definition ist der Exkurs hilfreich, aber nicht notwendig.

Der hier beschriebene Ansatz greift auf das Methodengerüst der Systemtheorie aus der Soziologie zurück. Insbesondere wird die Theorie sozialer Systeme von Niklas Luhmann verwendet, um die besonderen Eigenschaften des sozialen Anteils sozio-technischer Systeme theoretisch zu fassen (Luhmann, 1984). Darauf aufbauend wird der Bezug eines sozialen Systems zu einem technischen System dargestellt.

2.9.1 Der allgemeine Systembegriff

Der Begriff des Systems ist in unserem Sprachgebrauch allgegenwärtig: So sprechen wir beispielsweise vom Bankensystem, Wirtschaftssystem, Softwaresystem, Betriebssystem, Computersystem, Bildungssystem, Immunsystem oder vom vegetativen Nervensystem. Eine allgemeine Definition beschreibt ein System als Ganzheit einer Menge von Elementen und deren Relationen zueinander (Kneer und Nassehi, 2000). Immer wenn es ein System gibt, gibt es notwendigerweise auch eine Umwelt. Die Umwelt des Systems enthält alles das, was nicht zum System selbst gehört. Dabei ist die Grenze zwischen System und Umwelt keineswegs immer objektiv eindeutig gegeben.

Um sich dem Begriff des sozio-technischen Systems zu nähern, beleuchten die zwei folgenden Abschnitte zunächst technische und soziale Systeme getrennt. Die Erklärungen greifen auf die Systemtheorie Luhmanns zurück, weil hier die Unterschiede zwischen den Systemen so prägnant dargestellt werden. Aus dem komplexen Theoriegebäude wird nur ein Bruchteil präsentiert. Vereinfachungen sind dabei unablässig. Nichtsdestotrotz helfen die Begriffe, mit denen Luhmann soziale Systeme beschreibt, besonders gut, die Herausforderungen bei der Gestaltung sozio-technischer Systeme zu verdeutlichen.

2.9.2 Technische Systeme

Gemäß der allgemeinen Systemdefinition bestehen technische Systeme aus technischen Komponenten, die miteinander in Beziehung stehen. Die spezifischen Eigenschaften technischer Systeme lassen sich am besten anhand von Beispielen darstellen: ein Heizungssystem in einem Wohnhaus oder ein Softwaresystem. Als Gegenbeispiel zu dem Begriff System kann man sich einen Sack voll Murmeln vorstellen. Die Murmeln bilden kein System, weil ihnen die definierte Beziehung zueinander fehlt.

Allen technischen Systemen gemeinsam ist, dass sie das Ergebnis eines Konstruktionsprozesses sind. Es gibt Pläne, die Aufbau und Verhalten beschreiben. Ingenieure oder Informatikerinnen überlegen sich im Vorhinein, wie ein technisches System funktionieren soll. Ihre Arbeit ist genau dann erfolgreich, wenn sich das technische System vorhersehbar so verhält wie geplant.

Diese Eigenschaft technischer Systeme wird in der Systemtheorie nach Luhmann (Luhmann, 2000, S. 376 ff) als „allopoietisch" (Kneer und Nassehi, 2000, S. 49) bezeichnet. Darin stecken die griechischen Worte „allo" für fremd und „poiein" für machen. Technische Systeme sind „fremd gemacht" (allopoietisch), sie sind das Ergebnis eines Konstruktionsprozesses.

Verhalten sich technische Systeme nicht so wie von den Konstrukteuren geplant, so bezeichnet man sie als defekt. Sie werden dann entweder repariert oder entsorgt. Im Beispiel des Heizungssystems erwartet man von der Regelung, dass sie die Raumtemperatur auf einem definierten Sollwert X hält. Dazu misst ein Temperaturfühler in einem Thermostatventil die Raumtemperatur. Ist diese oberhalb eines Wertes X, wird der Durchlauf des warmen Wassers gedrosselt und der Heizkörper gibt weniger Wärme ab. Liegt die Temperatur unterhalb eines Wertes Y, wird der Durchlauf erhöht und die Heizleistung steigt. Verhält sich das Thermostatventil anders als beschrieben, wird man es als defekt bezeichnen, reparieren oder austauschen.

Bei Softwaresystemen ist das nicht anders. Nutzende erwarten, dass sich die Software so verhält, wie es in Anleitungen steht. Von den Konfigurationsdateien erwartet man, dass sie die Software korrekt installieren. Ist das nicht der Fall, spricht man schnell von „Bugs", die behoben werden müssen. Auch auf KI-Systeme und insbesondere Verfahren des maschinellen Lernens (ML) lässt sich diese Betrachtung noch übertragen: Ein solches System muss so trainiert werden, dass es zu – auch neuen und noch unbekannten – Eingangsdaten die als korrekt erwarteten Ausgangsdaten erzeugt. Anderenfalls wird man das Modell selbst oder die Trainingsdaten bzw. das Trainingsverfahren anpassen.

2.9.3 Soziale Systeme

Einen Schwerpunkt seiner Systembetrachtung legt Luhmann auf soziale Systeme. Wir greifen wichtige Aspekte seiner Beschreibungen auf.

Soziale Systeme bestehen aus Kommunikationen

Bei der Überlegung, was soziale Systeme sind, kommt man schnell auf den Gedanken, soziale Systeme bestünden aus Menschen, die miteinander in Relation stehen. Damit hätte man eine gute Analogie zu den technischen Systemen geschaffen. Sucht man dann aber Beispiele, so fallen soziale Systeme auf, die schon viel älter sind als ein Menschenleben. In diesen Systemen haben die Menschen schon oft gewechselt, dennoch sind sie als soziale Systeme existent. So existieren zum Beispiel Hochschulen typischerweise länger, als Studierende oder Lehrende in ihnen verweilen. Trotzdem handelt es sich bei Hochschulen intuitiv um soziale Systeme. Die Frage ist nun, wie man theoretisch erklären kann, dass ein soziales System den mehrfachen Austausch aller seiner Mitglieder übersteht und immer noch als soziales System identifizierbar ist.

Der systemtheoretische Ansatz nach Luhmann besagt, dass eben nicht Menschen, sondern Kommunikationen die Elemente sozialer Systeme sind (Kneer und Nassehi, 2000, S. 65). Soziale Systeme bestehen aus Kommunikationen, die sich sinnvoll aufeinander beziehen. Die Menschen (als psychische Systeme) gehören in die Umwelt des sozialen Systems. Das mag auf den ersten Blick überraschen oder sogar abschrecken: Wie soll man sich soziale Systeme ohne Menschen vorstellen?

Am Beispiel von Hochschulen lässt sich das verdeutlichen: In einer Hochschule finden andauernd Kommunikationen statt: Lehrende unterrichten Studierende, Studierende lernen miteinander, Lehrende fragen Lernziele ab, indem sie Prüfungen durchführen, neue Studierende bekunden ihren Willen zum Studium, indem sie sich zum Studium einschreiben usf. Dabei wechseln sowohl die Studierenden als auch die Lehrenden regelmäßig. Die Hochschule überdauert trotzdem als soziales System. Erst wenn die Kommunikationen aufhörten, wenn niemand mehr unterrichten würde, wenn sich niemand mehr einschreiben würde, erst dann würde das soziale System der konkreten Hochschule aufhören zu existieren.

Soziale Systeme gibt es in jeder Größenordnung. Ein sehr kleines soziales System besteht aus den Kommunikationen zweier Menschen; unsere Gesellschaft in der Bundesrepublik Deutschland ist ein großes soziales System. Dazwischen gibt es beispielsweise Familien, Unternehmen, Vereine, Wohngemeinschaften.

Mit Bezug auf die allgemeine Systemdefinition lässt sich nun Folgendes festhalten: Die Elemente sozialer Systeme sind Kommunikationen. Die in der Definition geforderte Relation zwischen den Elementen ist die Art und Weise, wie sich Kommunikationen aufeinander beziehen. Nur wenn sich Kommunikationen sinnvoll aufeinander beziehen, bilden sie ein soziales System. Auf dieser Basis lassen sich nun weitere Eigenschaften sozialer Systeme beschreiben (Jahraus et al., 2012, Kapitel IV).

Soziale Systeme sind autopoietisch

Technische Systeme sind als allopoietisch beschrieben worden, sie werden von Menschen konstruiert und produziert. Soziale Systeme sind anders. Sie können nicht von außen produziert werden, sie entwickeln sich selbst von innen. Diese Aussage passt zu der intuitiven Erkenntnis, dass man einem sozialen System nicht von außen vorschreiben kann, wie seine Kommunikationen ablaufen sollen.

Die Sprache der Systemtheorie nach Luhmann beschreibt diese Eigenschaft sozialer Systeme als autopoietisch (Klymenko, 2012) Darin steckt wieder das griechische Wort „poiein" für machen, diesmal kombiniert mit dem Wort „auto" für selbst. Soziale Systeme sind autopoietisch, weil sie sich selbst durch einen immer fortlaufenden Prozess von Kommunikationen erzeugen und erhalten. In sozialen Systemen folgt immer Kommunikation auf Kommunikation; jede Kommunikation innerhalb des sozialen Systems muss in dem Sinne anschlussfähig sein, dass sie wieder neue Kommunikation im System erlaubt. Solange diese Folge von Kommunikationen nicht abbricht, legen Kommunikationen die Grundlage für weitere Kommunikationen. Das soziale System hält sich so selbst am Leben.

Soziale Systeme sind operativ geschlossen

Hier kommt eine weitere Eigenschaft sozialer Systeme ins Spiel: sie sind operativ geschlossen (Mayr, 2012). Operative Geschlossenheit von sozialen Systemen bedeutet, dass der Fortgang der Kommunikation ausschließlich innerhalb des sozialen Systems bestimmt wird. Jede Kommunikation in einem sozialen System bezieht sich auf vergangene Kommunikationen im selben System. Ausschließlich dieser Selbstbezug bestimmt den weiteren Verlauf der Kommunikation innerhalb des sozialen Systems. Hier mag sich Widerspruch regen: Ein soziales System existiert doch nicht abgeschlossen und unabhängig von seiner Umwelt. Das ist mit der operativen Geschlossenheit auch nicht gemeint. In einem späteren Abschnitt wird beschrieben, wie soziale Systeme autonom, aber nicht autark sind.

Zunächst aber soll die Eigenschaft der operativen Geschlossenheit anhand des Beispiels einer studentischen Wohngemeinschaft veranschaulicht werden: Der Eigentümer eines Hauses vermietet Wohnungen an studentische Wohngemeinschaften (WG). Als Vermieter kann er einer dieser studentischen Wohngemeinschaften ins Gewissen reden, den Hausflur regelmäßiger zu putzen. Der Vermieter kann sogar drohen, den Mietvertrag zu kündigen, falls die Bewohner seiner Aufforderung nicht nachkommen. Die Mitglieder der WG haben viele Möglichkeiten der Reaktion: sie können einen festen Putzplan vereinbaren, in dem jeder einmal an der Reihe ist zu putzen; vielleicht bestimmt die WG aber auch ihr jüngstes Mitglied als dasjenige, das immer zu putzen hat; oder aber die WG beschließt, den Vermieter einfach zu ignorieren und das Problem auszusitzen.

In dem Beispiel hat der Vermieter das Ziel, die Studierenden der WG zum regelmäßigen Flurputzen zu bewegen. Dazu kann er die unterschiedlichsten Maßnahmen ergreifen. Da der Vermieter zur Umwelt des sozialen Systems studentische Wohngemeinschaft gehört, ist eines nicht möglich: Der Vermieter kann nicht von außen bestimmen, wie die Kommunikation innerhalb der studentischen WG zum Thema Flurputzen abläuft. Jede neue Kommunikation innerhalb der WG ergibt sich aus den vorhergehenden Kommunikationen innerhalb der WG. Die Art der Kommunikation, auf die sich die WG einigt, bestimmt den weiteren Verlauf, nicht der Auftritt des Hausmeisters. Dies ist mit operativer Geschlossenheit gemeint.

Soziale Systeme sind autonom, aber nicht autark

Die Eigenschaft der operativen Geschlossenheit macht soziale Systeme autonom: Sie erhalten sich selbst durch fortwährende Kommunikationen am Leben und folgen dabei ihren eigenen inneren Gesetzen. Das bedeutet aber nicht, dass soziale Systeme unabhängig von ihrer jeweiligen Umwelt sind. Sie sind sehr wohl abhängig von den gegebenen Rahmenbedingungen und sie reagieren auch auf Impulse aus ihrer Umwelt. So sind soziale Systeme nicht autark. (Kneer und Nassehi, 2000, S. 51).

Für das oben genutzte Beispiel einer Hochschule lässt sich das am Bologna-Prozess veranschaulichen. Aus dem Bologna-Prozess ergeben sich Regeln für die Akkreditierung von Studiengängen sowie die Abnahme und Benotung von Prüfungen. Jede Hochschule, die die Abschlüsse Bachelor und Master vergeben möchte, muss sich an diese Regeln halten. Hier sind die Hochschulen nicht autark. Sie sind aber autonom in der Art, wie sie die vorgegebenen Regeln umsetzen.

Zusammenfassend lautet die theoretische Beschreibung sozialer Systeme nun wie folgt: „Soziale Systeme sind autopoietische Systeme, die in einem rekursiv-geschlossenen Prozess fortlaufend Kommunikation aus Kommunikation produzieren." (Kneer und Nassehi, 2000, S. 80).

Soziale Systeme erzeugen Selbstbeschreibungen

Wo endet ein System und wo beginnt seine Umwelt? Bei technischen Systemen ist diese Frage durch die Aufzählung der Elemente und ihrer Relationen zu beantworten. Wie aber ist das bei sozialen Systemen, die sich durch fortwährende Kommunikation immer selbst erzeugen? Welche Kommunikation gehört noch zu dem System, welche nicht mehr? Da soziale Systeme operativ geschlossen sind und von außen nicht determiniert werden können, folgt logischerweise, dass sie ihre eigenen Grenzen selbst bestimmen müssen. Auch die Bestimmung dieser Grenzen erfolgt selbstverständlich durch Kommunikation (Göbel, 2012).

Das Beispiel der Hochschule kann noch einmal zur Veranschaulichung dienen. Möchte jemand ein Studium aufnehmen, muss er sich formal einschreiben. Es reicht nicht aus, zum Dekan zu gehen und zu erklären, dass man gerne studieren möchte. Eine solche Kommunikation wäre im sozialen System der Hochschule nicht anschlussfähig. Die Kommunikation zur Einschreibung ist sehr genau festgelegt: Man muss Unterlagen vorlegen, Informationen zu seiner Person angeben und Erklärungen abgeben. Nur wenn man dem an der jeweiligen Hochschule vergebenen Kommunikationsschema folgt, kann man sich erfolgreich zum Studium einschreiben. Ist man einmal eingeschrieben, beispielsweise für den Studiengang Informatik, ist genau geregelt, wann und in welcher Form man Studienleistungen erbringen muss, um sein Studium erfolgreich zu absolvieren. Für eine Hochschule sind die Regeln, die solche Kommunikationen beschreiben, in Form von Studienordnungen hinterlegt. Eine Studienordnung ist ein Beispiel für das, was in der Systemtheorie Selbstbeschreibung genannt wird.

Auf gesellschaftlicher Ebene ist das Grundgesetz eine Selbstbeschreibung für die Bundesrepublik Deutschland. Unternehmensleitsätze oder Verfahrensanweisungen sind Beispiele für Selbstbeschreibungen in Unternehmen, unausgesprochene Übereinkünfte zwischen Bewohnern einer WG gehören zu deren Selbstbeschreibungen.

Selbstbeschreibungen regeln, welche Kommunikationen zu einem sozialen System gehören und welche nicht. Mit Hilfe von Selbstbeschreibungen wird das soziale System für seine Umwelt verständlich und in seinen Reaktionen vorhersehbar (Willke, 1993, S. 200). Soziale Systeme definieren ihre Grenzen über Selbstbeschreibungen. Folgende Eigenschaften gelten für Selbstbeschreibungen in sozialen Systemen:

1. Selbstbeschreibungen beschreiben, welche Kommunikationen innerhalb eines sozialen Systems akzeptabel sind und welche nicht.
2. Andere Kommunikationen beziehen sich auf die Selbstbeschreibungen und lassen sich durch sie leiten.
3. Selbstbeschreibungen können sowohl die Form flüchtiger– beispielsweise mündlicher– Kommunikation als auch die Form nachhaltiger textueller Artefakte annehmen.
4. Selbstbeschreibungen können von anderen Kommunikationen in sozialen Systemen unterschieden werden.

2.9.4 Definitorische Zwickmühle für sozio-technische Systeme

Nach dem bisher Dargestellten entsteht eine definitorische Zwickmühle: Auf der einen Seite stehen die Ergebnisse der Forscher des Tavistock Institute, dass die Beziehung sozialer, psychologischer und technischer Aspekte so eng ist, dass man sie nur in Kombination verstehen und gestalten kann. Man hat nicht nur ein soziales oder nur ein technisches, sondern ein sozio-technisches System zu gestalten. Es gibt also das sozio-technische System als eine zu gestaltende Einheit, die dann auch definierbar sein muss.

Auf der anderen Seite stehen die Ausführungen der Systemtheorie nach Luhmann, die genau die Gegensätze zwischen allopoietischen technischen Systemen und autopoietischen sozialen Systemen beschreiben. Auf Basis dieses Theoriegebäudes verbietet es sich, einen gemischten Systemtyp bestehend sowohl aus technischen als auch aus sozialen Komponenten zu kreieren. Zumal die Homogenität der Elemente eine Grundlage der Systemtheorie ist (Luhmann, 1984, S. 23).

Social Media, die Lernplattform einer Hochschule oder e-government-Angebote einer Stadtverwaltung sind IT-Systeme, die sehr eng mit den sie nutzenden sozialen Systemen verbunden sind. Intuitiv würde man hier von sozio-technischen Systemen sprechen. Um aber praktische Leitlinien für eine gelingende Gestaltung sozio-technischer Systeme herauszuarbeiten, benötigt man eine mehr als intuitive Beschreibung dieser engen Verbindung. Die in Abschnitt 2.5 dargestellte Definition sozio-technischer Systeme erklärt die enge Verbindung von sozialem und technischem System und hält dabei die systemtheoretisch gebotene Trennung aufrecht.

2.10 Literatur

Bendel, Alexander; Latniak, Erich (2023): Weiter so mit MTO? Konzeptionelle Entwicklungsbedarfe soziotechnischer Arbeits- und Systemgestaltung. In: Gruppe. Interaktion. Organisation. Zeitschrift für Angewandte Organisationspsychologie (GIO), 54, 1, S. 9–26.

Die Wirtschaftsinformatik e.V. (2011): Die Wirtschaftsinformatik – Profil. Online verfügbar unter https://wirtschaftsinformatik.de/unsere-disziplin/duplikat-von-profil-wirtschaftsinformatik/ (abgerufen am 05.02.2025).

Göbel, Andreas (2012): Selbstbeschreibung. In: Jahraus, Oliver et al. (Hrsg.): Luhmann-Handbuch: Leben – Werk – Wirkung. Stuttgart, Weimar: J.B. Metzler, S. 113–115.

Hansen, Hans Robert; Mendling, Jan; Neumann, Gustaf (2019): Wirtschaftsinformatik, 12. völlig neu bearbeitete Auflage. Berlin, Boston: Walter de Gruyter GmbH.

Hirsch-Kreinsen, Hartmut (2018): Einleitung: Digitalisierung industrieller Arbeit. In: Hirsch-Kreinsen, Hartmut; Ittermann, Peter; Falkenberg, Jonathan (Hrsg.): Digitalisierung industrieller Arbeit: die Vision Industrie 4.0 und ihre sozialen Herausforderungen. Baden-Baden: Nomos, S. 13–32.

Hirsch-Kreinsen, Hartmut; ten Hompel, Michael (2015): Digitalisierung industrieller Arbeit. In: Vogel-Heuser, Birgit; Bauernhansl, Thomas; ten Hompel, Michael (Hrsg.): Handbuch Industrie 4.0: Produktion, Automatisierung und Logistik. Berlin, Heidelberg: Springer, S. 1–20.

Jahraus, Oliver et al. (Hrsg.)(2012): Luhmann-Handbuch: Leben – Werk – Wirkung. Stuttgart, Weimar: J.B. Metzler.

Klymenko, Iryna (2012): Autopoiesis. In: Jahraus, Oliver et al. (Hrsg.): Luhmann-Handbuch: Leben – Werk – Wirkung. Stuttgart, Weimar: J.B. Metzler, S. 69–71.

Kneer, Georg; Nassehi, Armin (2000): Niklas Luhmanns Theorie sozialer Systeme: eine Einführung, 4. unveränderte Auflage. München: Fink.

Kunau, Gabriele (2006): Facilitating computer supported cooperative work with socio-technical self-descriptions. Online verfügbar unter http://hdl.handle.net/2003/22226 (abgerufen am 21.04.2025).

Luhmann, Niklas (1984): Soziale Systeme: Grundriß einer allgemeinen Theorie. Frankfurt am Main: Suhrkamp.

Luhmann, Niklas (2000): Organisation und Entscheidung. Opladen u. a.: Westdeutscher Verlag.

Mayr, Katharina (2012): Geschlossenheit / Offenheit. In: Jahraus, Oliver et al. (Hrsg.): Luhmann-Handbuch: Leben – Werk – Wirkung. Stuttgart, Weimar: J.B. Metzler, S. 84–86.

Mumford, Enid (1983): Designing Human Systems for New Technology: The ETHICS Method. Manchester Business School.

Mumford, Enid (1995): Effective Systems Design and Requirements Analysis: The ETHICS Approach. Houndmills et al.: Macmillan.

Mumford, Enid (1996): Systems Design: Ethical Tools for Ethical Change. Houndmills et al.: Macmillan.

Polojärvi, Dana; Palmer, Erika; Dunford, Charlotte (2023): A systematic literature review of sociotechnical systems in systems engineering. In: Systems Engineering, 26, 4, S. 482–504.

Sommerville, Ian (2018): Software Engineering, 10., aktualisierte Auflage. Hallbergmoos: Pearson.

Sydow, Jörg (1985): Der soziotechnische Ansatz der Arbeits- und Organisationsgestaltung – Darstellung, Kritik, Weiterentwicklung. Frankfurt, New York: Campus Verlag.

Trist, Eric L.; Bamforth, Ken W. (1951): Some Social and Psychological Consequences of the Longwall Method of Coal-Getting: An Examination of the Psychological Situation and Defences of a Work Group in Relation to the Social Structure and Technological Content of the Work System. In: Human Relations, 4, 1, S. 3–38.

Ulich, Eberhard (2022): MTO-Konzept. In: Wirtz, Markus Antonius (Hrsg.): Dorsch – Lexikon der Psychologie. Bern: Hogrefe AG. Online verfügbar unter https://dorsch.hogrefe.com/stichwort/mto-konzept (abgerufen am 13.03.2025).

Willke, Helmut (1993): Systemtheorie, 4. überarbeitete Auflage. Stuttgart, Jena: Gustav Fischer.

Zweig, Katharina A.; Krafft, Tobias D.; Klingel, Anita; Park, Enno (2021): Sozioinformatik – Ein neuer Blick auf Informatik und Gesellschaft. München: Carl Hanser Verlag.

3 Kommunikation als Grundlage

Dieses Kapitel vertieft menschliche Kommunikation, die wir im vorangegangenen Kapitel als Grundlage sozialer Systeme beschrieben haben. Dabei grenzen wir zunächst drei Arten von Kommunikation voneinander ab und fokussieren im weiteren Verlauf auf die Mensch-Mensch-Kommunikation. Hier spielen die Begriffe Verhalten, Handeln und soziales Handeln eine wichtige Rolle. Für ein umfassendes Verständnis menschlicher Kommunikation werden dann Modelle mit unterschiedlichen Perspektiven betrachtet. Mit dem kontext-orientierten Kommunikationsmodell stellen wir zudem einen Erklärungsansatz für IT-gestützte menschliche Kommunikation dar. Abschließend werden Einsatzmöglichkeiten der vorgestellten Kommunikationsmodelle beleuchtet. Nach Studium dieses Kapitels kannst du

- drei Arten von Kommunikation unterscheiden,
- die Begriffe Verhalten, Handeln und soziales Handeln voneinander abgrenzen,
- Kommunikationsmodelle aus den Perspektiven der Nachrichtentechnik, Psychologie und Soziologie erläutern,
- Gemeinsamkeiten und Unterschiede der Kommunikationsmodelle benennen,
- das kontext-orientierte Kommunikationsmodell als ein Modell der IT-gestützten menschlichen Kommunikation darstellen,
- für ein gegebenes Problem ein Kommunikationsmodell als Erklärungsgrundlage auswählen.

3.1 Drei Arten von Kommunikation

Der Begriff Kommunikation spielt in vielen Disziplinen eine große Rolle. So meint zum Beispiel der Begriff Kommunikation in der Elektro- und Nachrichtentechnik die Verbindung zweier technischer Geräte, in der Soziologie hingegen das Handeln zwischen Menschen. In der Betrachtung der Informatik sind Kommunikationsbeteiligte Menschen und Computer. Durch alle denkbaren Kombinationen dieser beiden Beteiligten ergeben sich drei Arten der Kommunikation:

- Die Computer-Computer-Kommunikation wird in Fächern der technischen Informatik ausführlich betrachtet. Sie wird in diesem Lehrbuch nicht weiter vertieft.
- Die Mensch-Computer-Kommunikation beschreibt die Schnittstelle der beiden Beteiligten. Hier geht es vor allem um die Gestaltung der Benutzeroberfläche derart,

https://doi.org/10.1515/9783111478555-003

dass Nutzende ihre Arbeitsaufgaben ohne psychische oder physische Beeinträchtigung und mit positiver Einstellung zur Software erledigen können. Dazu sind Kenntnisse u. a. aus der Arbeits- und Wahrnehmungspsychologie relevant, die erklären, wie Menschen Aufgaben strukturieren und Informationen aufnehmen und verarbeiten. Dieses Thema wird auch als Mensch-Computer-Interaktion bezeichnet. Sie ist Gegenstand von gleichlautenden Veranstaltungen und wird hier ebenfalls nicht vertiefend behandelt.

– Die Perspektive der Mensch-Mensch-Kommunikation bildet den Schwerpunkt dieses Kapitels. Für Informatikerinnen und Informatiker ist diese Perspektive mindestens aus zwei Gründen interessant. Zum einen finden IT-Projekte kommunikativ statt, zum Beispiel Kommunikation mit dem Auftraggeber oder Kommunikation mit den Mitgliedern des Entwicklungsteams. Ein Verständnis über die Eigenschaften menschlicher Kommunikation führt in diesem Zusammenhang dazu, diese Kommunikationsprozesse effizienter und weniger fehleranfällig zu gestalten. Zum anderen werden IT-Systeme für die Unterstützung menschlicher Kommunikation entwickelt. Als Beispiele seien hier E-Mail, Foren, (Video-)Chat oder soziale Netzwerke genannt. Ein Verständnis der Abläufe menschlicher Kommunikation hilft dabei, die technischen Systeme an die Bedürfnisse der Beteiligten anzupassen (Kienle, 2003).

3.2 Die Begriffe Verhalten und (soziales) Handeln

In den unterschiedlichen Modellen wird Kommunikation mit Bezug zu den Begriffen Verhalten und Handeln bzw. sozialem Handeln erläutert. Diese grundlegenden Begriffe sollen deshalb hier zunächst eingeführt werden. Wir bedienen uns dabei der beiden fiktiven Personen Anna und Paul.

Unter **Verhalten** wird die Gesamtheit aller von außen beobachtbaren Äußerungen eines Lebewesens verstanden. Tier oder Mensch müssen sich dieses Verhaltens nicht bewusst sein – Verhalten ist also nicht bewusstseinspflichtig. Die Psychologie spricht davon, dass alle menschlichen Reaktionen als Verhalten betrachtet werden (Kaiser, 2021). Wenn man beispielweise Anna beobachtet, die mit interessiertem Blick in ein Buch schaut, so zeigt sie ein bestimmtes Verhalten.

Die Definition von Handeln nimmt auf den Begriff des Verhaltens Bezug. **Handeln** wird beschrieben als Verhalten, das intentional ist (Schulz-Schaeffer, 2024). Dabei bedeutet Intentionalität, dass einem Verhalten eine Bedeutung zugewiesen wird. Es wird ein Bezug hergestellt zwischen diesem Verhalten und einer in der Zukunft liegenden Erfahrung, die von der sich verhaltenden Person gewünscht wird. So hat sich beispielsweise Anna das Buch gekauft, um in Zukunft mehr über dessen Inhalt zu erfahren.

Handeln kann auch auf andere Personen bezogen sein, dann ist von sozialem Handeln die Rede (Schulz-Schaeffer, 2024). **Soziales Handeln** tritt auf, wenn sich menschliche Handlungen intentional gegenseitig beeinflussen. Dies wäre bei Anna der Fall, wenn sie zu ihrem Gesprächspartner Paul sagt: „Das ist ein interessantes Buch, solltest du dir auch mal anschauen!" Anna möchte Paul so überzeugen, das Buch ebenfalls zu lesen. Es sei darauf hingewiesen, dass nicht beabsichtigte Einfluss-nahme auf andere nicht dazu zählt. Der interessierte Blick Annas in das Buch ist kein soziales Handeln, wenn sie damit keine Einflussnahme auf Paul beabsichtigt hat. Wichtig zu beachten ist, dass mit dem Begriff des sozialen Handelns nicht nur wohl-wollende Handlungen gemeint sind. Es geht allgemein darum, dass sich Handlungen intentional gegenseitig beeinflussen. Auch wenn Anna Paul angreift, ist dies im sozio-logischen Sinne eine soziale Handlung.

Je nach Blickwinkel auf Kommunikation wird diese als Verhalten, Handeln oder soziales Handeln verstanden. Dies wird in der nun folgenden Vorstellung der Kommu-nikationsmodelle deutlich.

3.3 Übersicht über gängige Kommunikationsmodelle

Kommunikationsmodelle beschreiben Kommunikation aus verschiedenen Blickwin-keln und erklären damit jeweils unterschiedliche Ausschnitte von Kommunikations-phänomenen. Für die Belange von Informatik & Gesellschaft sind die folgenden Mo-delle relevant, da sie unterschiedliche Perspektiven auf menschliche Kommunikation als Grundlage sozialer Systeme darstellen.

3.3.1 Nachrichtentechnische Perspektive auf Kommunikation

Vielfach wird Kommunikation anhand des nachrichtentechnischen Modells nach Claude Shannon und Warren Weaver erklärt (Shannon und Weaver, 1949). Dieses Mo-dell diente ursprünglich zur Verdeutlichung der telegrafischen Übermittlung von Bot-schaften und stellt deshalb den Kanal ins Zentrum der Betrachtung. Kommunikation gemäß dem nachrichtentechnischen Modell kommt mit wenigen Elementen aus:
– Ein Sender oder eine Informationsquelle (Q) versendet eine Nachricht.
– Diese wird durch einen Transmitter (T) kodiert und in einen Kanal eingespeist.
– Der Kanal ist das Medium der Übertragung. Bei der Übertragung kann es zu einer Störung durch eine Störquelle (S) kommen.
– Ein Empfänger (R) empfängt das Signal, dekodiert es und leitet es an das Ziel (Z) bzw. die Informationssenke weiter.
– Damit ist die dekodierte Nachricht bei ihrem Ziel (Z) angekommen.

In diesem Modell wird die Information auf die rein syntaktische Ebene reduziert. Der Informationsgehalt einer Nachricht lässt sich messen: Je mehr noch nicht vermittelte Daten übertragen werden, desto höher ist der Informationsgehalt.

Letztendlich steckt in dem Modell die Annahme, dass Information für jeden Empfänger das gleiche bedeutet. Dies trifft auf menschliche Kommunikation jedoch nicht
zu. Die Bedeutung einer Information kann für unterschiedliche Empfänger aufgrund
ihrer jeweils eigenen Interpretation sehr unterschiedlich sein.

Dem Ziel und Fokus des Modells entsprechend steht die Übertragung einer Nachricht inklusive ihrer Kodierung und Dekodierung im Vordergrund. Damit lässt es wesentliche Aspekte menschlicher Kommunikation wie die Bedeutung und Interpretation
einer Nachricht durch die Kommunikationspartner außer Acht. Andere Modelle sind unserer Auffassung nach besser geeignet, um menschliche Kommunikation zu verstehen.

3.3.2 Psychologische Perspektive auf Kommunikation

Kommunikationsmodelle mit Fokus auf die kommunizierenden Menschen sind eher
dem psychologischen Bereich zuzuordnen. Anders als das nachrichtentechnische
Kommunikationsmodell postulieren Modelle aus diesem Bereich, dass selbst computergestützte menschliche Kommunikation mehr beinhaltet als den Transport einer co-
dierten Nachricht von einer Quelle (Q) zu einem Ziel (Z) mittels eines Kanals und ihre
anschließende Decodierung.

Besonders erwähnenswert sind hier die von Paul Watzlawick formulierten fünf
Axiome zu zwischenmenschlicher Kommunikation. Als österreichischer Kommunika-
tionswissenschaftler und Psychotherapeut untersuchte er gestörte Beziehungen insbesondere in Familiensituationen. Daraus leitete er seine Axiome zur Kommunikation
ab, die im Folgenden erläutert werden. Für weitere Details sei auf (Watzlawick et al.,
1990) verwiesen.

Axiom 1: Man kann nicht nicht kommunizieren.
Dieses Axiom besagt, dass alles Verhalten in einer zwischenmenschlichen Situation
einen Mitteilungscharakter hat und damit Kommunikation ist. Konsequenterweise
hat Verhalten kein Gegenteil – man kann sich nicht nicht verhalten.

Dieses Axiom mag für die Erklärung von Problemen in direkten zwischenmenschlichen Beziehungen vor Vorteil sein. Für die Informatik und hier insbesondere für die
Betrachtung medial vermittelter Kommunikation durch E-Mail, Beiträge in sozialen
Medien etc. darf dieses Axiom bezweifelt werden. Denn im Gegensatz zu direkter
Kommunikation kann man sich hier gerade nicht verhalten. So kann man beispielsweise eine E-Mail nicht versenden oder einen Beitrag nicht schreiben, ohne dass dies
als Kommunikation gewertet werden muss. Das Nichtversenden einer E-Mail oder
eines Beitrags muss nicht zwangsläufig als Kommunikation bewertet werden. In unserer Interpretation sind die Personen keine Kommunikationspartner, weil sie sich
nicht in einer gemeinsamen Situation befinden.

Selbst bei direkt wahrnehmbaren zwischenmenschlichen Beziehungen ist dieses
Axiom problematisch. Hier wird oft die Situation diskutiert, ob es sich um Kommuni-

kation handelt, wenn Anna ein Zugabteil betritt und Paul mit angelehntem Kopf und geschlossenen Augen im Abteil sitzt. Watzlawick argumentiert, dass es sich um Kommunikation handelt, da Paul eine Botschaft an Anna überträgt. Die Botschaft könnte sein, dass er müde ist. In unserer Interpretation kann es aber auch sein, dass Paul einfach eingeschlafen ist und gar nicht wahrnimmt, dass Anna hinzugekommen ist. Dann kommuniziert er in unserer Interpretation nicht.

Axiom 2: Jede Kommunikation hat einen Inhalts- und einen Beziehungsaspekt. Dabei bestimmt der Beziehungsaspekt den Inhaltsaspekt und ist daher eine Metakommunikation.

Dieses Axiom weist darauf hin, dass eine Kommunikation nicht nur einen Inhalt transportiert, sondern von der Beziehung zwischen den Kommunikationspartnern und insbesondere von dem gegenseitigen Bild der Kommunikationspartner begleitet und beeinflusst wird. So spricht man mit seinem Vorgesetzten anders als mit privaten Freunden oder seinen Kindern.

Axiom 3: Die Beziehung ist durch die Interpunktion der Kommunikationsabläufe seitens der Partner bedingt.

Auch wenn von außen nicht immer erkennbar ist, was in der Kette der Kommunikationen Ursache und was Folge ist, so hat die Interpretation der Beteiligten doch einen maßgeblichen Einfluss auf das wahrgenommene Verhältnis zwischen ihnen. Derjenige, der bei einem Streit den Eindruck hat, sich nur zu verteidigen, weil seiner Meinung nach der andere den Streit begonnen hat, wird sich weniger in der Verantwortung sehen, den Streit zu beenden. Er sieht seine Kommunikation dann immer als Reaktion auf die des anderen.

Eskalationen in zwischenmenschlicher Kommunikation entstehen oft dadurch, dass alle Beteiligten sich in der Rolle des Reagierenden sehen. Setzten die Beteiligten andere Interpunktionen in ihre Kommunikationsabläufe, so sähe ihre Interpretation vielleicht anders aus. Bekannt ist dazu das Beispiel einer Laborratte, die ihre Situation wie folgt wahrnimmt: Ich habe meinen Versuchsleiter so abgerichtet, dass er jedes Mal, wenn ich den Hebel drücke, mir zu fressen gibt.

Axiom 4: Menschliche Kommunikation bedient sich digitaler und analoger Modalitäten.

Dieses Axiom fokussiert auf die verschiedenen Kanäle bzw. Modalitäten einer Kommunikation. Die Verwendung der Adjektive digital und analog bei Watzlawick stimmt nicht mit ihrer Bedeutung in der Informatik überein. Für Watzlawick beschreibt die digitale Ebene die verbale Kommunikation, die wesentlich für die Inhaltsebene ist. Digitale Kommunikationen haben eine komplexe und vielseitige logische Syntax (Struktur, Aufbau), aber eine auf dem Gebiet der Beziehungen unzulängliche Semantik (Bedeutung). So lassen sich im Modus der digitalen Kommunikation Emotionen wenig gut vermitteln.

Mit der analogen Modalität meint Watzlawick die nonverbale Kommunikation (Gestik, Mimik etc.), die eine hohe Relevanz für die Beziehungsebene hat. Analoge Kommunikationen besitzen semantisches Potenzial, bei ihnen mangelt es aber an einer logischen Syntax. Daraus resultieren unter anderem Doppeldeutigkeit und Widersprüche. So kann das Rümpfen der Nase eine abneigende Mimik als Reaktion auf eine Aussage sein oder ein Ausdruck, dass es an dem Ort unangenehm riecht.

Axiom 5: Zwischenmenschliche Kommunikationsabläufe sind entweder symmetrisch oder komplementär.

In symmetrischer Kommunikation nehmen Kommunizierende die gleiche Rolle ein. Dies ist zum Beispiel in Studierendengruppen, in Entwicklerteams etc. der Fall. In komplementärer Kommunikation hingegen sind die Kommunizierenden unterschiedlich geartet und die Erwartungen an die jeweiligen Rollen sind unterschiedlich. Beispiele für komplementäre Kommunikationen sind z. B. Professorin – Studierende, Chefin – Mitarbeitende, Kunden – IT-Dienstleister. Watzlawick stellt dar, dass Kommunikationen in symmetrischen Beziehungen dazu dienen, immer wieder Gleichheit zwischen den Beteiligten herzustellen. In komplementären Beziehungen festigen die Kommunikationen die Unterschiede, damit die Partner ihre jeweilige Rolle wahrnehmen können.

Dem Ziel und Fokus des Erklärungsansatzes entsprechend steht in den Axiomen nach Watzlawick die Betrachtung der zwischenmenschlichen Aspekte im Vordergrund. Kommunikation wird als Verhalten Einzelner verstanden, das eine Wirkung auf andere Personen hat. Wesentliche Elemente dieses Modells helfen auch für das Verständnis der Kommunikation in informatiknahen Kommunikationssituationen. So kann eine Kommunikationssituation besser verstanden und erklärt werden, wenn die Relation zwischen den Kommunikationspartnern (symmetrisch oder komplementär, Axiom 5) und die verschiedenen Ebenen einer Kommunikation (Inhalts- und Beziehungsebene, Axiom 2) in die Betrachtung einbezogen werden.

Den Aspekt der verschiedenen Ebenen einer Kommunikation entwickelte Friedemann Schulz von Thun weiter. Insbesondere modifizierte er den Aspekt der verschiedenen Ebenen einer Kommunikation. Während Watzlawick die Unterscheidung zwischen Inhalts- und Beziehungsebene macht, beschreibt Schulz von Thun mit dem Kommunikationsquadrat vier Seiten einer Nachricht (Schulz von Thun, 2023). Diese vier Seiten sind Sachinhalt, Beziehung, Selbstoffenbarung und Apell.

Sachinhalt und Beziehung beschreiben im Wesentlichen die aus der Betrachtung von Watzlawick bekannten Ebenen des Inhalts- und Beziehungsaspekts. Schulz von Thun ergänzt zum einen die Selbstoffenbarung. Dies bringt zum Ausdruck, dass ein Kommunizierender immer einen Teil von sich selbst preisgibt. Zum anderen nimmt Schulz von Thun zusätzlich den Aspekt des Appells hinzu und betont damit, dass eine Kommunikation oft verbunden ist mit einer Handlungsaufforderung. Dabei ist in einem Ausdruck „Mach bitte das Fenster auf!" die Aufforderung direkt formuliert und beinahe unmissverständlich. Handlungsaufforderungen können aber indirekt zum Ausdruck gebracht werden. So kann etwa die Aussage „In diesem Raum ist es aber warm!" den gleichen Appell, das Fenster zu öffnen, beinhalten.

Mit den verschiedenen Ebenen einer Kommunikation ist die psychologische Perspektive also eine gute Grundlage dafür, Kommunikationssituationen zu verstehen und zu erklären. Zusätzlich bietet Watzlawick mit Axiom 4 einen ersten Ansatz, um die reduzierten Möglichkeiten medial vermittelter Kommunikation zu verstehen. Hinweise für Gestaltungsanforderungen an IT-Systeme zur Unterstützung menschlicher Kommunikation hingegen können aus diesem Ansatz noch nicht abgeleitet werden.

3.3.3 Soziologische Perspektive auf Kommunikation

Die soziologische Perspektive auf Kommunikation geht noch stärker als die psychologische auf die wechselseitige Wirkung der Aktivitäten der Kommunikationspartner ein. Dabei unterscheiden sich die Perspektiven in einem Punkt wesentlich: Während die Psychologie aus dem vorherigen Kapitel Kommunikation als Verhalten versteht, sieht die Soziologie Kommunikation als Handlung.

Damit impliziert die soziologische Perspektive, dass Kommunikation mit einer Intention seitens der Teilnehmenden verbunden ist. Soziologen würden demzufolge den schlafenden Paul im Zug nicht als Kommunizierenden verstehen, da er keine Intention verfolgt. Zusätzlich betont die Soziologie, dass an einer Kommunikation immer mehr als eine Person aktiv beteiligt sind. Ein Vertreter der soziologischen Perspektive ist Niklas Luhmann, dessen Theorie drei Elemente einer Kommunikation beschreibt (Luhmann, 1997):

- Eine Person A, die eine Mitteilung machen möchte, wählt aus einer Menge von Information einen Ausschnitt aus, der Inhalt einer Mitteilung werden soll.
- Anschließend handelt diese Person, um die Mitteilung zu äußern. So wird zum Beispiel ein Satz ausgesprochen oder eine E-Mail geschrieben. Die Person selektiert, wie sie die Information „verpackt".
- Eine Person B selektiert anschließend Information aus der Handlung der Person A. Die Person B ist damit aktiv an der Kommunikation beteiligt. Sie entscheidet selbst, welche Inhalte sie aus der Mitteilung von Person A auswählt.

Da mehrere Personen einbezogen sind und sich ihre Handlungen gegenseitig beeinflussen, ist Kommunikation genauer ausgedrückt soziales Handeln. Die dreifache Selektion einer Kommunikation kann kurz als Information – Mitteilung – Verstehen zusammengefasst werden.

Dabei kann es vorkommen, dass die Information, die eine Person in die Mitteilung überführt, eine andere ist als die, die der Kommunikationspartner aus der Mitteilung entnimmt. Die Auswahlprozesse in der Kommunikation sind also nicht bestimmbar, sondern können höchstens beeinflusst werden. Wenn beispielsweise ein Passant am Straßenrand stehend einem heranfahrenden Taxi zuwinkt und der Taxifahrer freundlich zurückwinkt, dann würde die Soziologie von Kommunikation sprechen. Aus der Sicht des Passanten wird diese Kommunikation vermutlich nicht als erfolgreich bezeichnet werden. Die Information, die der Passant vermitteln wollte (ich benötige ein Taxi), ist eine andere als die, die der Taxifahrer selektiert hat (der Passant grüßt mich).

Dem Ziel und Fokus dieses Erklärungsansatzes entsprechend beschreibt die soziologische Perspektive Kommunikation also als soziales Handeln unter zwei oder mehr Personen, die aktiv an der Kommunikation beteiligt sind. Damit bildet die soziologische Perspektive eine weitere gute Grundlage, um menschliche Kommunikation zu verstehen und insbesondere auch dazu, Missverständnisse zu erklären. Ebenso wie bei der psychologischen Perspektive fehlt es hier allerdings an Hinweisen für Gestaltungsanforderungen an IT-Systeme zur Unterstützung menschlicher Kommunikation.

3.4 Das kontext-orientierte Kommunikationsmodell

Die bisher beschriebenen Perspektiven erklären menschliche Kommunikation. Sie lassen allerdings menschliche Kommunikation, die computervermittelt abläuft, außer Acht. Für die Betrachtung und Gestaltung sozio-technischer Systeme wird ein Modell benötigt, das die Vorteile der genannten Perspektiven beachtet, aber auch computervermittelte Kommunikation mit einbezieht. Dies schafft dann den konzeptionellen Rahmen, um digitale Werkzeuge zur Unterstützung menschlicher Kommunikation fundiert betrachten zu können. Vor diesem Hintergrund ist das kontext-orientierte Kommunikationsmodell entstanden (Kienle, 2003). Das **kontext-orientierte Kommunikationsmodell** beschreibt Kommunikation als soziales Handeln und bezieht das sonstige, extra-kommunikative Verhalten und den Kontext ein. Abbildung 3.1 illustriert das kontext-orientierte Kommunikationsmodell.

Kommunikation wird im kontext-orientierten Kommunikationsmodell als ein Prozess verstanden, bei dem mehrere Selektionen stattfinden:
- Aus ihrer Vorstellungswelt wählt Person A aus, was sie mitteilen möchte.
- Auch die Art, durch die die Vorstellung mitgeteilt wird, wird aus vielen Möglichkeiten ausgewählt und ein Kommunikationskonzept entwickelt.
- Letztlich entscheidet dann Person B, was sie von der Mitteilung aufnimmt und wie sie das Aufgenommene zu ihrer eigenen Idee formt.

Damit wird das Konzept der Selektionen aus der soziologischen Perspektive übernommen. Zudem wird betont, dass beide Kommunikationspartner entscheidend zum Gelingen der Verständigung beitragen (Clark und Brennan, 1991). Diese Auswahlprozesse in sozialen Interaktionen sind nicht bestimmbar, sondern können höchstens beeinflusst werden (Luhmann, 1997).

Ergänzt wird die Betrachtung der Kommunikation als soziales Handeln um die Perspektive auf den Kontext der Kommunikation. Unter Kontext wird vereinfacht

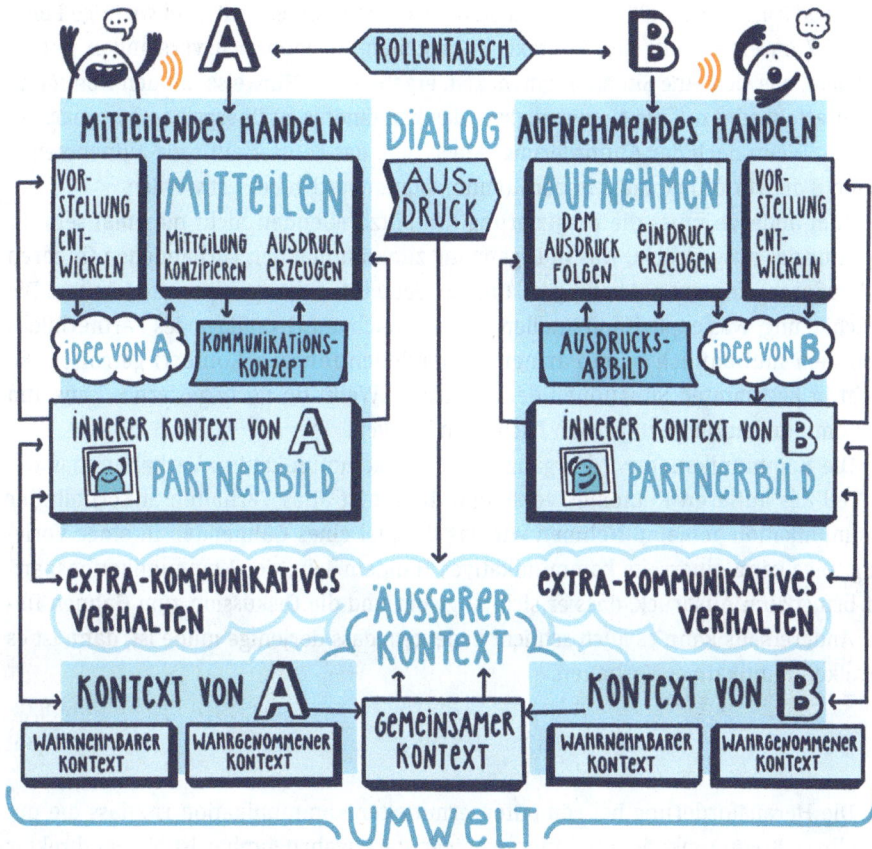

Abbildung 3.1: Das kontext-orientierte Kommunikationsmodell.

alles verstanden, das einen Einfluss auf Kommunikation hat. So kann Verständigungsunsicherheit durch den Bezug auf verfügbaren Kontext gemildert werden (Ungeheuer, 1982). Dabei werden zwei Arten unterschieden:

- Der innere Kontext eines Kommunikationspartners fasst sein Wissen, seine Gefühle und Einschätzungen zusammen und ist für die anderen Kommunikationspartner unzugänglich.
- Der äußere Kontext beinhaltet Elemente, die für alle Kommunikationspartner aktuell gemeinsam wahrnehmbar sind oder in der Vergangenheit wahrgenommen wurden. Dazu gehört auch das extra-kommunikative Verhalten der Kommunikationspartner.

Es ist gerade die Art, wie sich die Kommunizierenden auf den Kontext des Kommunikationsgeschehens beziehen können, die für den Erfolg einer Kommunikation ausschlaggebend ist (Ungeheuer, 1982). Die Bezugnahme auf den Kontext hat zwei wichtige Funktionen. Zum einen hilft der Kontext festzustellen, ob man sich verstanden hat. Je nachdem, wie sich eine Situation entwickelt, ergeben sich Hinweise auf den Kommunikationserfolg oder auf die Notwendigkeit, das Verständnis zu überprüfen oder nachzubessern. Wenn nach der Aufforderung „Mach bitte das Fenster auf!" die aufnehmende Person B die Tür öffnet, muss in der Kommunikation nachgebessert werden.

Zum anderen muss die Explizierung des Mitzuteilenden nicht maximal sein. Es wird nur das ausgedrückt, was in Ergänzung zum mutmaßlich vorhandenen (inneren und äußeren) Kontext notwendig ist, um das Gemeinte rekonstruieren zu können. Die Einschätzung, was explizit mitzuteilen ist, wird auch auf Grundlage des Partnerbildes (also dem mutmaßlich beim Partner vorhandenen inneren Kontext) getroffen. So reicht in bestimmten Situationen der Ausdruck „Weißt du noch, gestern ..." aus, um die Kommunikationspartner zum Lachen zu bringen.

Die Kommunikation wird ergänzt um extra-kommunikatives Verhalten, das wir als Teil des äußeren Kontextes verstehen. Damit ist alles Verhalten außerhalb der Kommunikation gemeint. Nehmen wir das Beispiel eines Gähnenden in einer Vorlesung. Dies kann einerseits kommunikatives Handeln sein, der Kommunikationspartner bringt zum Ausdruck, dass er sich langweilt und die Diskussion zum Gähnen findet. Andererseits kann es auch schlicht bedeuten, dass derjenige müde ist, dann ist es extra-kommunikatives Verhalten.

Sobald computervermittelt kommuniziert wird, verändert sich die Kommunikation. Es erschweren sich die Aufgaben der Kommunizierenden und die Wahrnehmbarkeit des Kontextes kann reduziert sein.

Die Herausforderung bei computervermittelter Kommunikation ist, dass die unmittelbare Kommunikationssituation weniger stark wahrnehmbar ist als bei direkter Kommunikation. Die mitteilende Person A muss im Rahmen der Konzeption einer Mitteilung nicht nur die beschränkten Ausdrucksmittel berücksichtigen, sondern genau einschätzen, welche Teile des Kontextes der Kommunikationspartner wahrnehmen kann bzw. schon wahrgenommen hat und welche Teile demgegenüber explizit in den Ausdruck aufzunehmen sind. Letztendlich muss auch zusätzlicher Aufwand betrieben werden, damit die aufnehmende Person B die entscheidenden Teile eines Ausdrucks zur Kenntnis nimmt.

Wir verdeutlichen dies am Beispiel des Kontextes in E-Mailkommunikation. Gerade bei E-Mailkommunikation werden oft entscheidende Anteile der Nachricht übersehen. Deshalb ist der Verständigungserfolg intensiver zu überprüfen. So ist der äußere Kontext des Kommunikationspartners kaum direkt wahrnehmbar. Vor dem Hintergrund von Baulärm vor dem Bürofenster schreibt sich schnell einmal eine genervte Nachricht wie „Ich weiß gar nicht, was du hast, die Aufgabe lässt sich doch leicht lösen." Der Empfänger der E-Mail könnte den Grund für diese genervte Nachricht auf sich beziehen – schließlich weiß er nichts von dem Baulärm, der als Teil des äußeren Kontextes den Schreiber der E-Mail negativ beeinflusst. Es bieten sich in diesem Fall mindestens zwei Lösungsmöglichkeiten an. Der Schreiber könnte selbst reflektierend die E-Mail umformulieren, wohl wissend, dass der Kommunikationspartner die Situation nicht wahrnimmt. Oder er formuliert Informationen über seinen äußeren Kontext und den nervigen Baulärm mit in die E-Mail. Damit wird der Baulärm über den Ausdruck Teil des gemeinsam wahrnehmbaren Kontextes.

Aus dem kontext-orientierten Kommunikationsmodell resultieren Anforderungen an die Gestaltung einer Kommunikationsunterstützung (Kienle, 2009). Insbesondere sind hier zu nennen:

– Enge Verknüpfung von Kommunikationsbeiträgen und Kontext.
– Ergänzung von zusätzlichem Material, das als Kontext gemeint ist, durch alle Kommunikationspartner.
– Flexible Darstellung des Inhalts (Kommunikationsbeiträge und Kontextinformationen), damit jeder Kommunikationspartner auf alle Inhalte zugreifen und die für ihn relevanten Inhalte rezipieren kann.

Dem Ziel und Fokus dieses Erklärungsansatzes entsprechend beschreibt das kontext-orientierte Kommunikationsmodell Kommunikation als soziales Handeln. Zusätzlich wurde der Aspekt des Kontextes hinzugenommen, der die Unterschiede zwischen direkter und computergestützter Kommunikation sowie zwischen verschiedenen Computerunterstützungen erklärt. Damit ist das kontext-orientierte Kommunikationsmodell eine gute Grundlage, um menschliche Kommunikation zu verstehen und insbesondere auch dazu, Missverständnisse zu erklären und zu verringern. Zudem können in diesem Modell Hinweise für Gestaltungsanforderungen an IT-Systeme zur Unterstützung menschlicher Kommunikation abgeleitet werden.

3.5 Zusammenfassung

Ausgehend von der Relevanz von Kommunikation für sozio-technische Systeme wurden in diesem Kapitel zunächst drei Arten der Kommunikation abgegrenzt. Nach der Definition der Begriffe Verhalten, Handeln und soziales Handeln wurden unterschiedlichen Perspektiven auf zwischenmenschliche Kommunikation vorgestellt:

– Das nachrichtentechnische Modell nach Shannon und Weaver versteht Kommunikation als Übermittlung einer Botschaft von Sender zu Empfänger. Es eignet sich für die Spezifikation und Realisierung nachrichtentechnischer Systeme.
– Die psychologische Perspektive nach Watzlawick beschreibt Kommunikation als Verhalten und erklärt sie anhand von fünf Axiomen. Schulz von Thun erweitert die psychologische Perspektive um die Betrachtung von vier Seiten einer Nachricht. Diese Perspektive kann für die Analyse problematischer Situationen in Teams herangezogen werden.

– Die soziologische Perspektive nach Luhmann versteht Kommunikation als soziales Handeln und macht damit die Intention zu einem notwendigen Bestandteil der Kommunikation. Sie wird für die Gestaltung sozialer Systeme angewandt.
– Das kontext-orientierte Kommunikationsmodell beschreibt Kommunikation als soziales Handeln, bezieht aber zusätzlich auch das sonstige, extra-kommunikative Verhalten und den Kontext ein. Es eignet sich für die Gestaltung sozio-technischer Systeme.

Da der Schwerpunkt dieses Lehrbuchs auf der Betrachtung sozio-technischer Systeme liegt, definieren wir menschliche Kommunikation auf der Basis des kontext-orientierten Kommunikationsmodells (vgl. Infobox).

Definition menschliche Kommunikation

Menschliche Kommunikation ist soziales Handeln mindestens zweier Personen. Beide Personen haben aktiven Anteil an der Kommunikation durch die drei Selektionen (1) der Information, die der Mitteilende äußern möchte, (2) der Art der Mitteilung und (3) der Information, die der Aufnehmende der Mitteilung entnimmt. Eine wesentliche Rolle bei der Kommunikation spielt der Kontext, auf den die Kommunizierenden Bezug nehmen und der zur Verständigungssicherung herangezogen werden kann.

3.6 Fragen zur Wiederholung

1. Welche drei Arten von Kommunikation können in der Informatik unterschieden werden?
2. Nenne jeweils ein Beispiel für Verhalten, Handeln und soziales Handeln.
3. Ordne die Personen Paul Watzlawick, Warren Weaver und Niklas Luhmann je einer der besprochenen Perspektiven auf Kommunikation zu.
4. Beschreibe die vier Seiten einer Nachricht nach Schulz von Thun in folgendem Beispiel: Ein Projektleiter sagt in einer Projektsitzung zu seinem Team: „Ich werde entscheiden, sobald fundierte Testergebnisse vorliegen.“
5. Welche drei Selektionen werden in der soziologischen Perspektive auf Kommunikation unterschieden?
6. Die folgenden Aussagen (1–7) beschreiben eine zusammenhängende Handlungssituation. Zur Vereinfachung nehmen wir an, dass die Mitteilende Anna ist, der Aufnehmende Paul.
    (1) Aha, wir gehen also heute Abend ins Konzert.
    (2) Es soll eine Überraschung darstellen.
    (3) Was ist das? – Da liegen zwei Konzertkarten für heute.
    (4) Vor Überraschungen ist man bei Anna nie sicher.
    (5) Ich hätte Lust, mit Paul ins Konzert zu gehen.
    (6) Paul mag Überraschungen.
    (7) Zwei Konzertkarten liegen auf dem Tisch.

Ordne den einzelnen Aussagen eines der folgenden Elemente des kontext-orientierten Kommunikationsmodells zu (a-g):

(a) Idee von Anna

(b) Kommunikationskonzept

(c) Ausdruck

(d) Ausdrucksabbild

(e) Idee von Paul

(f) Partnerbild, das Anna von Paul hat

(g) Partnerbild, das Paul von Anna hat

3.7 Zum Nachdenken/Zur Diskussion

Im Zusatzmaterial befinden sich zu den Inhalten dieses Kapitels zahlreiche aktuelle Fallbeispiele zur Diskussion und Vertiefung. Es ist hinter dem QR-Code oder hier zu erreichen: https://www.degruyterbrill.com/document/isbn/9783111479590/html

3.8 Literatur

Clark, Herbert H.; Brennan, Susan E. (1991): Grounding in Communication. In: Resnick, Lauren B.; Levine, John M; Teasley, Stephanie D. (Hrsg.): Perspectives on Socially Shared Cognition. Washington DC: American Psychological Association, S. 127–149.

Kienle, Andrea (2003): Integration von Wissensmanagement und kollaborativem Lernen durch technisch unterstützte Kommunikationsprozesse. Lohmar: Eul.

Kienle, Andrea (2009): Computerunterstützung für die Organisation menschlicher Kommunikationsprozesse – Anforderungsanalyse und Systemgestaltung. Hagen: FernUniversität, zgl.: Habilitation, FernUniversität in Hagen, 2008. Online verfügbar unter https://ub-deposit.fernuni-hagen.de/receive/mir_mods_00000110 (abgerufen am 21.04.2025).

Kaiser, Florian (2021): Verhalten. In Wirtz, Markus Antonius (Hrsg.): Dorsch Lexikon der Psychologie. Bern: Hogrefe. Online verfügbar unter https://dorsch.hogrefe.com/stichwort/verhalten (abgerufen am 21.04.2025).

Luhmann, Niklas (1997): Die Gesellschaft der Gesellschaft. Frankfurt am Main: Suhrkamp.

Schulz von Thun, Friedemann (2023): Miteinander Reden. Reinbek: Rowohlt Taschenbuchverlag.

Schulz-Schaeffer, Ingo (2024): Handeln, soziales. In Kopp, Johannes; Steinbach, Anja (Hrsg.): Grundbegriffe der Soziologie. Wiesbaden: Springer Fachmedien, S. 195–198.

Shannon, Claude E.; Weaver, Warren (1949): The Mathematical Theory of Communication. Urbana (Illinois): The University of Illinois.

Ungeheuer, Gerold (1982): Vor-Urteile über Sprechen, Mitteilen, Verstehen. In: Ungeheuer (Hrsg.): Kommunikationstheoretische Schriften 1. Aachen: Rader. S. 229–338.

Watzlawick, Paul; Beavin, Janet; Jackson, Don (1990): Menschliche Kommunikation. Formen, Störungen, Paradoxien, 8. Auflage. Bern: Hans Huber.

4 Technische Systeme als Bestandteile

In diesem Kapitel wird die technische Komponente sozio-technischer Systeme beleuchtet. Dabei stellen wir mit Kommunikation, Kooperation und Koordination wichtige Dimensionen von Zusammenarbeit vor und erläutern die Begriffe CSCW und Groupware. Zudem wird auf zwei Klassifikationsmöglichkeiten für Groupware, das 3-K-Modell und die Raum-Zeit-Matrix eingegangen. Als zwei Beispiele für die technische Komponente sozio-technischer Systeme werden geteilte Arbeitsbereiche und Workflowmanagementsysteme vorgestellt. Diese haben eine lange Tradition und haben sich dauerhaft in Systemen etabliert. Heutzutage werden sie als Standardkomponenten in vielen Anwendungen eingesetzt. Nach Studium dieses Kapitels kannst du

- die drei Ks der Zusammenarbeit benennen und charakterisieren,
- die Begriffe CSCW und Groupware definieren,
- Klassifikationsmöglichkeiten von Groupware verdeutlichen,
- Bestandteile und Einsatzmöglichkeiten geteilter Arbeitsbereiche erläutern,
- Bestandteile und Einsatzmöglichkeiten von Workflowmanagementsystemen erklären.

4.1 Die drei Ks der Zusammenarbeit

Bei der Zusammenarbeit von Menschen kommen im Vergleich zu individueller Arbeit neue Dimensionen ins Spiel. Diese zu kennen ist hilfreich, da für diese einzelnen Merkmale dann technische Funktionalitäten konzipiert, entwickelt und in technischen Systemen integriert werden können. Zusammenarbeit von Menschen zeichnet sich durch die drei Ks Kommunikation, Kooperation und Koordination aus. Das vorangegangene Kapitel beschäftigte sich ausführlich mit Kommunikation als Grundlage sozio-technischer Systeme.

Kooperation ist ebenso wie Kommunikation soziale Interaktion. Wesentlicher Aspekt von Kooperation ist, dass die Beteiligten ein gemeinsames Ziel verfolgen, z. B. das gemeinsame Erstellen eines Dokumentes (Herrmann, 2001). Kooperation zeichnet sich durch bewusstes und planvolles Herangehen bei der Zusammenarbeit sowie durch Prozesse der gegenseitigen Abstimmung über die Zielvorstellungen aus (Spieß, 2021). Zudem ist Kooperation von Vertrauen geprägt. Dies bedeutet, dass sich

https://doi.org/10.1515/9783111478555-004

die Beteiligten darauf verlassen können, dass Beiträge des anderen mit dem eigenen Interesse in der Gesamtwirkung insgesamt vereinbar sind. Vertrauen entsteht über eine längere Zeit und wird als ein Faktor für das Gelingen einer Kooperation beschrieben (Spieß, 2021). Dies schließt nicht aus, dass es auch Konflikte geben kann. Sie beschränken sich jedoch in der Regel auf Teilaspekte der sich gegenseitig beeinflussenden Handlungen.

Der Aspekt des Vertrauens ist wesentliches Unterscheidungsmerkmal zwischen Kooperation und konkurrierender Interaktion. In **konkurrierender Interaktion** sind die Interessen, Ziele und Handlungen der Beteiligten nicht miteinander vereinbar. Ein typisches Beispiel sind sportliche Wettkämpfe.

Die Kooperation der Beteiligten muss koordiniert werden. Die Aufgabe von **Koordination** besteht darin, die Abhängigkeiten zwischen Zielen, Aktivitäten und Akteuren zu gestalten (Malone und Crowston, 1990). Das bedeutet im Detail, dass folgende Themen für die Beteiligten zu klären sind (Herrmann, 2001):

– Welche Vorbedingungen müssen von Akteuren oder technischen Systemen erbracht werden, damit andere Akteure ihre Tätigkeiten erfolgreich durchführen können?
– Welche logischen Abhängigkeiten zwischen Tätigkeiten gibt es? Welche Tätigkeiten können parallel erbracht werden, welche bauen aufeinander auf?
– Was folgt auf die Ausführung einer Aufgabe, wozu dient sie?
– Welche Akteure (Rollen) sind beteiligt (wer macht was?), welches hierarchische Verhältnis besteht?
– Welche Ressourcen werden gemeinsam genutzt? Wie kann der Zugriff auf die Ressourcen geregelt werden?

Zur Koordination der Kooperation ist Kommunikation notwendig. Es bietet sich daher an, möglichst alle drei Ks mit einem integrierten technischen System zu unterstützen. Während in den Anfängen der technischen Systeme zur Unterstützung menschlicher Kooperation oft nur ein K adressiert wurde, ist die Integration der Unterstützung aller Ks inzwischen weit fortgeschritten. Im Zusatzmaterial auf der Plattform geben wir eine Übersicht über aktuelle Anwendungen. Die folgenden Abschnitte gehen auf die Computerunterstützung für menschliche Zusammenarbeit ein.

4.2 Computer Supported Cooperative Work (CSCW)

Das Akronym CSCW steht für Computer Supported Cooperative Work und bezeichnet ein interdisziplinäres Forschungsfeld, das sich vornehmlich zwei Zielen widmet (Schmidt und Bannon, 1992). Diese sind zum einen das Verstehen von Charakter und Anforderungen kooperativer Arbeitsprozesse und zum anderen die Entwicklung IT-gestützter Systeme für kooperative Arbeitsprozesse. Während der Begriff CSCW 1984 erstmals verwendet wurde, etablierte sich das Forschungsfeld CSCW Anfang der 1990er

Jahre, also zu der Zeit, als Computernetze in den Büros Einzug hielten und damit die computergestützte kooperative Arbeit über Zeit- und Raumgrenzen hinweg möglich wurde. Zu dem Thema finden regelmäßig internationale Konferenzen statt: die Konferenz CSCW seit 1986 alle zwei Jahre in den USA, und die ECSCW seit 1989 mittlerweile jährlich in Europa.

CSCW beschäftigt sich also mit dem Verstehen kooperativer Arbeit sowie der Gestaltung, Implementation und Evaluierung von technischen Systemen zur Unterstützung kooperativer Arbeit. **Kooperative Arbeit** bedeutet, dass mehrere Personen zusammenarbeiten, um ein Produkt oder eine Dienstleistung herzustellen (Schmidt und Bannon, 1992). Es wird also nicht unterstellt, dass sich diese Menschen besonders gut kennen, oder glücklich darüber sind, dass sie miteinander arbeiten dürfen. Es erscheint einfach sinnvoll, ein bestimmtes Produkt oder eine bestimmte Dienstleistung in einem kooperativen Arbeitsprozess zu erstellen.

Mit der Forschungsrichtung CSCW ging ein grundsätzlicher Wandel in der Betrachtung von Computern einher: Weg von der Idee des datenverarbeitenden Werkzeugs in Form von isolierten Einzelanwendungen hin zum Verständnis des Rechners als Werkzeug zur Kommunikation und Zusammenarbeit von Menschen. CSCW kümmert sich speziell um kooperative Prozesse im Arbeitsleben.

Es gibt auch andere Prozesse der Zusammenarbeit zwischen Menschen, die nicht im Arbeitsleben stattfinden, die aber durch ähnliche Werkzeuge unterstützt werden können. Computer Supported Collaborative Learning (CSCL) ist eine Forschungsrichtung, die Prozesse gemeinsamen Lernens zum Gegenstand hat. Kollaboratives Lernen wird verstanden als Lernen in Interaktion mit dem Ziel der Herausbildung eines gemeinsamen Verständnisses des Lerngegenstandes. CSCL betrachtet ähnlich wie CSCW kooperative bzw. kollaborative Prozesse. Ein wesentlicher Unterschied zwischen den Ansätzen zeigt sich in der damit verbundenen Computerunterstützung. Während CSCW-Systeme zur Reduktion des mentalen Aufwands der Beteiligten eingesetzt werden, treten CSCL-Systeme gerade dazu an, den mentalen Aufwand der Beteiligten und damit die aktive Verarbeitung des Lerngegenstands zu unterstützen.

4.3 Groupware

Der Begriff der Groupware hängt eng mit dem oben genannten Ziel von CSCW, der Entwicklung von IT-Systemen für kooperative Arbeitsprozesse, zusammen. Diese Systeme bezeichnet man als Groupware, ein eigens kreiertes Wort, das sich aus den Bestandteilen GROUP für Gruppe und den zweiten Teil von SoftWARE zusammensetzt. Damit bezeichnet der Begriff Groupware grob gesprochen Software, die Gruppenarbeit unterstützt. Eine detailliertere Betrachtung beschreibt Groupware als IT-gestützte Systeme, die Gruppen bei der Bewältigung einer gemeinsamen Aufgabe, dem Erreichen eines gemeinsamen Ziels unterstützen, und die eine Schnittstelle zu einer gemeinsamen Systemumgebung bereitstellen (Ellis et al., 1991).

In der Arbeits- und Organisationspsychologie wird eine Gruppe „als eine Mehrzahl von Personen definiert, die zeitlich überdauernd in direkter Interaktion stehend durch Rollendifferenzierung und gemeinsame Normen gekennzeichnet sind und die ein Wir-Gefühl verbindet." (Rosenstiel, 1995, S. 322).

Nimmt man den Begriff Groupware wörtlich, so deckt sie nur einen kleinen Ausschnitt von kooperativen Arbeitsprozessen ab, nämlich den, in dem Menschen in Gruppen zusammenarbeiten. Im weiteren Sinne bezeichnet der Begriff Groupware jede Art von Software, die soziale Systeme unterstützt. Auch wir verstehen in diesem Buch Groupware so. Bei Groupware geht es weniger um die Frage, wie einzelne Nutzende in ihrer Tätigkeit unterstützt werden können, sondern vielmehr darum, IT für Gruppenprozesse zu gestalten. Die Gestaltung und Einführung von Groupware bedürfen deshalb in besonderer Weise einer sozio-technischen Betrachtung. So sollte Groupware den Nutzenden beispielsweise bewusst machen, dass und in welcher Form sie gerade mit anderen zusammenarbeiten. Es ist also ein wichtiges Charakteristikum von Groupware, die Benutzerinnen und Benutzer nicht voneinander zu isolieren, sondern sie gegenseitig übereinander zu informieren.

4.4 Klassifikationsmöglichkeiten für Groupware

Zu Beginn dieses Kapitels wurde deutlich, dass menschliche Zusammenarbeit sehr vielfältig ist und unterschiedliche Bestandteile hat. So ist es nicht verwunderlich, dass sich auch vielfältige Ausprägungen der IT-Unterstützung für diese verschiedenen Bestandteile entwickelt haben. Um dieser Vielfalt eine Struktur zu geben, sind Klassifikationen nach unterschiedlichen Kriterien entstanden. Diese Klassifikationen können auch für die Auswahl einer passenden Groupware in einer konkreten Anwendungssituation genutzt werden. In diesem Abschnitt werden zwei bekannte und weit verbreitete Klassifikationsmöglichkeiten, das 3-K-Modell und die Raum-Zeit-Matrix, vorgestellt.

4.4.1 Das 3-K-Modell

Das **3-K-Modell** rückt die drei Bestandteile der Zusammenarbeit Kommunikation, Kooperation und Koordination in das Zentrum der Betrachtung und ordnet diese in einem Dreieck an (Teufel et al. 1995; vgl. Abbildung 4.1.) Die Positionierung der verschiedenen Groupwarebeispiele innerhalb dieses Dreiecks macht damit den Anwendungsschwerpunkt des jeweiligen Systems deutlich. So sind beispielsweise Konferenzsysteme sehr nah an die Ecke der Kommunikationsunterstützung oben angeordnet, während sich Workflowmanagementsysteme der Koordinationsunterstützung unten links und elektronische Sitzungsräume der Kooperationsunterstützung unten rechts zuordnen lassen. Allerdings vernachlässigt diese Klassifikation die Situation, in der sich die Gruppenmitglieder befinden. Dies greift die Raum-Zeit-Matrix auf.

Abbildung 4.1: Das 3-K-Modell nach (Teufel et al., 1995).

4.4.2 Raum-Zeit-Matrix

Die Raum-Zeit-Matrix geht auf das Jahr 1991 zurück (Johansen, 1991) und wird nach wie vor als geeignetes Klassifikationsschema angesehen (Bullinger-Hoffmann et al., 2021). Sie gliedert die unterschiedlichen Ausprägungen von Groupware nach Relation der Gruppenmitglieder mit Bezug zu Raum und Zeit. Die **Raum-Zeit-Matrix** unterscheidet alle Kombinationen von gleicher/verschiedener Zeit bzw. Ort und ordnet Groupware in die entstehenden Quadranten ein. Dabei ist auf der horizontalen Achse die Zeit und auf der vertikalen Achse der Ort aufgetragen. So sind im Quadranten gleiche Zeit und gleicher Ort oben links beispielsweise Gruppenmoderationssysteme als Kommunikationsunterstützung genannt, während im Quadranten verschiedene Zeit und verschiedener Ort unten rechts Mail erwähnt wird.

Abbildung 4.2 erweitert das ursprüngliche Modell um die Unterscheidung nach den Bestandteilen der Gruppenarbeit (Kommunikation, Kooperation, Koordination) innerhalb jedes Quadranten. Damit ist diese Darstellung eine Kombination aus der ursprünglichen Raum-Zeit-Matrix und der Betrachtung der drei Ks aus dem gleichnamigen Modell.

	Gleiche Zeit	Verschiedene Zeit
Gleicher Ort	**Kommunikation** Gruppenmoderationssysteme **Kooperation** Brainstormingunterstützung **Koordination** Abstimmungswerkzeuge	**Kommunikation** Schwarzes Brett: Notizen **Kooperation** Gruppenarbeitsraum **Koordination** Schwarzes Brett: Kalender
Verschiedener Ort	**Kommunikation** Videokonferenz / Chat **Kooperation** Gemeinsames Editieren (GE) **Koordination** Zugriffskontrolle beim GE	**Kommunikation** E-Mail **Kooperation** Wissensmanagement **Koordination** Workflowmanagement

Abbildung 4.2: Raum-Zeit-Matrix nach (Johansen, 1991).

4.5 Etablierte Beispiele gruppenunterstützender Systeme

Im weiteren Verlauf des Kapitels sollen stellvertretend zwei Anwendungen zur Unterstützung von Gruppenarbeit vertieft werden. Es handelt sich um geteilte Arbeitsbereiche und Workflowmanagementsysteme. Diese haben eine lange Tradition und haben sich inzwischen dauerhaft auch als Teilkomponenten in größeren Systemen etabliert. Beide liegen in dem Quadranten „verschiedener Ort – verschiedene Zeit". Für diese Situationen ist die IT-Unterstützung besonders relevant, da die direkte gemeinsame Wahrnehmung, die durch den gleichen Ort oder die gleiche Zeit entstehen kann, entfällt.

4.5.1 Geteilte Arbeitsbereiche

Geteilte Arbeitsbereiche integrieren Funktionalitäten zur Unterstützung von Kommunikation, Kooperation und Koordination in einem System. Damit muss eine

Gruppe nur ein System einsetzen, um alle Aufgaben zu unterstützen und es sind leichte Übergänge zwischen den Bestandteilen der Gruppenarbeit möglich.

In den letzten Jahren und auch beschleunigt durch die Coronapandemie (Kienle und Appel, 2023) haben sich geteilte Arbeitsbereiche rasant verbreitet. Wegen der Nähe zum Alltag der Leserinnen und Leser werden wesentliche Konzepte geteilter Arbeitsbereiche an den Beispielen aus dem Ausbildungs- und Studienbereich verdeutlicht. Dabei werden zunächst die Unterstützung der drei Ks und Möglichkeiten der Integration vorgestellt. Da es zur bereits erwähnten Wahrnehmung der Gruppe und ihrer Aktivitäten besonderer Funktionalitäten bedarf, wird schließlich auf die Awarenessunterstützung eingegangen.

Kooperation in geteilten Arbeitsbereichen

Kooperation in geteilten Arbeitsbereichen findet in der gemeinsamen Bearbeitung von Artefakten wie z. B. Textdokumenten oder Präsentationen statt. Die IT-Unterstützung für die Kooperation stellt Möglichkeiten der Ablage und Bearbeitung gemeinsamer Dokumente bereit, mit denen ein gemeinsames Ziel erreicht werden kann (z. B. gemeinsam erstellte Folien für ein Referat, gemeinsam erstellte Hausarbeit, durch die Dozentin kommentierte Fassung eines Entwurfs). Typischerweise sind Artefakte in geteilten Arbeitsbereichen in Kursen, Vorlesungen oder darin enthaltenen Unterstrukturen organisiert.

Neben den Funktionalitäten des Hinzufügens, Bearbeitens und Löschens von Dokumenten spielen auch koordinierende Aufgaben wie der kontrollierte Zugriff eine Rolle. Unter Zugriffskontrolle in geteilten Arbeitsbereichen wird die Verwaltung von Rechten für die Nutzenden verstanden. Die Zugriffskontrolle ist auch notwendig, um Dokumente vor unberechtigtem Zugriff zu schützen; zum Beispiel dürfen Prüfungsdaten nur einem ausgewählten Personenkreis zugänglich gemacht werden.

Kommunikation in geteilten Arbeitsbereichen

IT-Unterstützung für die Kommunikation kommt in sehr unterschiedlichen Formen vor. Sehr weit verbreitet ist auch in Zeiten aufkommender Sprachkommunikation die Verwendung von textbasierter, meist asynchroner Kommunikation.

Neuere Konzepte sehen vor, Kommunikationsbeiträge und Dokumente stärker zu integrieren. Damit wird die Situation unterstützt, die sich vergleichen lässt mit einer Gruppe von Personen, die in einem Raum zeitgleich auf ein Dokument schaut und über die Inhalte des Dokuments diskutiert. Die Integration hat zum einen den Vorteil, dass sich die Kommunikation stark auf den Inhalt des Dokuments bezieht. Zum anderen kann in den Kommunikationsbeiträgen direkt auf den Inhalt des Dokumentes Bezug genommen werden. Aufwändige Beschreibungen, auf welchen Teil des Dokuments sich ein Kommunikationsbeitrag bezieht, entfallen damit. Weitere Vorteile der Integration von Kommunikation und Kooperation in (Kienle, 2009).

Koordination in geteilten Arbeitsbereichen

Geteilte Arbeitsbereiche kommen in Situationen zum Einsatz, in denen sich die Gruppenmitglieder selbst koordinieren. Die Gruppenmitglieder legen also selbst fest, wer wann welche Aufgabe erledigt. Als IT-Unterstützung für diese Ad-hoc-Koordination kommen oft gemeinsame Terminkalender zum Einsatz. Gemeinsame Terminkalender sind dann besonders erfolgreich, wenn sich diese mit den Kalendern der einzelnen Gruppenmitglieder synchronisieren lassen, da durch die Synchronisation das mehrfache Eintragen (in privaten und im Gruppenkalender) entfällt. Optionen für gemeinsame Treffen o. Ä. können dann leicht identifiziert werden.

Awarenessmechanismen in geteilten Arbeitsbereichen

Eine Herausforderung bei der räumlich und zeitlich getrennten gemeinsamen Arbeit liegt darin, dass die Gruppenmitglieder nicht direkt wahrnehmen können, wie der Stand der gemeinsamen Arbeit ist. Es entstehen Informationsdefizite mit Blick auf die Vergangenheit (Was ist im gemeinsamen Arbeitsbereich geschehen?), den aktuellen Stand (Wer arbeitet gerade woran?) und die Zukunft (Was kann ich [wann] als Nächstes tun?). Es ist also notwendig, den Nutzenden in geteilten Arbeitsbereichen auch die Aktivitäten anderer Gruppenmitglieder, die an einem Prozess oder einer Aktivität beteiligt sind, zu vermitteln, um so die Wahrnehmung aller Gruppenaktivitäten zu erzielen.

Im englischsprachigen Raum hat sich dafür der Begriff der Awareness (auf Deutsch Gewärtigkeit) etabliert. „Gewärtigkeit ist ein Verständnis für die Aktivitäten anderer, das einen Kontext für die eigenen Aktivitäten bietet." (Dourish und Belotti, 1992, S. 10, Übersetzung der Autorinnen). Zur Unterstützung der Awareness oder Gewärtigkeit verfügen geteilte Arbeitsbereiche über Mechanismen, die Informationen über den Stand der gemeinsamen Arbeit geben. Beispielsweise erhalten die Beteiligten durch die Anzeige von Aktivitäten der letzten zwei Wochen einen Überblick, was passiert ist, haben einen direkten Zugang zu den neuen Inhalten und können daraus ableiten, was sie als Nächstes tun können. Die beschriebenen Konzepte (vgl. Infobox) werden auch bei der Gestaltung neuerer Anwendungen beispielsweise in Mixed oder Augmented Reality verwendet (Prilla, 2019).

> **i** **Bestandteile geteilter Arbeitsbereiche**
> Geteilte Arbeitsbereiche integrieren innerhalb eines Systems Funktionalitäten, die die wesentlichen Bestandteile gemeinsamer Arbeit – Kommunikation, Kooperation und Koordination – unterstützen. Diese werden durch Awarenessmechanismen ergänzt, die Informationen über den Stand der gemeinsamen Arbeiten geben. Geteilte Arbeitsbereiche kommen in Situationen zum Einsatz, in denen sich die Gruppenmitglieder flexibel selbst organisieren.

4.5.2 Workflowmanagementsysteme (WFMS)

Zur Definition von Workflowmanagementsystemen

Im Folgenden soll nun auf Workflowmanagementsysteme (WFMS) eingegangen werden, die stärker eine durch das System vorgegebene Koordinationsmöglichkeit darstellen. Oft ist die Zusammenarbeit von Personen in Organisationen nach Geschäftsprozessen strukturiert. Ein Geschäftsprozess ist dabei ein Bündel von Aktivitäten, für das ein oder mehrere unterschiedliche Inputs benötigt werden und das für den Kunden ein Ergebnis von Wert erzeugt (Hammer und Champy, 1994). Die Betrachtung und Optimierung von Geschäftsprozessen ist ein wesentlicher Teil betriebswirtschaftlicher Tätigkeiten.

Wird die Ausführung eines Geschäftsprozesses von einem IT-System gesteuert, so spricht man von einem Workflow. „Informell ist ein **Workflow** also die Spezifikation und Ausführung einer Menge von koordinierten Aktivitäten, die einen Geschäftsprozess in einer Organisation repräsentieren" (Gross und Koch, 2007, S. 92). Typische Beispiele für Prozesse, die mit einem IT-System unterstützt werden, sind die Abwicklung von Bestellungen (z. B. im Onlinehandel) oder Prozesse in Banken und Versicherungen.

Workflowmanagementsysteme unterstützen die Ausführung und Überwachung von Workflows bzw. Geschäftsprozessen. Genauer beschreiben McCarthy und Bluestein solche Systeme wie folgt: „Workflow Management Software ist ein proaktives Computer System, das den Arbeitsablauf zwischen Beteiligten gemäß einer definierten Prozedur, die aus einer Anzahl von Aufgaben besteht, organisiert. Es koordiniert Nutzer und Systembeteiligte ebenso wie Datenquellen, die dem System entweder direkt oder offline zur Verfügung stehen, um definierte Ziele zu festgelegten Zeiten zu erreichen. Die Koordination beinhaltet das Weiterreichen von Aufgaben von einem Mitarbeiter zum nächsten in der richtigen Reihenfolge; dabei stellt das System sicher, dass alle Beteiligten den geforderten Beitrag leisten, und stößt bei Bedarf Standardaktionen an." (Gross und Koch, 2007, S. 93, Übersetzung durch die Autorinnen).

Beispiel aus dem Hochschulumfeld

Ein Workflow, der an vielen Hochschulen vorkommt, dient der Eingabe, Überprüfung, Bekanntgabe und Archivierung von Prüfungsergebnissen. Dieser Workflow könnte beispielsweise so ablaufen:

– Ein Studienbüro oder Prüfungsamt erstellt eine Notenliste, die dem Erstprüfer in seinem Arbeitskorb dargestellt wird.
– Der Erstprüfer bewertet die Prüfungsleistung (bspw. indem er eine Klausur korrigiert). Danach trägt er das Prüfungsergebnis in das Workflowsystem ein.
– Dann könnte es zwei Möglichkeiten geben:

– Die Notenliste geht zurück an das Studienbüro oder Prüfungsamt zur Bekanntgabe und Archivierung.
– Ein Zweitprüfer muss die Prüfungsleistung ebenfalls bewerten und ein Prüfungsergebnis eintragen.

An diesem Beispiel lassen sich die in der Definition genannten Elemente und Aufgaben eines Workflowmanagementsystems gut erkennen. Es verdeutlicht noch zwei weitere wichtige Aspekte von Workflowmanagement. Zum einen müssen nicht alle Aktivitäten, die zur erfolgreichen Ausführung eines Geschäftsprozesses gehören, auch durch das WFMS unterstützt werden. In dem Beispiel der Prüfungsergebnisse spielt die eigentliche Bewertung der Prüfungsleistung, also beispielsweise die Korrektur einer Klausur, gar keine Rolle, obwohl diese inhaltlich einen sehr verantwortungsvollen und wichtigen Teil des Gesamtprozesses darstellt. Zum anderen zeigt gerade dieser Workflow, dass die an ihm Beteiligten keine Gruppe bilden müssen. Ist der Erstprüfer bspw. ein Lehrbeauftragter, der nicht an der Hochschule arbeitet, kann es sein, dass er die Mitarbeitenden des Studienbüros gar nicht kennt. Ein Wir-Gefühl, wie es für Gruppen typisch ist, kann so nicht entstehen. Auch der Rückgriff auf gemeinsame Normen ist schwierig. WFMS sind Beispiele für Anwendungen, die kooperative Arbeit bei einer großen Anzahl an Akteuren unterstützen können, auch wenn diese Akteure nicht oder nur lose miteinander verbunden sind.

Einsatz von Workflowmanagementsystemen

Die Spezifikation von Workflows und ihre Überführung in ein WFMS sind zeit- und kostenintensiv. Wann lohnt es sich für Unternehmen oder Organisationen, Geschäftsprozesse durch ein WFMS zu unterstützen? Die Aufzählung in der Infobox fasst die Eigenschaften zusammen.

> **Workflowgeeignet sind Geschäftsprozesse, die**
> – in der Regel von mehreren Personen und abteilungsübergreifend bearbeitet werden.
> – stark strukturiert sind und formalisierbare Aufgaben umfassen. Nur wenn es gelingt, die Gruppenaufgabe in Einzelaufgaben zu zerlegen und diese in eine Reihenfolge zu bringen, kann der Geschäftsprozess in einen Workflow überführt werden.
> – in der Regel immer gleich ablaufen und oft ausgeführt werden müssen. Nur dann lohnt sich der Aufwand, den Prozess in einen Workflow zu übertragen und diesen im Workflowmanagementsystem (WFMS) zu integrieren.

4.6 Zusammenfassung

Dieses Kapitel behandelte die technische Komponente sozio-technischer Systeme. Es wurden mit Kommunikation, Kooperation und Koordination die Bestandteile von Gruppenarbeit benannt und die Begriffe CSCW und Groupware erläutert. Zudem wurde auf die beiden Klassifikationsmöglichkeiten für Groupware, das 3-K-Modell und die Raum-Zeit-Matrix, eingegangen.

Als zwei Beispiele für die technische Unterstützung sozialer Systeme wurden geteilte Arbeitsbereiche und Workflowmanagementsysteme vorgestellt. Dabei wurde auch deutlich, dass sie unterschiedliche Einsatzszenarien haben. Die vorgestellten Konzepte blicken auf eine langjährige Forschungshistorie zurück. Es ist aufzeigt worden, dass sie als Standardelemente neuerer Systeme zum Einsatz kommen.

4.7 Fragen zur Wiederholung

1. Was sind die wesentlichen Bestandteile menschlicher Zusammenarbeit?
2. Wofür steht der Begriff CSCW?
3. Benenne zwei Möglichkeiten der Klassifikation von Groupware. Erläutere eine dieser Klassifikationsmöglichkeiten.
4. Was sind geteilte Arbeitsbereiche? In welchen Situationen werden sie eingesetzt?
5. Was sind Workflowmanagementsysteme? In welchen Situationen werden sie eingesetzt?

4.8 Zum Nachdenken/Zur Diskussion

Im Zusatzmaterial befinden sich zu den Inhalten dieses Kapitels zahlreiche aktuelle Fallbeispiele zur Diskussion und Vertiefung. Es ist hinter dem QR-Code oder hier zu erreichen: https://www.degruyterbrill.com/document/isbn/9783111479590/html

4.9 Literatur

Bullinger-Hoffmann, Angelika; Koch, Michael; Möslein, Kathrin; Richter, Alexander (2021): Computer-Supported Cooperative Work – Revisited. In: i-com: Vol. 20, No. 3. S. 215–228. Online verfügbar unter https://www.degruyter.com/document/doi/10.1515/icom-2021-0028/html (abgerufen am 21.04.2025).

Dourish, Paul; Belotti, Victoria (1992): Awareness and Coordination in Shared Workspaces. In: Turner, Jon A.; Kraut, Robert E. (Hrsg.): Proceedings of the CSCW – Sharing Perspectives, Toronto: ACM Press, S. 107–114.

Ellis, Clarence A.; Gibbs, Simon J.; Rein, Gail L. (1991): Groupware – Some Issues and Experiences. In: Communications of the ACM, Vol. 34, No. 1, S. 38–58.

Gross, Tom; Koch, Michael (2007): Computer Supported Cooperative Work. München: Oldenbourg.

Hammer, Michael; Champy, James (1994): Reengineering the Corporation. Harper Business.

Herrmann, Thomas (2001): Kommunikation und Kooperation. In: Schwabe, Gerhard; Streitz, Norbert; Unland, Rainer (Hrsg.): CSCW-Kompendium. Heidelberg: Springer, S.15–25.

Johansen, Robert (1991): Teams for Tomorrow. In: Proceedings of the IEEE Hawaii International Conference on System Sciences. Los Alamos: IEEE Computer Society Press, S. 520–534.

Kienle, Andrea (2009): Computerunterstützung für die Organisation menschlicher Kommunikationsprozesse – Anforderungsanalyse und Systemgestaltung. Hagen: FernUniversität, zgl.: Habilitation, FernUniversität in Hagen, 2008. Online verfügbar unter https://ub-deposit.fernuni-hagen.de/receive/mir_mods_00000110 (abgerufen am 21.04.2025).

Kienle, Andrea; Appel, Tamara (2023): Auf zur neuen Normalität – Eine Zeitreise durch vier Coronasemester an der Fachhochschule Dortmund. In: Dittler, Ulrich; Kreidl, Christian (Hrsg): Wie Corona die Hochschullehre verändert. Erfahrungen und Gedanken aus der Krise zum zukünftigen Einsatz von eLearning, 2. Auflage. Heidelberg: Springer, S. 127–142.

Malone, Thomas W.; Crowston Kevin (1990): What is coordination theory and how can it help design cooperative work systems? In: Tatar, Deborah (Hrsg.): Proceedings of the Third Conference on Computer Supported Cooperative Work (CSCW). ACM Press, S. 357–370.

Prilla, Michael (2019): „I simply watched where she was looking at": Coordination in Short-term Synchronous Cooperative Mixed Reality. In: PACM on Human-Computer Interaction, 3, GROUP, Artikel 246.

Rosenstiel, Lutz von (1995): Kommunikation und Führung in Arbeitsgruppen. In: Schuler, Heinz (1995): Organisationspsychologie. Bern u. a.: Verlag Hans Huber.

Schmidt, Kjeld; Bannon, Liam (1992): Taking CSCW Seriously, Supporting Articulation Work. In: Computer Supported Cooperative Work 1. Kluwer Academic Publishers, S. 7–40.

Spieß, Erika (2021): Kooperation. In Wirtz, Markus Antonius (Hrsg.): Dorsch Lexikon der Psychologie. Bern: Hogrefe. Online verfügbar unter https://dorsch.hogrefe.com/stichwort/kooperation (abgerufen am 21.04.2025).

Teufel, Stephanie; Sauter, Christian; Muehlherr, Thomas; Bauknecht, Kurt (1995): Computerunterstützung für die Gruppenarbeit. Bonn: Addison-Wesley.

III Transdisziplinäre Perspektiven

III

TRANSDISZIPLINÄRE PERSPEKTIVEN

5 Techniksoziologie

6 Arbeits- und Organisations-Psychologie

7 Ethik in der Informatik

5 Techniksoziologie

Dieses Kapitel geht der Frage nach, wie das Verhältnis zwischen Gesellschaft und Technik beschrieben und bewertet werden kann. Dazu stellen wir zunächst das Fach Techniksoziologie vor. Wir diskutieren unter dem Ansatz des Technikdeterminismus, ob Technik eine Eigendynamik besitzt, sich aus eigener Kraft weiterzuentwickeln. Der dann folgende gegenteilige Ansatz des Sozialdeterminismus stellt Technikentwicklung als sozial gesteuert dar. Mit der Actor-Network Theory erläutern wir schließlich eine Theorie, die technische Artefakte und Menschen als gleichberechtigt handelnde Akteure in einem Netzwerk beschreibt. Nach Studium dieses Kapitels kannst du

– die Ziele des wissenschaftlichen Faches Techniksoziologie erklären,
– die Sichtweise des Technikdeterminismus beschreiben,
– das Phänomen des Cultural Lag erklären,
– das Phänomen des Technological Fix erläutern,
– die Sichtweise des Sozialdeterminismus beschreiben,
– erklären, wie die Actor-Network Theory das Zusammenspiel von Mensch und Technik beschreibt,
– Inskription erklären und Beispiele aus dem Kontext der Informatik benennen.

5.1 Das Fach Techniksoziologie

Die digitale Transformation ist in allen Bereichen unserer Gesellschaft erlebbar. Während sich die Informatik mit der konkreten Gestaltung von IT-Systemen und ihrer Nutzung beschäftigt, analysiert die Soziologie das Verhältnis zwischen Gesellschaft und Technik im Allgemeinen. Entsprechend beziehen sich ihre Denkweisen und Erklärungsansätze auf alle Technologien wie bspw. Atomkraftwerke oder Gentechnik, Industrieroboter oder eben auch Informationstechnologie. Grundkenntnisse der soziologischen Denkansätze sind für die Informatik relevant, damit sie das eigene Handeln in einen gesellschaftlichen Kontext setzt und in Diskussionen über die Rolle von IT-Systemen in unserer Gesellschaft mitwirken kann.

Dass die Soziologie die Gesellschaft als „einen die individuelle Erfahrungswelt übersteigenden Handlungsrahmen" (Schäfers, 2024a, S. 159) zum Thema hat, wurde bereits in Kapitel 1.3.1 dargestellt. Die Techniksoziologie als Teilgebiet der allgemeinen Soziolo-

https://doi.org/10.1515/9783111478555-005

gie kann wie folgt definiert werden: „Techniksoziolog*innen sehen es als ihre Hauptaufgabe an, den mit der Technisierung verbundenen gesellschaftlichen Wandel zu untersuchen und ebenso die sozialen und gesellschaftlichen Entstehungsbedingungen technischer Wandlungsprozesse. Die Techniksoziologie untersucht diese Wechselwirkungen zwischen Technik und Gesellschaft und sie erarbeitet Methoden und Konzepte, um ihre Beobachtungen für die sozialwissenschaftliche Theoriebildung fruchtbar zu machen." (Schubert und Schulz-Schaeffer, 2019, S. 1).

Die **Techniksoziologie** beleuchtet also das Zusammenwirken von Technik und Gesellschaft sowohl im Entstehungs- als auch im Anwendungskontext (Häußling, 2019, S. 14). Für den Entstehungskontext von Technik (Technikgenese) wird gefragt, wie neue Technologien entstehen, unter welchen Bedingungen sie sich etablieren und welche sozialen Prozesse darauf Einfluss haben. Für den Anwendungskontext von Technik wird gefragt, welche sozialen Prozesse dafür sorgen, dass Technik funktioniert. Von Interesse sind aber auch die Aneignungsprozesse, die die Gesellschaft hinsichtlich einer Technik vollzieht, sowie die Auswirkungen, die die Technik auf die Gesellschaft hat. In der Techniksoziologie gibt es zwei gegensätzliche Erklärungsmuster für die Entwicklung von Technik (vgl. Infobox).

> Es gibt zwei grundlegend unterschiedliche Sichtweisen auf das Verhältnis zwischen Gesellschaft und Technik (Häußling, 2019):
> - Die **technikdeterministische Sichtweise** geht davon aus, dass sich Technik aus einer Eigendynamik heraus immer weiter fortentwickelt und die Gesellschaft sich reaktiv an den technischen Wandel anpasst.
> - Die **sozialdeterministische Sichtweise** betont, dass jede Technik von Menschen gemacht und ein Mittel zur Realisierung sozialer Zwecke ist.

Keine der Sichtweisen Technikdeterminismus oder Sozialdeterminismus ist dazu geeignet, alle Phänomene im Verhältnis von Technik und Gesellschaft zu erklären. Eine einseitige Prägung entweder von Technik durch die Gesellschaft oder der Gesellschaft durch Technik entspricht nicht den Alltagserfahrungen. Realistischer ist es, von einer Wechselwirkung zwischen Gesellschaft und Technik zu sprechen. Dennoch können beide Sichtweisen dabei helfen, zahlreiche Phänomene im Verhältnis von Technik und Gesellschaft zu analysieren und zu erklären.

Abbildung 5.1 skizziert links den Sozialdeterminismus unter der Überschrift „Wir gestalten" mit den dazu gehörigen Begriffen Technikaneignung und Inskription. Rechts zeigt die Abbildung den Technikdeterminismus unter der Überschrift „Wir reagieren" mit den Begriffen Technological Fix und Cultural Lag. Die folgenden Abschnitte vertiefen die beiden Sichtweisen und machen die jeweiligen Denkweisen anhand von Beispielen deutlich.

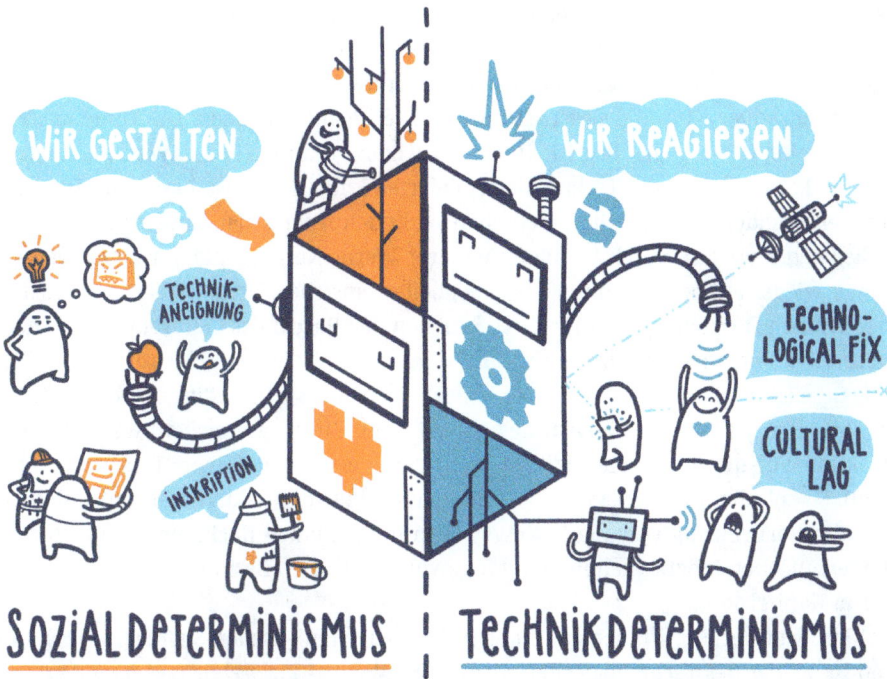

Abbildung 5.1: Sozialdeterminismus und Technikdeterminismus.

5.2 Technikdeterministische Sichtweise

Die technikdeterministische Sichtweise kann durch folgende Aussagen charakterisiert werden:

– Technik ist etwas, das außerhalb der Gesellschaft steht und sich unabhängig von dieser entwickelt.
– Technischer Wandel geschieht unverursacht allein dadurch, dass technischer Fortschritt machbar ist.
– Technische Entwicklungen folgen ihrer eigenen Logik und sind durch soziale Prozesse oder den menschlichen Willen nicht steuerbar.
– Die Gesellschaft muss sich mit den durch den technischen Fortschritt entstandenen Fakten auseinandersetzen.

Die Art, wie ChatGPT Ende 2022 unvermittelt einer breiten Öffentlichkeit zur Verfügung gestellt wurde, ist ein gutes Beispiel für die Sichtweise des Technikdeterminismus. Nur wenige hatten bis dahin von generativer KI überhaupt gehört. Die meisten Menschen und die Gesellschaft als Ganzes waren auf diese Technik nicht vorbereitet. Niemand hatte beispielsweise in einer öffentlichen Abstimmung entschieden, dass KI-gestützte Chatbots in unser Leben treten sollen, sie waren einfach plötzlich da. Nachdem schnell deutlich wurde, wie mächtig und vielseitig generative KI ist, änderten sich Arbeitsaufgaben in vielen Berufsfeldern. Außerdem wurde begonnen, die Nutzung generativer KI in die Gesetze und Regelwerke aufzunehmen. Das führt uns zu einem weiteren wichtigen Begriff: Cultural Lag oder kulturelle Phasenverschiebung.

Die Folge einer durch Technik determinierten Entwicklung ist, dass neue Technik sozialen Wandel erzwingt. Die Gesellschaft hinkt den technischen Entwicklungen hinterher und muss sich durch Veränderung ihrer Werte, Normen und Verhaltensweisen immer wieder auf neue technische Gegebenheiten einstellen. Der amerikanische Soziologe William F. Ogburn prägte für diese Situation den Begriff des Cultural Lag bzw. der kulturellen Phasenverschiebung. Cultural Lag beschreibt die Einschätzung, dass sich eine Gesellschaft reaktiv technischen Entwicklungen anpasst (Häußling, 2019, S. 93 ff).

Im Jahr 2024 ist die Digitalstrategie der EU mit ihren zahlreichen Gesetzen eine Reaktion auf die durch die digitale Transformation geschaffenen Tatsachen (EU, 2019). So soll der Digital Services Act (DSA) illegale Online-Aktivitäten unterbinden und die Verbreitung von „Fake News" verhindern, lange nachdem beides durch die technischen Möglichkeiten Realität geworden ist. Details zum DSA beschreiben wir in Kapitel 10.

Ein weiterer Begriff, der mit einer technikdeterministischen Sichtweise verbunden ist, ist der des Technological Fix. Mit **Technological Fix** bezeichnet man den Ansatz, technische Lösungen einzusetzen, obwohl eigentlich komplexe Probleme soziale oder gesellschaftliche Ursachen zu lösen wären. Erschwerend hinzu kommt, dass dabei die sozialen oder gesellschaftlichen Folgen der technischen Lösung oft nicht betrachtet werden. Dies ist der Fall, wenn der Klimawandel durch Techniken wie Elektroautos oder erneuerbare Energien gestoppt werden soll (Fox, 2023), wenn Kameras Verbrechen auf Universitätsgeländen verhindern sollen (Liedka et al., 2016) oder wenn der übermäßige Energieverbrauch durch Smart Metering, intelligente Messsysteme, eingedämmt werden soll (Dickel, 2021).

Auch im Kontext der digitalen Transformation gibt es zahlreiche Beispiele, in denen Informationstechnologien verwendet werden, um gesellschaftliche Herausforderungen zu lösen. Beispielsweise sollen die Probleme, die auf sozialen Plattformen durch Hassrede und Desinformation verursacht werden, insbesondere durch den Einsatz von KI verhindert werden (Katzenbach, 2022). In der Arbeitswelt sehen Unternehmen im Einsatz neuer IT-Systeme ein wirksames Mittel, um Prozesse zu verbessern und damit Kosten zu senken. In allen genannten Beispielen soll die Lösung durch technische Systeme herbeigeführt werden. Mit Bezug auf Kapitel 2 lässt sich formulieren, dass dem Technological Fix eine sozio-technische Perspektive fehlt.

Diese heute dominierende, kritische Sichtweise auf den Technological Fix gab es nicht von Anfang an. Alvin Weinberg, auf den der Begriff zurückgeht (Weinberg, 1967), hat beschrieben, dass ein unübersichtliches soziales Problem auf ein technologisches Problem reduziert wird, und so eine Lösung entwickelt werden kann (vgl. auch Dickel, 2021). Ein Technological Fix bietet Handlungsoptionen, selbst wenn das komplexe Problem noch nicht in Gänze durchdrungen ist (vgl. Wicked Problems in Kapitel 9). Betrachtet man die Einführung eines Wissensmanagementsystems in einem Unternehmen (Lehner, 2021), so kann dieses akute Probleme lösen, indem es Speicher- und Suchmöglichkeiten für Informationen und Wissensquellen zur Verfügung stellt. Das soziale Problem, warum Mitarbeiterinnen und Mitarbeiter zögerlich sind, ihr Wissen zu teilen, wird damit noch nicht adressiert.

5.3 Sozialdeterministische Sichtweise

Die sozialdeterministische Perspektive stellt die aktive Rolle der Gesellschaft bei der Durchsetzung technologischer Innovationen in den Mittelpunkt. Sie kann durch die folgenden Aussagen charakterisiert werden:
- Technische Entwicklungen sind immer auch soziale Prozesse, deren Verlauf sowohl von den handelnden Menschen als auch von gesellschaftlichen Strömungen beeinflusst werden.
- Die Aneignung von Technologien durch Nutzende ist ein sozialer Prozess, der oft anders verläuft als die Konstrukteure der Technik sich das vorgestellt haben.
- Technische Artefakte verkörpern die Umsetzung sozialer Ziele.

Beispiele, in denen es ausgereiften Technologien nicht gelang sich durchzusetzen, belegen den ersten Punkt der Liste und stellen die These der Eigendynamik von Technik in Frage: Google nahm seine 2012 eingeführte Google Glass 2015 für Privatpersonen wieder vom Markt, weil sie sich nicht durchsetzen konnte und in der Öffentlichkeit sogar negativ bewertet war. Die Brille, die der Technik der Augmented Reality (AR) zuzuordnen ist, stieß auf breiten Widerstand, weil Menschen z. B. die Befürchtung hatten, gegen ihren Willen aufgenommen zu werden (Berkemeier et al., 2019). Das Zitat von Lynn White aus dem Jahr 1962 macht den Zusammenhang zwischen sozialen Prozessen und technischen Eigenschaften deutlich: „Die Annahme oder Ablehnung einer Innovation [...] hängt gleichermaßen von den gesellschaftlichen Bedingungen und den Visionen ihrer Führer wie vom Charakter des technischen Gegenstandes selbst ab." (Weyer, 2008, S. 32).

Ein Beispiel für den zweiten Punkt ist die Nutzung des Short Message Service (SMS). Die zeitweise weit verbreitete Nutzung von SMS war weder beabsichtigt noch vorhersehbar. Der Short Message Service wurde Ende der 1980er Jahre als Dienst entwickelt, um im GSM Mobilfunknetz kurze Statusmitteilungen vom Anbieter an die Nutzenden senden zu können. Anders, als erwartet, ist die tatsächliche Nutzung der SMS in einem sozialen Prozess entstanden, in dem zunächst Privatleute den Dienst für sich als nützlich erkannt haben und später dann immer mehr Anwendungsfälle (z. B. Terminvereinbarungen mit Werkstätten oder Arztpraxen) hinzukamen. In der Spitzenzeit 2012 wurden in Deutschland jährlich 60 Milliarden SMS versendet. Inzwischen sind die Nutzenden mehrheitlich auf neuere Anwendungen umgezogen. Die SMS behält ihre Relevanz dort, wo keine Smartphones verwendet werden und wo die

Abhängigkeit von einer Internetverbindung vermieden werden soll (Paulsen und Kriegeskotte, 2022). Kapitel 8 adressiert dieses Thema noch einmal mit der Beschreibung von Technikaneignung als sozialem Prozess, der weder von der Technik noch ihren Entwicklern vollständig bestimmt werden kann.

Der letzte Punkt in der Charakterisierung der sozialdeterministischen Sichtweise besagt, dass technische Artefakte soziale Absichten verkörpern. Das gilt offensichtlich für Algorithmen, die menschlich definierte Abläufe automatisieren (Spielkamp, 2019). Weiter hat diese Perspektive der Soziologe Bruno Latour in der von ihm geprägten Actor-Network Theory ausgearbeitet und den Begriff der Inskription eingeführt. Da diese Theorie auch im Kontext der Informatik immer wieder verwendet wird (Kunau, 2006, S. 15 ff), fasst der folgende Abschnitt die Kerngedanken, die einen direkten Bezug zu Informatik & Gesellschaft haben, zusammen.

5.4 Actor-Network Theory (ANT)

In Kapitel 2 haben wir basierend auf der Systemtheorie nach Niklas Luhmann eine Definition sozio-technischer Systeme vorgestellt. In diesem Abschnitt stellen wir mit der Actor-Network Theory (ANT) einen grundsätzlich anderen Ansatz vor, das Zusammenwirken von Mensch, Gesellschaft und Technik zu beschreiben. Der französische Soziologe Bruno Latour hat die ANT in den 1960er und 1970er Jahren entwickelt. Eine zentrale Aussage der **Actor-Network Theory** ist, dass „technologische Artefakte keine passiven Instrumente, sondern eher soziale Partner in der Konstruktion von Wissen sind." (Belliger und Krieger, 2024, S. 193, Übersetzung durch die Autorinnen).

Ein Beispiel kann die Sichtweise verdeutlichen: Mitglieder einer Arbeitsgruppe koordinieren sich mithilfe einer Groupware. Es kommt eine Nachricht, dass in 15 Minuten eine Sitzung beginnt. Wer hat diese Information versendet – ein Mensch oder das technische System? Für die Antwort „Mensch" spricht, dass ein Mensch die Sitzung terminiert hat. Ebenso wird ein Mensch die Erinnerungsfunktion aktiviert haben. Für die Antwort „System" spricht, dass die Nachricht zum richtigen Zeitpunkt vollkommen automatisch erstellt und versendet wurde.

Bruno Latour löst dieses Dilemma, indem er definiert, dass aus Mensch und technischem System etwas Neues entsteht: ein Hybrid-Akteur oder Aktant. In der ANT geht es nicht darum, das Verhältnis zwischen Gesellschaft und einer außerhalb liegenden Technik zu beschreiben. Vielmehr ist die Technik ein inhärenter Teil der Gesellschaft. Eine Gesellschaft im Sinne der ANT besteht aus einem Geflecht von Aktanten, die menschlicher oder technischer Natur sein können (Degele, 2002, S. 130 ff). Alle Aktanten eines Netzwerkes sind gleichberechtigt, unabhängig davon, ob sie menschlich oder technisch sind. Mit dieser Herangehensweise kann die ANT viele Phänomene erklären, die uns in der zunehmenden Digitalisierung und dem vermehrten Einsatz von KI begegnen. Andererseits wird gerade die Gleichsetzung von Mensch und Technik in der ANT häufig kritisiert.

Die ANT prägt den wichtigen Begriff der Inskription. Bruno Latour spricht davon, dass soziale Normen durch Technik gehärtet werden. Inskription bedeutet, dass technische Artefakte Handlungsskripte enthalten, oder anders ausgedrückt: Gewünschtes Verhalten wird in Technik inskribiert (Degele, 2002, S. 130 ff). In dem Beispiel oben ist die soziale Norm, dass eine Sitzung pünktlich beginnt und alle Eingeladenen pünktlich erscheinen, in die automatische Erinnerungsfunktion inskribiert.

Die ANT und damit das Konzept der Inskription sind älter als die digitale Transformation unserer Gesellschaft. Für die ANT können alle möglichen menschlich erzeugten Gegenstände Aktanten in Netzwerken werden. Auch hier hilft ein Beispiel: in einer Wohnstraße fahren Autos regelmäßig zu schnell, es kommt zu Unfällen, bei denen Kinder verletzt werden. In Bürgerversammlungen wird das Thema angesprochen, Autofahrer werden ermahnt, langsam zu fahren und auf spielende Kinder zu achten. Nach einiger Zeit muss man feststellen, dass diese Ermahnungen nichts geholfen haben. Bis auf sehr wenige Ausnahmen haben die Autofahrer ihr Verhalten nicht geändert. Als nächsten Schritt wird die Straße offiziell zu einer Spielstraße erklärt, ein entsprechendes Schild wird aufgestellt, das die Autofahrer zur Vorsicht ermahnt. Wiederum nach einiger Zeit stellt man fest, dass sich mehr Autofahrer an die in Spielstraßen vorgegebene Geschwindigkeitsbegrenzung halten. Immer noch fahren aber zu viele Autos zu schnell und gefährden die Kinder. Daraufhin beschließt der Rat der Stadt auf Antrag der Anwohner, die Straße mit Bodenschwellen zu versehen. Diese physischen Hindernisse veranlassen nun nahezu alle Autofahrer zu dem gewünschten Verhalten: Sie bremsen und fahren mit deutlich reduzierter Geschwindigkeit weiter. In dem Beispiel der Bodenschwelle in einer Spielstraße verkörpert das technische Artefakt Bodenschwelle die soziale Norm, dass Autofahrer mit reduzierter Geschwindigkeit fahren sollen. Apelle und Schilder haben nur bei wenigen Autofahrern zu dem gewünschten Verhalten geführt. Das physische Artefakt zwingt die meisten Autofahrer jedoch dazu, sich normkonform zu verhalten.

Insbesondere IT-Systeme sind dazu geeignet, Normen zu inskribieren. Weitere Beispiele sind:

- In Bestellsystemen sind Wertgrenzen hinterlegt, bis zu denen ein Einkäufer allein entscheiden kann. Überschreitet eine Bestellung diesen Wert, verhindert das System, dass ein einzelner Einkäufer die Bestellung freigibt.
- In E-Learningsystemen können Lehrende Zeiten eingeben, bis zu denen Studierende bearbeitete Aufgaben spätestens abgeben müssen. Ist der angegebene Zeitpunkt verstrichen, nimmt das System keine Abgaben durch Studierende mehr an.
- Softwarehersteller sind daran interessiert, dass ihre Software legal erworben und bezahlt wird. Im Rahmen der Softwareinstallation wird daher die Eingabe eines eindeutigen Schlüssels verlangt, den der Nutzer nur bei rechtmäßigem Erwerb der Software erhält.

Die genannten Beispiele zeigen, wie Entwickler menschliche Handlungsskripte in IT-Systeme einschreiben. Dies kann als Beleg für die in Kapitel 1 vorgestellte Sichtweise, dass Informatikerinnen und Informatiker Architekten der Gesellschaft sind, verstanden werden (vgl. 1.1.2). In IT-Projekten entstehen dadurch, dass ein IT-System Menschen zu einem bestimmten Verhalten zwingt, immer wieder Konflikte.

Für die Beschreibung und das Verständnis sozio-technischer Systeme bietet die ANT gute Konzepte. So ist der Gedanke, dass ein IT-System mehr ist als ein neutrales Werkzeug, hilfreich, um Widerstand in Projekten zu verstehen und zu begegnen. Auch die Beschreibung, dass durch das Zusammenspiel von Mensch und Technik ein neuer Aktant in einem Netzwerk entsteht, ist eingängig, um Phänomene in der digitalen Transformation zu verstehen. Für die Gestaltung sozio-technischer Systeme im Rahmen von IT-Projekten erscheinen uns die Erklärungsversuche der Systemtheorie, die die Unterschiede von Menschen, Organisationen und Technik herausarbeitet, besser geeignet zu sein. Auf Basis dieser Unterschiede können Methoden entwickelt werden, um sozio-technische Systeme gut zu gestalten (vgl. Kapitel 9).

5.5 Zusammenfassung

In diesem Kapitel haben wir die wissenschaftliche Disziplin der Techniksoziologie vorgestellt. Sie hat zum Ziel, das Zusammenspiel zwischen Gesellschaft und Technik mit seinen Ursachen, Bedingungen und Auswirkungen zu erforschen. Technikdeterminismus und Sozialdeterminismus wurden als gegensätzliche Sichtweisen auf das Verhältnis von Gesellschaft und Technik beschrieben. Die Phänomene des Cultural Lag und des Technological Fix als Folge eines Technikdeterminismus wurden benannt und an Beispielen erläutert. Mit der Actor-Network Theory (ANT) wurde eine soziologische Theorie vorgestellt, die gänzlich andere Konzepte verwendet als die in Kapitel 2 vorgestellte Systemtheorie. Ein für IT-Projekte wichtiges Konzept ist die Härtung sozialer Normen in Technik, auch Inskription genannt.

5.6 Fragen zur Wiederholung

1. Welche Ziele verfolgt die wissenschaftliche Disziplin der Techniksoziologie?
2. Was zeichnet die Sichtweise des Technikdeterminismus aus?
3. Erläutere ein Beispiel für die Sichtweise des Technikdeterminismus.
4. Erkläre das Phänomen des Cultural Lag und nenne ein Beispiel.
5. Erkläre das Phänomen des Technological Fix und nenne ein Beispiel.
6. Was zeichnet die Sichtweise des Sozialdeterminismus aus?
7. Erörtere ein Beispiel für die Sichtweise des Sozialdeterminismus.
8. Wie beschreibt die Actor-Network Theory das Zusammenspiel von Mensch und Technik?
9. Erläutere den Begriff der Inskription und nenne ein Beispiel aus dem Kontext der Informatik.

5.7 Zum Nachdenken/Zur Diskussion

Im Zusatzmaterial befinden sich zu den Inhalten dieses Kapitels zahlreiche aktuelle Fallbeispiele zur Diskussion und Vertiefung. Es ist hinter dem QR-Code oder hier zu erreichen: https://www.degruyterbrill.com/document/isbn/9783111479590/html

5.8 Literatur

Belliger, Andrea; Krieger, David (2024): From Systems to Actor-Networks: A Paradigm Shift in the Social Sciences. Bradford: Ethics International Press Limited.

Berkemeier, Lisa; Zobel, Benedikt; Werning, Sebastian; Ickerott, Ingmar; Thomas, Oliver (2019): Engineering of Augmented Reality-Based Information Systems. In: Business & Information Systems Engineering, 61, 1, S. 67–89.

Degele, Nina (2002): Einführung in die Techniksoziologie. München: Wilhelm Fink Verlag.

Dickel, Sascha (2021): Der Technological Fix: Zur Kritik einer kritischen Semantik. In: SONA – Netzwerk Soziologie der Nachhaltigkeit (Hrsg.): Soziologie der Nachhaltigkeit. Bielefeld: transcript Verlag, S. 271–284.

EU (2019): Ein Europa für das digitale Zeitalter – Eine neue Generation von Technologien für die Menschen. Online verfügbar unter https://commission.europa.eu/strategy-and-policy/priorities-2019-2024/europe-fit-digital-age_de (abgerufen am 21.04.2025).

Fox, Nick J. (2023): Green capitalism, climate change and the technological fix: A more-than-human assessment. In: The Sociological review, 71, 5, S. 1115–1134.

Häußling, Roger (2019): Techniksoziologie: Eine Einführung, 2., überarbeitete und aktualisierte Auflage. Opladen, Toronto: Verlag Barbara Budrich.

Katzenbach, Christian (2022): Der „Algorithmic turn" in der Plattform-Governance. In: KZfSS Kölner Zeitschrift für Soziologie und Sozialpsychologie, 74, 1, S. 283–305.

Kopp, Johannes; Steinbach, Anja (2024): Grundbegriffe der Soziologie, 13., korrigierte Auflage. Wiesbaden: Springer VS.

Kunau, Gabriele (2006): Facilitating computer supported cooperative work with socio-technical self-descriptions. Online verfügbar unter http://hdl.handle.net/2003/22226 (abgerufen am 21.04.2025).

Lehner, Franz (2021): Wissensmanagement – Grundlagen, Methoden und technische Unterstützung, 7., überarbeitete und erweiterte Auflage. München: Carl Hanser Verlag.

Liedka, Raymond V.; Meehan, Albert J.; Lauer, Thomas W. (2016): CCTV and Campus Crime: Challenging a Technological "Fix". In: Criminal Justice Policy Review, 30, 2, S. 316–338.

Paulsen, Nina; Kriegeskotte, Nick (2022): 30 Jahre SMS: Der 160-Zeichen-Dienst bleibt wichtig – vorerst. Online verfügbar unter https://www.bitkom.org/Presse/Presseinformation/30-Jahre-SMS-Dienst-bleibt-wichtig#_ (abgerufen am 21.04.2025).

Schäfers, Bernhard (2024a): Gesellschaft. In: Kopp, Johannes; Steinbach, Anja (Hrsg.): Grundbegriffe der Soziologie. Wiesbaden: Springer Fachmedien Wiesbaden, S. 159–163.

Schäfers, Bernhard (2024b): Soziologie. In: Kopp, Johannes; Steinbach, Anja (Hrsg.): Grundbegriffe der Soziologie. Wiesbaden: Springer Fachmedien Wiesbaden, S. 475–479.

Schubert, Cornelius; Schulz-Schaeffer, Ingo (2019): Einleitung: Berliner Schlüssel zur Techniksoziologie. In: Schubert, Cornelius; Schulz-Schaeffer, Ingo (Hrsg.): Berliner Schlüssel zur Techniksoziologie. Wiesbaden: Springer Fachmedien Wiesbaden, S. 1–6.

Spielkamp, Matthias (2019): Myth #42 Algorithms are always neutral. In: Matthias C., Kettemann; Dreyer, Stephan (Hrsg.): Busted! The truth about the 50 most common internet myths. Hamburg: Verlag Hans-Bredow-Institut, S. 190–193.

Weinberg, Alvin Martin (1967): Reflections on big science. Oxford, Braunschweig: Pergamon Press.

Weyer, Johannes (2008): Techniksoziologie: Genese, Gestaltung und Steuerung sozio-technischer Systeme. Weinheim, München: Juventa-Verlag.

6 Arbeits- und Organisationspsychologie

Dieses Kapitel beleuchtet Arbeits- und Organisationspsychologie als das Teilgebiet der allgemeinen Psychologie, das sich mit der guten Gestaltung von Arbeitsprozessen und Arbeitsaufgaben beschäftigt. Wir stellen dar, wie die Erkenntnisse der Arbeits- und Organisationspsychologie im Zuge der digitalen Transformation in IT-Projekten an Bedeutung gewinnen. Über das Job Characteristics Model (JCM) von Hackman und Oldham gelangen wir zu Kriterien von Arbeitsgestaltung, die wir im Detail erläutern und auf die Gestaltung IT-gestützter Arbeitsplätze übertragen. Nach Studium dieses Kapitels kannst du

– den Zusammenhang zwischen IT-Projekten und Arbeitsgestaltung erläutern,
– die Ziele der Arbeits- und Organisationspsychologie als Teilgebiet der allgemeinen Psychologie benennen,
– Inhalt und Ziel der Arbeitsgestaltung im psychologischen Sinne darstellen,
– die Säulen des Job Characteristics Model skizzieren, sowie ihre Inhalte und Zusammenhänge erklären,
– Kriterien guter Arbeitsgestaltung benennen und erläutern,
– Beispiele nennen, wie IT-Systeme positiv oder negativ auf Kriterien guter Arbeitsgestaltung wirken können.

6.1 Arbeits- und Organisationspsychologie

Es gibt kaum einen Arbeitsplatz, an dem nicht mit IT-Systemen gearbeitet wird. Das bedeutet, dass in der Informatik entwickelte Anwendungen in der Arbeitsgestaltung eine wichtige Rolle spielen. Den Bezug zwischen IT-Systemen und Arbeitsgestaltung kann man aus zwei Perspektiven betrachten:

– Moderne kooperationsunterstützende IT-Systeme sind nicht nur neutrale Werkzeuge, sondern beeinflussen die inhaltliche Arbeitsorganisation sowie die Eigenschaften von Arbeitsaufgaben. So werden zum Beispiel die Mitarbeiter in den Läden großer Telekommunikationsanbieter bei der Beratung der Kunden durch die IT-Systeme so eng geführt, dass sie sicher nur die vom Konzern gerade vorgesehenen Geräte und Tarife verkaufen.
– IT-Systeme sind Arbeitsmittel in vielen Arbeitsprozessen. Arbeitnehmer verbringen oft den großen Teil ihres Arbeitstages mit der Bedienung von IT-Systemen. Um die

https://doi.org/10.1515/9783111478555-006

Arbeitnehmer durch ihre Arbeit an den IT-Systemen nicht zu schädigen, müssen diese ergonomisch gestaltet sein. Innerhalb der Informatik beschäftigen sich die Gebiete der Hardware- und Softwareergonomie mit diesem Anliegen.

In diesem Kapitel geht es um den ersten Aspekt, der Arbeitsgestaltung. Um IT-Systeme so zu entwickeln, dass mit ihnen gute Arbeitsplätze gestaltet werden können, müssen die Kriterien guter Arbeit bekannt sein. Die Disziplin, die sich mit solchen Fragen beschäftigt, ist die Arbeits- und Organisationspsychologie.

Die Psychologie als Lehre des menschlichen Verhaltens ist in Kapitel 1.3.2 eingeführt worden. Die **Arbeits- und Organisationspsychologie** beschäftigt sich mit menschlichem Erleben und Verhalten speziell im Arbeitskontext in Organisationen. Sie geht insbesondere der Frage nach, wie Rahmenbedingungen und Arbeitsaufgaben so gestaltet werden können, dass die arbeitenden Menschen nicht nur nicht geschädigt, sondern sogar in ihrer Entwicklung gefördert werden (Nerdinger et al., 2019, S. 4).

Im Kontext der Gestaltung sozio-technischer Systeme ist die Gestaltung von Arbeitsprozessen als Teil des sozialen Systems von besonderer Bedeutung. Hier hat die Informatik durch die Erstellung geeigneter Anwendungen die Möglichkeit, die Gestaltung guter Arbeitsprozesse zu unterstützen.

6.2 Arbeitsgestaltung

Die Begriffe Arbeitsgestaltung und gute Arbeit sind nun schon mehrfach gefallen, so dass sich die Frage stellt, was damit gemeint ist. „Der Begriff **Arbeitsgestaltung** steht für die systematische Veränderung technischer, organisatorischer und (oder) sozialer Arbeitsbedingungen mit dem Ziel, diese an die Leistungsvoraussetzungen des arbeitenden Menschen anzupassen, sodass sie der Erhaltung und Entwicklung der Persönlichkeit sowie der Gesundheit der arbeitenden Menschen im Rahmen effizienter und produktiver Arbeitsprozesse dienen." (Nerdinger et al., 2019, S. 691). Gute Arbeit ist mithin das Ergebnis von Arbeitsgestaltung.

Zur Vervollständigung dieser Erklärung von Arbeitsgestaltung passt die Definition von Gesundheit, die von der Weltgesundheitsorganisation formuliert worden ist: „**Gesundheit** ist ein Zustand vollkommenen körperlichen, geistigen und sozialen Wohlbefindens und nicht allein das Fehlen von Krankheiten und Gebrechen." (World Health Organization, 1989, S. 1, Übersetzung der Autorinnen).

In IT-Projekten, die die Arbeitsprozesse von Menschen ändern, findet Arbeitsgestaltung statt, weil mindestens die technischen Arbeitsbedingungen systematisch verändert werden. Im Sinne der Gestaltung sozio-technischer Systeme werden die technischen und organisatorischen Arbeitsbedingungen integriert bedacht und gestaltet. Die zitierten Definitionen für Arbeitsgestaltung und Gesundheit zeigen, dass die Aufgabe von Informatikerinnen und Informatikern hier über die Vermeidung von Schädigung der arbeitenden Menschen hinaus geht.

6.3 Das Job Characteristics Model nach Hackman und Oldham

Die amerikanischen Forscher J. Richard Hackman und Greg R. Oldham fragten sich schon in den 1970er Jahren, welche Eigenschaften von Arbeit sich positiv auf das Erleben und Verhalten von Arbeitnehmern auswirken. Ihre Ergebnisse, insbesondere das Job Characteristics Model (JCM) (Hackman und Oldham, 1980), werden auch nach Jahrzehnten noch durch weitere Forschung bestätigt, etwas erweitert und als valide Basis zur Arbeitsgestaltung verwendet (Wegge et al., 2019).

Im **Job Characteristics Model (JCM)** modellieren Hackman und Oldham den Zusammenhang von Eigenschaften und Rahmenbedingungen von Arbeitstätigkeiten auf der einen und beobachtbarem Verhalten von Arbeitnehmern auf der anderen Seite. Abbildung 6.1 zeigt das JCM in Anlehnung an (Hackman und Oldham, 1980, S. 90) und in der Übersetzung von (Wegge et al., 2019, S. 554).

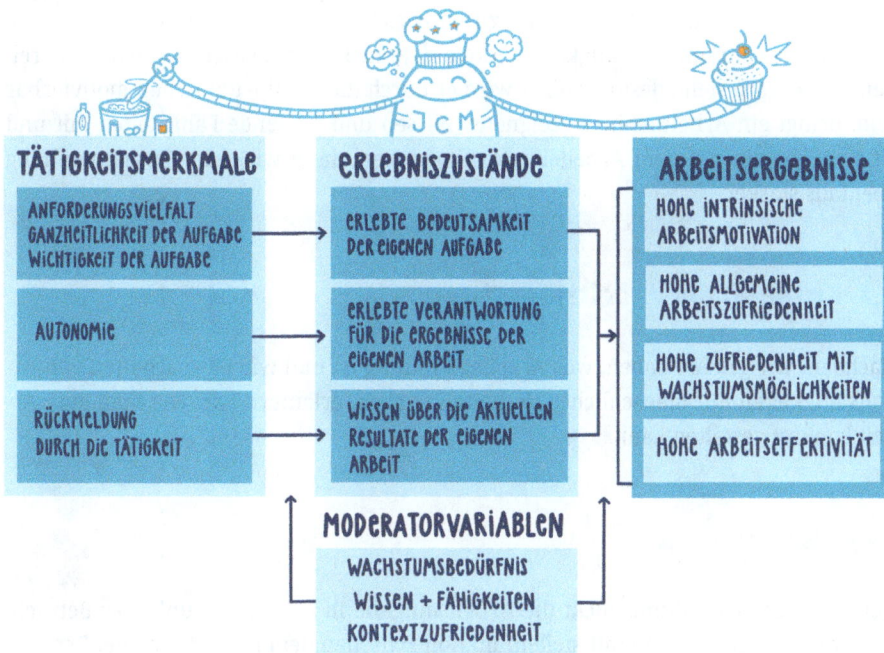

Abbildung 6.1: Das Job Characteristics Model nach (Hackman und Oldham, 1980, S. 90).

Auf der linken Seite des Modells sind die wichtigen Merkmale einer Tätigkeit dargestellt: Anforderungsvielfalt, Ganzheitlichkeit, Wichtigkeit, Autonomie und Rückmeldung durch die Tätigkeit. Wir erläutern diese Merkmale zusammen mit weiteren Kriterien von Arbeitsgestaltung im folgenden Abschnitt 6.4. Auf der rechten Seite des JCM sind positive Ergebnisse dargestellt, mit denen zu rechnen ist, wenn die genannten Merkmale auf die Tätigkeit zutreffen: hohe intrinsische Motivation, hohe allgemeine Arbeitszufriedenheit, hohe Zufriedenheit mit Wachstumsmöglichkeiten sowie eine gute Arbeitsleistung, die sich durch eine hohe Arbeitseffektivität zeigt.

Dieser Zusammenhang erklärt sich dadurch, dass die geeignete Gestaltung der Tätigkeit psychologische Prozesse bzw. Erlebniszustände bei den Arbeitnehmenden auslöst. Diese sind im mittleren Block der Abbildung 6.1 dargestellt. So erleben Arbeitnehmende die Bedeutsamkeit ihrer Aufgabe durch Anforderungsvielfalt, Ganzheitlichkeit und Wichtigkeit der Aufgabe. Die Autonomie in der Tätigkeitsausführung führt zu erlebter Verantwortung für die Ergebnisse der eigenen Arbeit. Schließlich führt die Rückmeldung durch die Tätigkeit zum Wissen über die aktuellen Resultate der eigenen Arbeit.

Nun kann man sich fragen, ob der Zusammenhang zwischen den Tätigkeitsmerkmalen und den positiven Ergebnissen immer gleich für alle Menschen gilt. Dies ist nicht so. Die im unteren Teil der Grafik gezeigten Moderatorvariablen beeinflussen diesen Zusammenhang. Wachstumsbedürfnis bezeichnet das Bedürfnis des arbeitenden Menschen, sich in seiner Arbeit zu entwickeln. Je stärker dieses Bedürfnis ist, desto stärker wirken die Tätigkeitsmerkmale. Je mehr ein Mensch die Arbeit als reinen Broterwerb sieht, desto weniger wird er durch die Inhalte der Arbeit motivierbar sein. Bringt ein Arbeitnehmer geeignetes Wissen und passende Fähigkeiten mit und ist er allgemein mit dem Arbeitskontext zufrieden, dann wirkt der Zusammenhang ebenfalls stärker.

6.4 Kriterien der Arbeitsgestaltung

Nachdem wir geklärt haben, was Arbeitsgestaltung ist und wie Eigenschaften von Arbeitstätigkeiten auf menschliches Verhalten wirken, erläutern wir, wie man gute Arbeit konkret gestalten kann.

6.4.1 Die Arbeitsaufgabe

Bei der Arbeitsgestaltung rückt die Arbeitsaufgabe in den Mittelpunkt der Betrachtung, denn sie hat eine Schnittstellenfunktion zwischen dem Individuum, der Technik und der Organisation. Für den arbeitenden Menschen ist die Arbeitsaufgabe, die er zu erfüllen hat, der psychologisch wichtigste Teil der Arbeitsbedingungen. Die Arbeitsaufgabe, bzw. deren individuelle Interpretation, bestimmt die Tätigkeiten, die ein Arbeitnehmer auszuführen hat (Ulich, 2020, S. 201 ff).

Mit Blick auf IT-Systeme bestimmt die Arbeitsaufgabe insbesondere auch die Arbeitsteilung zwischen Mensch und Technik. Informatikerinnen und Informatiker haben in IT-Projekten immer wieder die Möglichkeit, resultierende Arbeitsaufgaben so zu gestalten, dass die im JCM genannten Tätigkeitsmerkmale erfüllt werden. In der Arbeits- und Organisationspsychologie sind zahlreiche Eigenschaften von Arbeitsauf-

gaben untersucht worden, die sich motivations-, gesundheits- und persönlichkeitsför-
derlich auf die arbeitenden Menschen auswirken. Eine Auswahl, beginnend mit den
fünf Kriterien aus dem JCM, wird in den folgenden Abschnitten dargestellt.

6.4.2 Eigenschaften der Arbeitsaufgabe im JCM

Anforderungsvielfalt

Gute Arbeitsaufgaben fordern die arbeitenden Menschen auf unterschiedliche Weisen, und verhindern, dass sie einseitig beansprucht werden. Den Menschen soll ermöglicht werden, viele unterschiedliche Fähigkeiten, Kenntnisse und Fertigkeiten einzusetzen. Dies bezieht sich auf den motorischen, intellektuellen und sozialen Bereich
(Nerdinger, 2019). Der Angestellte einer Versicherung, der den ganzen Tag vor dem
Rechner sitzt und mit Hilfe eines Workflowmanagementsystems (WFMS, vgl. Kapitel 4.5.2) Anträge auf Vollständigkeit hin überprüft und dann weiterleitet, wird weder
motorisch noch intellektuell vielfältig gefordert.

Ganzheitlichkeit

Das Prinzip der ganzheitlichen Arbeitsaufgabe meint, dass Mitarbeitende vollständige
(Teil-)Produkte erstellen bzw. vollständige Dienstleistungen erbringen (Nerdinger,
2019). Das klassische Gegenbeispiel zu ganzheitlicher Arbeitsgestaltung ist die Fließbandarbeit, in der ein Arbeitnehmer immer nur einen fest vorgegebenen, immer gleichen Teilarbeitsschritt vollzieht. Die Fließbandarbeit, die um 1910 bei Ford in den
USA erstmals in großem Maßstab eingeführt worden ist, basiert auf den Arbeiten von
Frederick Taylor, der die Trennung von Arbeitsplanung und -vorbereitung auf der
einen Seite von der Arbeitsausführung auf der anderen Seite zum grundlegenden
Prinzip effizienter Produktionsstätten erhob. Sein Konzept der wissenschaftlichen Be-
triebsführung hat hohe Arbeitsteilung sowie die strikte Trennung von Kopf- und
Handarbeit zum Kern. Der Begriff des Taylorismus verweist mit negativer Konnota-
tion auf dieses Konzept. In der Welt der IT-Systeme haben Workflowmanagementsysteme das Potenzial, die im Sinne der Arbeitsgestaltung negativen Eigenschaften von
Fließbandarbeit zu übertragen.

Wichtigkeit

Das Kriterium der Wichtigkeit meint, dass ein Arbeitnehmer Sinn in seiner Arbeit
sieht. So erhält er das Gefühl, mit seiner Arbeit etwas Positives zu bewirken. Wichtigkeit kann eine Arbeit erlangen, wenn ihr Zusammenhang mit anderen Arbeiten in
der Organisation deutlich ist oder wenn sie einen direkten Kundennutzen mit sich
bringt (Nerdinger, 2019). Ein Beitrag zum Kriterium der Wichtigkeit ist aber auch,
dass die Produkte oder Dienstleistungen einen gesellschaftlich anerkannten Nutzen
bringen. So kann das Individuum seine persönlichen Interessen mit denen der Gesell-

schaft in Einklang bringen, was zu einem Gefühl der Sicherheit beiträgt. Für das Beispiel des Workflowmanagementsystems bedeutet das, dass Mitarbeitende Rückmeldungen nicht nur über die Erledigung ihres Teilschrittes, sondern auch über den Abschluss des Gesamtvorgangs erhalten.

Autonomie

Übersetzt bedeutet Autonomie Unabhängigkeit oder Selbstständigkeit. Gute Arbeitsaufgaben erlauben Arbeitnehmern einen Rahmen, innerhalb dessen sie ihre Tätigkeiten selbstständig organisieren können. Um das zu erreichen, müssen die Arbeitsaufgaben einen Dispositions- und Entscheidungsspielraum beinhalten, der beispielsweise erlaubt, Arbeitsmittel auszuwählen und Teilziele selbstständig festzulegen. Eine Arbeitsaufgabe, die dem menschlichen Wunsch nach Autonomie Rechnung trägt, wird bei den Arbeitnehmern das Selbstwertgefühl steigern und die Bereitschaft zur Übernahme von Verantwortung erhöhen (Nerdinger, 2019). So kann ein Workflowmanagementsystem so konfiguriert werden, dass sich Mitarbeitende offene Aufgaben aus einem Eingangspostfach selbst selektieren können, statt sie durch das WFMS automatisiert zugewiesen zu bekommen.

Rückmeldung

Der letzte Punkt der Schlüsseleigenschaften von Arbeit im JCM lautet „Rückmeldung" und kann missverstanden werden als Feedback durch Dritte wie Kollegen oder Vorgesetzte. An dieser Stelle ist Rückmeldung über den Arbeitsfortschritt und die Arbeitsergebnisse aus der Arbeit selbst heraus gemeint (Hackman und Oldham, 1980, S. 80). Im trivialen Fall kann es sich um einen Stapel mit Antragsformularen handeln, der abgearbeitet werden muss. Der Arbeitsfortschritt ist direkt dadurch sichtbar, dass der Stapel immer kleiner wird. In einem IT-System kann dies beispielsweise durch eine dynamische Grafik des Arbeitsstapels realisiert werden, die immer den aktuellen Stand anzeigt. Ein Negativbeispiel ist die Fließbandarbeit, in der unaufhörlich in einem festgelegten Tempo immer neue zu montierende Teile herankommen. Der arbeitende Mensch hat nie das Gefühl, etwas geschafft oder „fertig" gemacht zu haben. Eine in der Aufgabe selbst angelegte Rückmeldung gibt zusätzlich die Möglichkeit, Fehler frühzeitig zu erkennen und gegenzusteuern (Nerdinger, 2019).

6.4.3 Weitere wichtige Eigenschaften der Arbeitsaufgabe

Aus anderen Forschungsgebieten und Studien der Arbeits- und Organisationspsychologie haben sich noch weitere Eigenschaften von Arbeitsaufgaben ergeben, die zu der Gestaltung guter Arbeit beitragen und auch für sozio-technische Systeme relevant sind.

Möglichkeit zur sozialen Interaktion

Gute Arbeitsaufgaben sind so gestaltet, dass sie die Kooperation mit anderen Menschen nahelegen oder sogar voraussetzen. Sie geben den Arbeitnehmenden nicht nur die Möglichkeit, die Arbeit gemeinsam zu bewältigen, sondern sich auch bei Problemen und Schwierigkeiten gegenseitig zu helfen. Das ist wichtig, weil gegenseitige Unterstützung hilft, Belastungen besser zu ertragen, was wiederum vor Schädigungen schützt (Ulich, 2020, S. 206).

Die vermehrte Tätigkeit im Homeoffice legt beispielsweise zunächst die Gefahr der Isolation der Arbeitenden nahe. Durch die Bereitstellung synchroner Kommunikationsfunktionalitäten, Chats oder ähnliche Funktionen, ermöglichen IT-Systeme soziale Interaktion. So kann die Wahrnehmung einer kooperativen Situation wieder verstärkt werden.

Lern- und Entwicklungsmöglichkeiten

Im Sinne der Arbeits- und Organisationspsychologie gute Arbeitsaufgaben bieten den Arbeitnehmenden Lern- und Entwicklungsmöglichkeiten. Damit soll die allgemeine geistige Flexibilität der arbeitenden Menschen erhalten bleiben. Für die Arbeitnehmenden bedeutet das, dass ihre berufliche Qualifikation nicht auf dem Niveau einer einmal absolvierten Ausbildung stehen bleibt, sondern sich in einer sich verändernden Umwelt weiterentwickelt. Arbeitsaufgaben, die Lern- und Entwicklungsmöglichkeiten bieten, zeichnen sich durch problemhaltige Inhalte aus, zu deren Bewältigung vorhandene Qualifikationen eingesetzt und neue Qualifikationen erworben werden müssen (Ulich, 2020, S. 206).

IT-Systeme können einerseits so entworfen werden, dass sie Arbeitsaufgaben derart unterstützen, dass immer weniger Wissen und Qualifikation erforderlich ist. Andererseits kann man sie so einsetzen, dass einfache Aufgaben durch das IT-System erledigt werden, um Freiräume für Aufgaben mit höherer Qualifikation zu schaffen. Bei geeignetem Einsatz der IT-Systeme werden also Lern- und Entwicklungsmöglichkeiten geschaffen, die sich sowohl auf die Arbeitsaufgabe als auch auf die Fähigkeit im Umgang mit den IT-Systemen beziehen.

Zeitelastizität und stressfreie Regulierbarkeit

Ein weiteres Kriterium guter Arbeit ist die Zeitelastizität und die stressfreie Regulierbarkeit durch die arbeitenden Menschen. Gute Arbeitsaufgaben lassen Raum für stressfreies Nachdenken und selbstgewählte Interaktion. Unangemessene Arbeitsverdichtung, die den Arbeitnehmern keine zeitlichen Freiräume lässt, verletzt dieses Kriterium. Bei der Festlegung von Vorgabezeiten müssen entsprechende Puffer eingeräumt werden.

Die ständige Erreichbarkeit in Zeiten mobiler Arbeit und Homeoffice birgt die Gefahr, dieses Kriterium zu verletzen. Sie wird technisch gefördert durch Mobiltelefone, E-Mails und die Möglichkeit, sich auch remote auf die betriebliche Arbeitsumgebung einzuloggen. Von einigen Arbeitnehmenden wird diese ständige Erreichbarkeit negativ wahrgenommen. So besteht die Gefahr, dass das Privatleben von beruflichen Belangen unterbrochen wird. Bei vielen geht mit der dauernden Erreichbarkeit auch eine zunehmende Arbeitsverdichtung einher: Aufgaben, die tagsüber nicht zu Ende gebracht werden konnten, werden in den Abendstunden fertig gestellt. Es gibt aber auch eine andere Sicht auf die ständige Erreichbarkeit: Sie erlaubt, Arbeiten flexibel auch außerhalb des Büros und außerhalb der „normalen" Arbeitszeiten zu erledigen. Manche, die Familie und Beruf miteinander verbinden möchten, sehen es als Vorteil, ihre zu leistende Arbeit zeitlich freier einteilen zu können.

Auch in Zeiten ständiger Erreichbarkeit sind Freiräume für stressfreies Nachdenken und selbstgewählter Interaktion sicherzustellen, etwa durch organisatorische Absprachen in den Arbeitsteams.

6.5 Zusammenfassung

In diesem Kapitel stellten wir die Arbeits- und Organisationspsychologie als Teildisziplin der allgemeinen Psychologie vor. Das Job Characteristics Model von Hackman und Oldham ist ein bekanntes Modell, um den Zusammenhang gut gestalteter Arbeitsaufgaben und Arbeitsergebnissen darzustellen. Anschließend wurden Kriterien guter Arbeitsaufgaben eingeführt, erklärt und auf IT-gestützte Arbeitsaufgaben bezogen. Die folgende Infobox fasst die Kriterien kompakt zusammen. Für eine gute soziotechnische Systemgestaltung ist es in IT-Projekten wichtig, diese Kriterien guter Arbeitsgestaltung zu berücksichtigen.

> **i** Die Arbeits- und Organisationspsychologie stellt **Kriterien für gut gestaltete Arbeitsaufgaben** zur Verfügung, die in IT-Projekten berücksichtigt werden müssen. Dazu gehören:
> - Anforderungsvielfalt
> - Ganzheitlichkeit
> - Wichtigkeit
> - Autonomie
> - Rückmeldung
> - Möglichkeit zur sozialen Interaktion
> - Lern- und Entwicklungsmöglichkeiten
> - Zeitelastizität und stressfreie Regulierbarkeit

6.6 Fragen zur Wiederholung

1. Stelle den Zusammenhang zwischen IT-Systemen und Arbeitsgestaltung dar.
2. Womit beschäftigt sich die Arbeits- und Organisationspsychologie?
3. Was ist Arbeitsgestaltung im Sinne der Arbeits- und Organisationspsychologie?

4. Aus welchen drei Säulen besteht das Job Characteristics Model (JCM) und welche Inhalte haben sie?
5. Welches sind die fünf im JCM genannten Kriterien guter Arbeitsaufgaben?
6. Welche weiteren Kriterien guter Arbeitsaufgaben gibt es?

6.7 Zum Nachdenken/Zur Diskussion

Im Zusatzmaterial befinden sich zu den Inhalten dieses Kapitels zahlreiche aktuelle Fallbeispiele zur Diskussion und Vertiefung. Es ist hinter dem QR-Code oder hier zu erreichen: https://www.degruyterbrill.com/document/isbn/9783111479590/html

6.8 Literatur

Hackman, J. Richard; Oldham, Greg R. (1980): Work redesign. Reading, Mass. u. a.: Addison-Wesley.
Nerdinger, Friedemann W. (2019): Arbeitsmotivation und Arbeitszufriedenheit. In: Nerdinger, Friedemann W.; Blickle, Gerhard; Schaper, Niclas (Hrsg.): Arbeits- und Organisationspsychologie. Berlin, Heidelberg: Springer, S. 463–486.
Nerdinger, Friedemann W.; Blickle, Gerhard; Schaper, Niclas (2019): Arbeits- und Organisationspsychologie, 4. Auflage. Berlin, Heidelberg: Springer.
Ulich, Eberhard (2020): Arbeitspsychologie, 7. Auflage. Zürich: vdf Hochschulverlag.
Wegge, Jürgen; Wendsche, Johannes; Diestel, Stefan (2019): Arbeitsgestaltung. In: Schuler, Heinz; Moser, Klaus (Hrsg.): Lehrbuch Organisationspsychologie. Bern: Hogrefe, S. 543–588.
World Health Organization (1989): Constitution. Online verfügbar unter https://iris.who.int/handle/10665/36851 (abgerufen am 01.06.2025).

7 Ethik in der Informatik

In diesem Kapitel widmen wir uns der Ethik in der Informatik. Ausgehend vom größeren Rahmen der Philosophie definieren wir zunächst die Begriffe Ethik und Moral sowie Werte. Anschließend gehen wir auf die Unterthemen der digitalen Ethik, Informationsethik und Maschinenethik ein und grenzen diese voneinander ab. Für den konstruktiven Umgang mit Ethik in der Informatik wurden in den vergangenen Jahren Leitlinien für unterschiedliche Anwendungsbereiche und -systeme entwickelt. Dazu geben wir zunächst einen Überblick über zentrale Leitlinien und benennen jeweils ihre Ziele und Themen. Eine besondere Bedeutung für Informatik & Gesellschaft im deutschsprachigen Raum haben die ethischen Leitlinien der Gesellschaft für Informatik e.V. (GI), da sie dem Feld eine Struktur geben und damit Ethik für die Informatik handhabbar machen. Wesentliches Ziel des Kapitels ist es, Möglichkeiten zu eröffnen, eigene Wertvorstellungen zu entwickeln und ethische Haltungen einnehmen zu können. Nach Studium dieses Kapitels kannst du

- Ethik als Teil der Philosophie erklären,
- Ethik und Moral definieren,
- Werte im ethischen Zusammenhang erklären,
- digitale Ethik beschreiben,
- Informationsethik und Maschinenethik erklären und abgrenzen,
- einen Überblick über Leitlinien für eine Informationsethik geben,
- die ethischen Leitlinien der Gesellschaft für Informatik (GI) erläutern.

7.1 Philosophie

Die Fachrichtung der Philosophie bietet den größeren Rahmen für unsere Betrachtung von Ethik. „Die **Philosophie** (gr. ‚philosophía‘, ‚Weisheitsliebe‘) ist die Lehre vom Erkennen und Wissen und die Prinzipien- und Methodenlehre der Einzelwissenschaften, als deren Ursprung und Rahmen sie angesehen werden kann. Ihre Erkenntnisse gewinnt sie u. a. mithilfe der logischen, analytischen, dialektischen, diskursiven und hermeneutischen Methode, in neuerer Zeit auch in Zusammenarbeit mit empirischen Wissenschaften." (Bendel, 2021a). Dabei wird unter Dialektik eine Methode verstan-

https://doi.org/10.1515/9783111478555-007

den, durch Rede und Gegenrede zu überzeugen, während Hermeneutik die Lehre von der Auslegung und Erklärung eines Textes oder Werkes meint.

Zu den Einzelwissenschaften der Philosophie gehören im Wesentlichen Logik, Ethik, Ästhetik und Wissenschaftstheorie. Schon an dieser Aufzählung kann man das breite Spektrum der Philosophie erkennen. Für das Thema dieses Buches würde eine Beschreibung aller Disziplinen zu weit führen. Im Folgenden konzentrieren wir uns auf die Ethik.

7.2 Ethik

7.2.1 Begriffe

Das Wort **Ethik** leitet sich vom griechischen Wort Ethos ab und bedeutet Charakter. Im Gegensatz zur Moral geht es bei der Ethik nicht um einen Verhaltenskodex an sich, sondern um die Analyse verschiedener Moralvorstellungen. Sie ist quasi die Wissenschaft der Moral und beschäftigt sich mit Fragen wie „Ist Stehlen immer falsch?" oder „Wann ist Lügen akzeptabel?"

Das Wort **Moral** leitet sich aus dem lateinischen *mos* ab und bedeutet übersetzt so viel wie Sitte oder Vorschrift. Das heißt, eine Moral gibt Menschen einen konkreten Handlungsrahmen für angebrachtes Verhalten vor. Ein Beispiel hierfür sind die biblischen Zehn Gebote, von denen eines lautet „Du sollst nicht stehlen". Eine Moralvorstellung an sich heißt aber nicht zwangsläufig, dass sich Menschen auch nach ihr richten.

Andreas Suchanek und Nick Lin-Hi bringen in ihrer kurzen Definition von Ethik und Moral beide in diesen Zusammenhang: „Ethik ist die Lehre bzw. Theorie vom Handeln gemäß der Unterscheidung von Gut und Böse. Gegenstand der Ethik ist die Moral." (Suchanek und Lin-Hi, 2021). Umgangssprachlich und noch kürzer drückt den Zusammenhang Oliver Bendel aus: „Moral hat man, Ethik betreibt man." (Strecker, 2019).

Ethik kann unterteilt werden in empirische und normative Ethik sowie Metaethik. „Heute wird eine empirische, deskriptive Ethik unterschieden von der normativen Ethik, die ein Sollen formuliert; dieses Sollen erhebt Anspruch auf allgemeine Verbindlichkeit. Eine dritte Richtung ist Metaethik, die keine inhaltlichen Aussagen trifft, sondern die Begriffe ethischer Argumentation analysiert." (Suchanek und Lin-Hi, 2021). Während also die **empirische Ethik** Phänomene beschreibt und erklärt (Wie verhalten sich Menschen?), formuliert die **normative Ethik** Sollzustände (Wie sollten sich die Menschen verhalten?). Im weiteren Verlauf fokussieren wir auf die normative Ethik, indem wir uns beispielsweise mit Leitlinien beschäftigen.

Werte bzw. Wertvorstellungen bezeichnen im allgemeinen Sprachgebrauch als erstrebenswert oder moralisch gut betrachtete Eigenschaften und Qualitäten. Sie erklären, welche Handlungen und Einstellungen wünschenswert sind, damit das Zusammenleben in einer Gesellschaft gelingt. „Werte können im Wesentlichen drei Funktionen erfüllen: Sie steuern unsere Handlungen, beeinflussen unsere Wahrnehmung und Wirklichkeitskonstruktionen und sie stellen Motive für unser Handeln dar." (Grimm et al., 2019, S. 20).

Welche Werte gelten und welche Relevanz sie haben, hängt von Kultur, Historie und Milieu ab. Weithin gültige Werte sind in der 1948 durch die Vereinten Nationen beschlossene Erklärung der Allgemeinen Menschenrechte festgehalten. Dabei kommt auch jedem Einzelnen eine besondere Bedeutung zu: „Auch wir Menschen sind Wertträger, denn unser Verhalten ist idealerweise geprägt von Werten wie Mut, Loyalität, Großzügigkeit, Ehrlichkeit, Wissensstärke und Liebe. Dann spricht man von Tugenden." (Spiekermann, 2019, S. 24). Negative Werte werden als Laster bezeichnet.

7.2.2 Ethische Perspektiven

Im Folgenden beschäftigen wir uns mit drei oft miteinander konkurrierenden philosophischen Perspektiven, die im Kontext von Ethik und Informatik häufig beschrieben werden (vgl. Grimm et al., 2019; Grimm et al., 2024).

In der **teleologischen Ethik** werden Handlungen ausschließlich nach den beabsichtigten Folgen beurteilt (Birnbacher, 2024). Telos ist griechisch für Ziel oder Zweck. Gut sind Handlungen dann, wenn sie sich positiv auf vereinbarte Werte oder Ziele auswirken. Für digitale Technologien wird nach den Verwendungszusammenhängen und ihren Folgen gefragt. Diese Perspektive analysiert die Kosten-Nutzen-Relation, meist in Bezug auf das Individuum und die Organisation oder die Gesellschaft insgesamt. Andere Begriffe für diese Perspektive sind konsequentialistische Ethik oder auch Utilitarismus.

Diskutiert man zum Beispiel den Einsatz von KI in der Hochschullehre aus dem Blickwinkel der teleologischen Ethik, so kann man sich fragen, ob die Ausbildungsziele für die Studierenden besser oder schlechter erreicht werden, wenn diese generative KI zum Lernen oder zum Erstellen von Hausarbeiten verwenden. Werden die Ausbildungsziele dadurch besser erreicht, dann ist im Sinne der teleologischen Ethik der Einsatz der generativen KI zu befürworten.

In der **deontologischen Ethik** wird die Handlung selbst als gut oder schlecht beurteilt, unabhängig von dem Ergebnis, das sie bewirkt. Die deontologische Ethik heißt auch Pflichtethik, das griechische Wort *deon* bedeutet Pflicht. Grundlage der Beurteilung sind allgemeine Ge- oder Verbote bzw. Moralvorstellungen. Im Sinne der deontologischen Ethik gibt es Handlungen, die immer schlecht, und solche, die immer gut sind (Werner, 2024). Für digitale Technologien wird nach der Zulässigkeit ihrer Entwicklung und Anwendung gefragt.

In dem Beispiel KI in der Hochschullehre kann man fragen, ob es Lehrenden erlaubt ist, Vorlesungsunterlagen und Übungsaufgaben von einer generativen KI erstellen zu lassen. Ist man der Meinung, dass die Dienstpflicht der Lehrenden vorschreibt, alle Materialien persönlich zu erarbeiten, dann ist die Verwendung von KI im Sinne der deontologischen Ethik nicht zulässig.

Anders als die beiden vorherigen Ethiken beurteilt die **Tugendethik** nicht eine Handlung, sondern die handelnde Person selbst bzw. deren Charakter oder Haltung. Die Tugendethik geht davon aus, dass Tugenden Charaktereigenschaften sind, und dass sich der Charakter eines Menschen in seinen Handlungen zeigt. Um gut handeln und leben zu können, benötigen Menschen Tugenden. Im Kontext digitaler Technologien wird diskutiert, welche Tugenden wir benötigen, um im Zeitalter der digitalen Transformation ein gutes Leben führen zu können. Kandidaten für solche Tugenden sind Ehrlichkeit, Selbstkontrolle oder Kooperationsbereitschaft (Beier et al., 2024). Die Tugendethik wird auch als aretaischer Ansatz bezeichnet; das griechische Wort areté bedeutet Tugend.

In dem Beispiel KI in der Hochschullehre kann man argumentieren, dass Ehrlichkeit bei der eigenständigen Erstellung von Texten eine wichtige Tugend ist. Ein KI-generierter Text kann derzeit nicht eindeutig als solcher identifiziert werden. Wir werden nur auf der Basis von Ehrlichkeit zu einem guten gemeinsamen Umgang mit generativer KI finden.

Ethik hat einen Zusammenhang auch zu dem Thema Recht, wenn es darum geht, Werte für eine Gesellschaft als rechtlich bindend zu vereinbaren. „Innerhalb der Rechtswissenschaften streiten die Rechtsphilosophen und die Rechtstheoretiker um den genauen Grenzverlauf zwischen staatlich durchsetzbaren Regeln einerseits (Recht) und Verhaltensregeln andererseits, namentlich der Sitte oder der Moral sowie ihre Begründbarkeit (Ethik)." (Grimm et al., 2019, S. 23). Eine oft genannte Schnittstelle sind Grundrechte, die eine rechtliche Festschreibung ethischer Werte darstellen.

7.3 Werte und Ethik in der Informatik

7.3.1 Werte in der Informatik

Auf sich allein gestellt, bleiben Werte abstrakt. Deshalb wird in der Diskussion um Werte oft eine konkrete Geschichte erzählt, in deren Kontext sie erfahrbarer werden (Grimm et al., 2019). Ein sehr bekanntes Beispiel ist das moralische Gedankenexperiment um die Weichenstellung eines Zugs. Es geht darum, dass ein Zug mit Passagieren heranrast, ohne bremsen zu können. Ein Weichensteller muss nun entscheiden, ob er den Zug nach links gegen eine Mauer oder nach rechts in eine Gruppe von Gleisarbeitern fahren lassen soll. In jedem möglichen Fall wird die Situation zum Tod von Menschen führen, allerdings mit unterschiedlichen Opferzahlen. Solche Situationen, in denen sich ein Akteur zwischen zwei schlechten Alternativen entscheiden muss, werden auch mit dem Begriff **Dilemma** bezeichnet. „Ein ‚echtes Dilemma' ist (1) eine praktische Situation, in der ein Akteur (2) zwischen zwei Handlungsoptionen wählen muss, die (3) sich gegenseitig ausschließen, für bzw. gegen die aber (4) jeweils vergleichbar starke Gründe sprechen, ohne dass es (5) die Ausweichmöglichkeit einer dritten Handlungsoption gäbe." (Raters, 2023, S. 166). Dilemmata werden beispielsweise auch für die Diskussion um Entscheidungen autonomer Fahrzeuge herangezogen.

Mit der Moral Machine bietet das Massachusetts Institute of Technology (MIT) Möglichkeiten an, solche Entscheidungen zu simulieren (MIT, o. J.). „Allerdings ist eine Bewertung und Entscheidung über Leben und Tod der Fußgänger oder Autoinsassen weder ethisch noch rechtlich zweifelsfrei begründbar, sofern das individuelle Recht auf Leben jedem Menschen zugestanden wird." (Grimm et al., 2019, S. 22). Werkzeuge wie die Moral Machine helfen dabei, die Dilemmata, die bei der Übertragung von Entscheidungsgewalt auf digitale Technologien entstehen, zu verdeutlichen.

Rüdiger Funiok konkretisiert die Definition von Werten im Hinblick auf die Belange der Informatik: „Moralische Werte sind Gesinnungen, Einstellungen und gute Gewohnheiten (Tugenden): in der Internetethik beispielsweise kluge Zurückhaltung bei der Einstellung persönlicher Daten, Achtung der Urheberrechte anderer, Ehrlichkeit bei der Mitteilung über gespeicherte Daten." (Funiok, 2012, S. 98). Insgesamt bleibt festzuhalten, dass „die Fähigkeit zu einer solchen ethischen Wertereflexion geübt sein will; man braucht eine ‚moralische Aufmerksamkeit' dafür." (Spiekermann, 2019, S. 45).

7.3.2 Ethik in der Informatik

Ein Begriff, der sich in der Informatik immer weiter etabliert, ist die digitale Ethik. „**Digitale Ethik** reflektiert die Auswirkungen der Digitalisierung auf die verschiedenen Lebensbereiche und fragt danach, wie moralisches Handeln unter den Bedingungen der Digitalisierung aussehen kann und sollte." (Lenzen, 2023, S. 363). Insbesondere für die Gestaltung von digitalen Anwendungen gilt zusätzlich, „den Menschen zu einem reflexionsfähigen Gestalter seiner Welt zu befähigen, der begründbare Haltungen entwickelt und sich auf dieser Basis verantwortlich in der Digitalität verhält." (Grimm et al., 2019, S. 14). In unserer Interpretation entwickelt sich der Begriff digitale Ethik als Oberbegriff für ethische Fragen in der Informatik.

Ein Teilgebiet der Ethik, der für das Fachgebiet der Informatik relevant ist, stellt die Informationsethik dar. Eine sehr treffende Definition kommt erneut von Bendel: „Die Informationsethik hat die Moral derjenigen zum Gegenstand, die Informations- und Kommunikationstechnologien (IKT) und neue Medien anbieten und nutzen. Sie geht der Frage nach, wie sich diese Personen, Gruppen und Organisationen in moralischer bzw. sittlicher Hinsicht verhalten [...] und verhalten sollen [...]." (Bendel, 2022).

Informationsethik untersucht also die Moral (in) der Informationsgesellschaft und stellt sich die Frage, was gutes (menschliches) Verhalten ist. Beispielhafte Themen der Informationsethik sind Privatsphäre, automatische Entscheidungsfindung, digitale Piraterie oder Cybermobbing. Und auch die Gestaltung und Nutzung von Informationssystemen generell sind Objekt der Informationsethik.

Eine gänzlich andere Perspektive nimmt die Maschinenethik ein. Während die Informationsethik sich auf die Handlungen von Menschen konzentriert, hinterfragt die Maschinenethik die Handlungen von Maschinen. Die **Maschinenethik** beschäftigt sich mit der Frage, wie Maschinen so konstruiert und programmiert werden können, dass sie sich gemäß ethischer Werte verhalten. Bei der Maschinenethik ist also die Maschine oder das digitale System Subjekt der Moral; anders gesprochen fokussiert sie auf maschinelle Moral. Die Maschinenethik nimmt teilautonome und autonome Systeme, etwa selbstständig fahrende Autos, Serviceroboter oder Chatbots in den Blick (Bendel, 2019). Insgesamt ist die Maschinenethik damit eine gestaltende und keine reflektierende Wissenschaft.

Ein Teilgebiet der Maschinenethik ist die Roboterethik. In der **Roboterethik** wird danach gefragt, „ob ein (weitgehend autonomer) Roboter ein Subjekt der Moral sein und wie man diese implementieren kann. Im Fokus sind auch mimische, gestische und natürlichsprachliche Fähigkeiten, sofern sie in einem moralischen Kontext stehen." (Bendel, 2021b).

Sehr bekannt sind die Robotergesetze nach Isaac Asimov, der sich intensiv mit dem Zusammenleben von Robotern und Menschen beschäftigte. Er formulierte 1942 diese Robotergesetze:

1. Ein Roboter darf einem menschlichen Wesen keinen Schaden zufügen oder durch Untätigkeit zulassen, dass einem menschlichen Wesen Schaden zugefügt wird.
2. Ein Roboter muss den Befehlen gehorchen, die ihm von Menschen erteilt werden, es sei denn, dies würde gegen das erste Gebot verstoßen.
3. Ein Roboter muss seine eigene Existenz schützen, solange solch ein Schutz nicht gegen das erste oder zweite Gebot verstößt.

Später erweiterte Asimov den Kodex um ein weiteres, sogenannte nulltes Robotergesetz. Das nullte Gesetz stellte Asmiov als übergeordneten Grundsatz den anderen Regeln voran (Scholtysek, 2015).

0. Ein Roboter darf der Menschheit keinen Schaden zufügen oder durch Untätigkeit zulassen, dass der Menschheit Schaden zugefügt wird.

Auch wenn Informations- und Maschinenethik auf die Beurteilung der Entwicklung und des Einsatzes technischer oder digitaler Systeme abzielen, unterscheiden sie sich doch in einem Punkt ganz wesentlich. Während sich die Informationsethik auf das ethische Handeln von Menschen (den Entwicklern oder Anwendern der Systeme) bezieht, nimmt die Maschinenethik das ethische Handeln der technischen Systeme selbst in den Blick. Abbildung 7.1 illustriert diesen Unterschied. Darüber hinaus zeigt sie Teildisziplinen der beiden Strömungen: die Datenethik als Teil der Informationsethik, die Roboterethik und KI-bezogene Ethik als Teile der Maschinenethik. Mit **ethischem Handeln** ist solches Handeln gemeint, das Werte reflektiert, sich an ethischen Gesichtspunkten orientiert und moralische Definitionen von Gut und Böse akzeptiert.

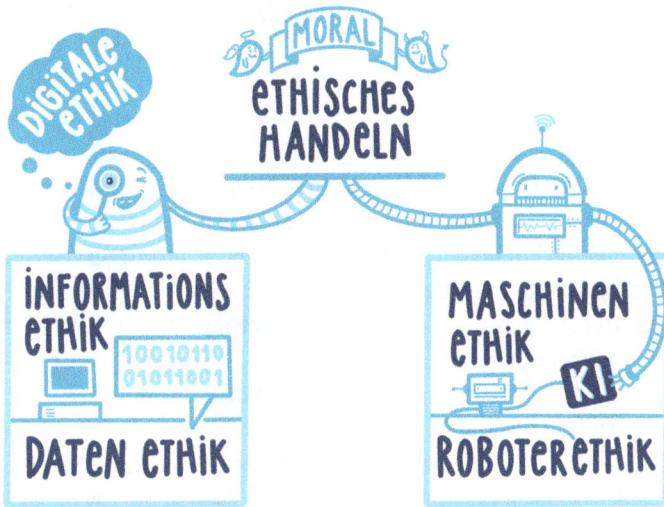

Abbildung 7.1: Informations- versus Maschinenethik.

7.4 Leitlinien für eine digitale Ethik

Ethik findet Eingang in IT-Projekte, indem sich die handelnden Informatikerinnen und Informatiker an Leitlinien orientieren, die ihnen dabei helfen, eine eigene Haltung, ein eigenes Ethos zu entwickeln. In der Vergangenheit sind viele Leitlinien entstanden, von denen wir hier exemplarisch häufig verwendete vorstellen. Die Verwendung von Leitlinien ist für die Informatik nicht ungewöhnlich; so existieren beispielsweise auch Leitlinien für das Software Engineering (ACM, 2015). Um Ethik in IT-Projekten zu integrieren, entstehen auch Vorgehensmodelle zur ethischen Gestaltung sozio-technischer Systeme; darauf werden wir in Kapitel 9 eingehen. Zudem finden ethische Überlegungen Eingang in gesetzliche Rahmenwerke, die wir in Kapitel 10 reflektieren.

7.4.1 Gutachten der Datenethikkommission (DEK) 2019

Dieser Abschnitt beschreibt ein Beispiel für die Entwicklung von Leitlinien zum Umgang mit neuen Technologien auf politischer Ebene. Die Bundesregierung hat im Juli 2018 die Datenethikkommission (DEK) eingesetzt, die den Auftrag erhielt, „ethische Maßstäbe und Leitlinien sowie konkrete Handlungsempfehlungen für den Schutz des Einzelnen, die Wahrung des gesellschaftlichen Zusammenlebens und die Sicherung und Förderung des Wohlstands im Informationszeitalter zu entwickeln." (DEK, 2019, S. 13). Diese Leitlinien dienen weniger den einzelnen Personen in der Informatik in ihrem Handeln als mehr der Politik, die gefordert ist, rechtliche Rahmenbedingungen zu schaffen.

Das Gutachten der Datenethikkommission gliedert sich in vier Abschnitte: (1) allgemeine ethische und rechtliche Grundsätze und Prinzipien, (2) Daten, (3) algorithmische Systeme allgemein (inklusive KI) und (4) einen Weg der Anwendung in Europa.

Der erste Abschnitt (Grundsätze) stellt klar, dass der Mensch für sein Handeln moralisch verantwortlich ist. Zudem macht er deutlich, dass sich der ethische Ordnungsrahmen durch digitale Technologien nicht geändert hat. Die grundlegenden Werte, Rechte und Freiheiten, so wie sie in der deutschen Verfassung und in der europäischen Charta der Grundrechte verankert sind, gelten weiterhin. Es folgt dann eine Beschreibung der für die Datenethikkommission relevantesten Themen wie beispielsweise die Würde des Menschen, Selbstbestimmung, Privatheit oder Sicherheit.

Für die beiden folgenden inhaltlichen Abschnitte (Daten bzw. algorithmische Systeme allgemein) werden jeweils Anforderungen an die Themen beschrieben und in Leitlinien Vorschläge für den konstruktiven Umgang gemacht. So geht der zweite Abschnitt (Daten) zunächst auf allgemeine Anforderungen an den Umgang mit Daten wie z. B. die vorausschauende Verantwortung oder die risikoadäquate Informationssicherheit ein. Anschließend werden Datenrechte und die korrespondierenden Datenpflichten wie z. B. Mitsprache- oder Teilhaberechte vorgestellt. Die Leitlinien beziehen sich dann auf die Nutzung personenbezogener Daten, die Verbesserung des kontrollierten Zugangs zu personenbezogenen Daten und den Datenzugang jenseits des Personenbezugs.

Der dritte Abschnitt (algorithmische Systeme) argumentiert, dass der verantwortungsvolle Umgang mit algorithmischen Systemen an allgemeinen Grundsätzen wie z. B. des menschzentrierten Designs, der Vereinbarkeit mit gesellschaftlichen Grundwerten oder der Minimierung von Verzerrungen und Diskriminierung orientiert sein muss. Die Leitlinien sprechen u. a. die Empfehlung eines risikoadaptierten Regulierungsansatzes aus. Zudem beschreiben sie Instrumente und Institutionen für den Umgang mit algorithmischen Systemen und legen ein besonderes Augenmerk auf algorithmische Systeme bei staatlichen Stellen und Medienintermediären (Onlinedienste, die eigene und fremde Inhalte bündeln und zur Verfügung stellen).

Der kurze vierte Abschnitt spricht sich für einen europäischen Weg aus, bei dem europäische Technologien nach europäischen Werten und Grundrechten gestaltet werden. „Bemühungen um die langfristige Sicherung der digitalen Souveränität Deutschlands und Europas sind daher nicht nur ein Gebot politischer Weitsicht, sondern auch Ausdruck ethischer Verantwortung." (DEK, 2019, S. 33).

Insgesamt beschreibt der Bericht in seinen vier Abschnitten 75 Leitlinien. Das Beispiel der Datenethikkommission zeigt, wie schnell Leitlinien sehr umfangreich werden, wenn sie die ethische Nutzung komplexer Technologien detailliert beschreiben möchten.

7.4.2 Stellungnahme des deutschen Ethikrats 2023

Ein anderes Gremium unserer Gesellschaft, der Deutsche Ethikrat, hat zu dem Umgang mit KI Stellung genommen. Bevor wir aufzeigen, welche Leitlinien sich aus der Stellungnahme ableiten lassen, widmen wir uns dem Ethikrat selbst. „Der Deutsche Ethikrat beschäftigt sich mit den großen Fragen des Lebens. Mit seinen Stellungnahmen und Empfehlungen gibt er Orientierung für die Gesellschaft und die Politik. Die Mitglieder werden von der Präsidentin bzw. dem Präsidenten des Deutschen Bundestages ernannt. Der Deutsche Ethikrat hat sich am 11. April 2008 auf der Grundlage des Ethikratgesetzes konstituiert und die Nachfolge des im Jahr 2001 von der Bundesregierung eingerichteten Nationalen Ethikrates angetreten." (Deutscher Ethikrat, o. J.).

Im Jahr 2023 veröffentlichte der Deutsche Ethikrat die Stellungnahme „Mensch und Maschine: Herausforderungen durch Künstliche Intelligenz" (Deutscher Ethikrat, 2023). Damit schreibt er Themen fort, die bereits in den Stellungnahmen zu „Big Data und Gesundheit – Datensouveränität als informationelle Freiheitsgestaltung" (Deutscher Ethikrat, 2017) und „Robotik für gute Pflege" (Deutscher Ethikrat, 2020) begonnen wurden.

In der Stellungnahme untersucht der Deutsche Ethikrat „wie digitale Technologien und insbesondere Künstliche Intelligenz (KI) auf das menschliche Selbstverständnis und Miteinander zurückwirken. Ausgehend von einer philosophischen Betrachtung zentraler Begriffe wie Intelligenz, Vernunft, Handeln und Verantwortung betrachtet der Ethikrat die komplexen Wechselwirkungen zwischen Mensch und Technik sowie gesellschaftliche Effekte, die sich aus der zunehmenden digitalen Durchdringung der menschlichen Lebenswelt ergeben." (Deutscher Ethikrat, 2023).

Die Schlüsselfrage für eine ethische Bewertung ist nach Auffassung des Ethikrates, ob menschliche Autorschaft und die Bedingungen für verantwortliches Handeln durch den Einsatz von KI erweitert oder vermindert werden. In der Stellungnahme setzt sich der Ethikrat mit vier Anwendungsbereichen auseinander: Medizin, schulische Bildung, öffentliche Kommunikation und Meinungsbildung sowie öffentliche Verwaltung. Für jeden dieser Bereiche gibt er Handlungsempfehlungen. Zudem formuliert er zehn ethische Querschnittsthemen, mit denen eine breitere Debatte zur zukünftigen Politik- und Technikgestaltung angeregt werden soll. Beispiele sind Auswirkungen durch KI und Umgang mit KI-gestützten Voraussagen oder Datensouveränität und gemeinwohlorientierte Datennutzung.

7.4.3 ACM Code of Ethics and Professional Conduct 2018

Die Association for Computing Machinery (ACM) hat ethische Leitlinien formuliert, die sich an Berufstätige im Bereich der Informatik richten (ACM, 2018). Der Code of Ethics wurde entwickelt, um ethisches Verhalten von Informatikerinnen und Informatikern zu ermöglichen. Er beinhaltet Prinzipien, die sich auf das verantwortliche

Handeln beziehen, das das Wohl der Allgemeinheit an erster Stelle sieht. Jedes Prinzip wird ergänzt um Empfehlungen, wie es verstanden und zur Anwendung gebracht werden kann.

In Abschnitt 1 werden sieben grundlegende ethische Prinzipien dargelegt, die die Basis für den Rest des Kodex bilden. Zum Beispiel wird gefordert, einen Beitrag zur Gesellschaft und zum menschlichen Wohlergeben zu leisten, Schaden zu vermeiden oder sich ehrlich, vertrauenswürdig, fair und antidiskriminierend zu verhalten.

Abschnitt 2 behandelt zusätzliche, spezifischere Überlegungen zur beruflichen Verantwortung von Informatikerinnen und Informatikern. Er geht beispielsweise darauf ein, dass man nach hoher Qualität in Prozessen und Produkten strebt, sich in allen Phasen kollegiales Feedback einholt und nur in den Bereichen tätig sein sollte, in denen man Kompetenzen hat.

Abschnitt 3 richtet sich an Personen, die eine Führungsrolle innehaben. Hier wird beispielsweise empfohlen, den Kodex in anwendbare Richtlinien und Prozesse zu überführen, Mitarbeitende in der Wahrnehmung ihrer sozialen Verantwortung zu fördern oder bei der persönlichen Entwicklung zu unterstützen.

Die Grundsätze zur Einhaltung des Kodex sind in Abschnitt 4 aufgeführt. Die Verpflichtung zu ethischem Verhalten wird von jedem Mitglied der ACM verlangt.

7.5 Die ethischen Leitlinien der Gesellschaft für Informatik e.V. (GI)

Die Gesellschaft für Informatik e.V. (GI) ist die größte Fachgesellschaft der Informatik im deutschsprachigen Raum und adressiert Themen der Informatik in der Gesellschaft. Sie hat einen ethischen Kompass mit zwölf Leitlinien erstellt. Im Folgenden gehen wir auf die GI und die Leitlinien ein.

7.5.1 Die Gesellschaft für Informatik (GI)

Die Selbstdarstellung der GI im Jahre 2025 lautet: „Die Gesellschaft für Informatik e.V. (GI) ist mit mehr als 17.000 persönlichen und 250 korporativen Mitgliedern die größte und wichtigste Fachgesellschaft für Informatik im deutschsprachigen Raum und vertritt seit 1969 die Interessen der Informatiker*innen. Mit 14 Fachbereichen, über 30 aktiven Regionalgruppen und unzähligen Fachgruppen ist die GI Plattform und Sprachrohr für alle Disziplinen in der Informatik." (GI, 2025).

Die GI ist eine gute Möglichkeit, Themen der Informatik in die Gesellschaft zu tragen. Dies geschieht zum einen durch die gewählten Funktionen im Präsidium und Vorstand. Zum anderen haben alle Informatikfachleute Möglichkeiten, sich in Regionalgruppen oder Fachbereichen zu engagieren. Regionalgruppen arbeiten themenübergreifend in ihren jeweiligen Regionen, wo sie unter anderem über regelmäßige Veranstaltungen mit Vorträgen den Kontakt und Austausch zwischen Informatikerinnen und Informatikern unterschiedlicher Bereiche in Wissenschaft, Wirtschaft und Verwaltung fördern.

Die Themenarbeit in der GI ist über Fachbereiche organisiert, die wiederum die Arbeit von Fachausschüssen, Fachgruppen und Arbeitskreisen überregional zusammenfassen. Sie organisieren den Austausch über Zusammenkünfte wie Tagungen, aber auch über die Veröffentlichungen eigener Zeitschriften. Beispiele für Fachbereiche der GI sind: Grundlagen der Informatik, Künstliche Intelligenz, Softwaretechnik, Mensch-Maschine-Interaktion und auch Informatik & Gesellschaft.

Zu aktuellen Themen nimmt die GI durch Veröffentlichungen Stellung, die auch konkrete Handlungsempfehlungen beinhalten können. So präsentierte die GI beispielsweise im Dezember 2024 eine Stellungnahme im Kontext der Netzwerk- und Informationssicherheit (NIS), konkreter zum NIS-2-Umsetzungs- und Cybersicherheitstärkungsgesetz. Zudem beteiligt sich die GI an dem Beirat zur Digitalstrategie der Bundesregierung, der ebenfalls im Dezember 2024 seinen Abschussbericht mit konkreten Empfehlungen vorgelegt hat. Im Vorfeld von politischen Wahlen fasst die GI immer wieder Themen der digitalen Transformation in Form von Positionspapieren zusammen, um ihre Relevanz in die öffentliche Diskussion zu bringen.

7.5.2 Die ethischen Leitlinien

Die ethischen Leitlinien der GI wurden 1994 erstmals beschlossen. Sie sind durch die Mitglieder bestätigt und in den Jahren 2004 und 2018 aktualisiert und überarbeitet worden. Die Leitlinien sind in Form von zwölf Themen in einem ethischen Kompass für Informatik-Fachleute zusammengestellt (GI, o. J.). Sie haben das Ziel, dass berufsethische oder moralische Konflikte Gegenstand gemeinsamen Nachdenkens und Handelns werden. Sie sollen Informatikerinnen und Informatikern und darüber hinaus allen Menschen, die IT-Systeme entwerfen, herstellen, betreiben oder verwenden, eine Orientierung bieten.

„Die vorliegenden Leitlinien sind Ausdruck des Wissens der Informatikfachleute, ihr Handeln an den Werten auszurichten, die dem Grundgesetz der Bundesrepublik Deutschland und der Charta der Grundrechte der Europäischen Union zu Grunde liegen. Informatikfachleute verpflichten sich zur Einhaltung dieser Leitlinien. Sie wirken auch außerhalb ihres Berufsfelds darauf hin, dass diese im öffentlichen Diskurs Beachtung finden." (GI, o. J.).

Die Leitlinien orientieren sich an allgemein formulierten Werten wie der Achtung der Menschenwürde, der informationellen Selbstbestimmung oder dem Verzicht auf Diskriminierung. Sie fordern Informatikfachleute auf, den Diskurs über ethische und moralische Fragen in der Öffentlichkeit zu führen und zu den Themen Aufklärung zu leisten. Die zwölf Leitlinien beziehen sich so auf die Kompetenzen und Anwendungsbezüge von Informatikfachleuten. Die folgende Infobox gibt eine Übersicht über die

Themen der Leitlinien. Ihren vollständigen Inhalt sowie zahlreiche Arbeitsblätter, die eine aktive Beschäftigung mit ihnen ermöglichen, befinden sich im Zusatzmaterial.

> **Die zwölf Leitlinien der GI**
> 1. Fachkompetenz
> 2. Sachkompetenz und kommunikative Kompetenz
> 3. Juristische Kompetenz
> 4. Urteilsfähigkeit
> 5. Arbeitsbedingungen
> 6. Organisationsstrukturen
> 7. Lehren und Lernen
> 8. Forschung
> 9. Zivilcourage
> 10. Soziale Verantwortung
> 11. Ermöglichung der Selbstbestimmung
> 12. Die Gesellschaft für Informatik

7.6 Zusammenfassung

In diesem Kapitel beschäftigten wir uns mit der Ethik in der Informatik. Ausgehend vom größeren Rahmen der Philosophie definierten wir zunächst die Begriffe Ethik und Moral sowie Werte. Anschließend gingen wir auf die Unterthemen der digitalen Ethik, Informationsethik und Maschinenethik ein und grenzten diese voneinander ab. Anschließend gaben wir eine Übersicht über Leitlinien für eine digitale Ethik, die den Bericht der Datenethikkommission, die Stellungnahme des Deutschen Ethikrats und den Code of Ethics and Professional Conduct der ACM umfassten. Eine besondere Bedeutung für Informatik & Gesellschaft haben für die ethischen Leitlinien der Gesellschaft für Informatik (GI), da sie Ethik für Informatikerinnen und Informatiker handhabbar machen. Deshalb widmeten wir ihnen ein eigenes Unterkapitel.

7.7 Fragen zur Wiederholung

1. Was versteht man unter Ethik?
2. Welche ethischen Perspektiven werden unterschieden?
3. Beschreibe den Begriff digitale Ethik.
4. Wie sind Informationsethik und Maschinenethik definiert? Was unterscheidet sie?
5. Welche Leitlinien für eine Informationsethik gibt es?
6. Benenne die Themen der ethischen Leitlinien der Gesellschaft für Informatik (GI).

7.8 Zum Nachdenken/Zur Diskussion

Im Zusatzmaterial befinden sich zu den Inhalten dieses Kapitels zahlreiche aktuelle Fallbeispiele zur Diskussion und Vertiefung. Es ist hinter dem QR-Code oder hier zu erreichen: https://www.degruyterbrill.com/document/isbn/9783111479590/html

7.9 Literatur

ACM (2015): Software Engineering Code of Ethics and Professional Practice. Online verfügbar unter https://ethics.acm.org/code-of-ethics/software-engineering-code/ (abgerufen am 31.05.2025).

ACM (2018): ACM Code of Ethics and Professional Conduct 2018. Online verfügbar unter https://www.acm.org/code-of-ethics (abgerufen am 21.04.2025).

Beier, Kathi et al. (2024): Tugendethische Ansätze. In: Grimm, Petra; Trost, Kai Erik; Zöllner, Oliver (Hrsg.): Digitale Ethik. Baden-Baden: Nomos, S. 49–61.

Bendel, Oliver (2019): Handbuch Maschinenethik. Heidelberg: Springer.

Bendel, Oliver (2021a): Philosophie. In: Gabler Wirtschaftslexikon. Online verfügbar unter https://wirtschaftslexikon.gabler.de/definition/philosophie-53895/version-384561 (abgerufen am 21.04.2025).

Bendel, Oliver (2021b): Roboterethik. In: Gabler Wirtschaftslexikon. Online verfügbar unter https://wirtschaftslexikon.gabler.de/definition/roboterethik-53881/version-384548 (abgerufen am 21.04.2025).

Bendel, Oliver (2022): https://wirtschaftslexikon.gabler.de/definition/informationsethik-53486/version-385608 (abgerufen am 21.04.2025)

Birnbacher, Dieter (2024): Konsequenzialistische und utilitaristische Ansätze. In: Grimm, Petra; Trost, Kai Erik; Zöllner, Oliver (Hrsg.): Digitale Ethik. Baden-Baden: Nomos, S. 37–47.

Datenethikkommission (DEK) (2019): Gutachten der Datenethikkommission der Bundesregierung. Online verfügbar unter https://www.bmi.bund.de/SharedDocs/downloads/DE/publikationen/themen/it-digitalpolitik/gutachten-datenethikkommission.html (abgerufen am 21.04.2025).

Deutscher Ethikrat (o. J.): Homepage. Online verfügbar unter https://www.ethikrat.org/ (abgerufen am 21.04.2025).

Deutscher Ethikrat (2017): Big Data und Gesundheit – Datensouveränität als informationelle Freiheitsgestaltung. Online verfügbar unter https://www.ethikrat.org/publikationen/stellungnahmen/big-data-und-gesundheit/ (abgerufen am 21.04.2025).

Deutscher Ethikrat (2020): Robotik für gute Pflege. Online verfügbar unter https://www.ethikrat.org/publikationen/stellungnahmen/robotik-fuer-gute-pflege/ (abgerufen am 21.04.2025).

Deutscher Ethikrat (2023): Mensch und Maschine – Herausforderungen durch Künstliche Intelligenz. Online verfügbar unter https://www.ethikrat.org/publikationen/stellungnahmen/mensch-und-maschine/ (abgerufen am 21.04.2025).

Funiok, Rüdiger (2012): Werteorientierte Strategien zum Schutz der Privatheit in Sozialen Netzwerken. In: Grimm, Petra; Zöllner, Oliver (Hrsg.): Schöne neue Kommunikationswelten oder Ende der Privatheit? Die Veröffentlichung des Privaten in Social Media und populären Medienformaten. Stuttgart: Steiner, S. 97–118.

Gesellschaft für Informatik e.V. (GI) (o. J.): Ethischer Kompass für Informatik-Fachleute. Online verfügbar unter https://gi.de/fileadmin/GI/Allgemein/PDF/GI_Ethischer_Kompass.pdf (abgerufen am 21.04.2025).

Gesellschaft für Informatik e.V (GI) (2025): Wir sind die Stimme der Informatik. Online verfügbar unter https://gi.de/ueber-uns (abgerufen am 21.04.2025).

Grimm, Petra; Keber, Tobias O.; Zöllner, Oliver (2019): Digitale Ethik. Leben in vernetzten Welten. Ditzingen: Reclam.

Grimm, Petra; Trost, Kai Erik; Zöllner, Oliver (Hrsg.) (2024): Digitale Ethik. Baden-Baden: Nomos.

Lenzen, Manuela (2023): Digitale Ethik. In: Neuhäuser, Christian; Raters, Marie-Luise; Stoecker, Ralf (Hrsg.): Handbuch Angewandte Ethik. Stuttgart: J.B. Metzler, S. 363–370.

Massachusetts Institute of Technology (MIT) (o. J.): Moral Machine. Online verfügbar unter: https://www.moralmachine.net/ (abgerufen am 21.04.2025).

Raters, Marie-Luise (2023): Moralische Dilemmata. In: Neuhäuser, Christian; Raters, Marie-Luise; Stoecker, Ralf (Hrsg.): Handbuch Angewandte Ethik. Stuttgart: J.B. Metzler, S. 165–170.

Scholtysek, Sebastian (2015): Die Robotergesetze von Isaac Asimov. In: Roboterwelt. Online verfügbar unter http://www.roboterwelt.de/magazin/die-robotergesetze-von-isaac-asimov/ (abgerufen am 21.04.2025).

Spiekermann, Sarah (2019): Digitale Ethik. Ein Wertesystem für das 21. Jahrhundert. München: Droemer.

Suchanek, Andreas; Lin-Hi, Nick (2021): Ethik. In: Gabler Wirtschaftslexikon. Online verfügbar unter https://wirtschaftslexikon.gabler.de/definition/ethik-34332/version-384739 (abgerufen am 21.04.2025).

Strecker, Stefan (2019): Maschinenethik – Gespräch mit Oliver Bendel. In: Perspektiven | Wirtschaftsinformatik-Podcast. Online verfügbar unter https://perspektivenpodcast.podigee.io/12-maschinenethik-gesprach-mit-oliver-bendel (abgerufen am 31.05.2025).

Werner, Micha H. (2024): Deontologische Ansätze. In: Grimm, Petra; Trost, Kai Erik; Zöllner, Oliver (Hrsg.): Digitale Ethik. Baden-Baden: Nomos, S. 25–35.

IV **Gestaltung STS**

IV

GESTALTUNG STS

8 Gestaltungsprinzipien

Die vorherigen Kapitel haben sozio-technische Systeme eingeführt und aus den Perspektiven unterschiedlicher Disziplinen beleuchtet. In diesem Kapitel erfolgt die Übertragung des Konzeptes der sozio-technischen Systeme auf Projekte im IT-Kontext. Dazu erläutern wir zunächst die sozio-technischen Gestaltungsprinzipien Joint Optimization und Organizational Choice. Anschließend betrachten wir Techniknutzung als sozialen Prozess mit den Dimensionen Technikakzeptanz und Technikaneignung. Abschließend widmen wir uns dem Konzept der Partizipation in IT-Projekten. Dabei gehen wir insbesondere auf unterschiedliche Grade der Partizipation ein. Nach Studium dieses Kapitels kannst du

- das sozio-technische Prinzip Joint Optimization erläutern,
- das sozio-technische Prinzip Organizational Choice erklären,
- ein Technologieakzeptanzmodell (TAM) beschreiben,
- Technikaneignung als sozialen Prozess erklären,
- die Begriffe Appropriation und Evolving Use erläutern,
- unterschiedliche Motive für den Einsatz partizipativer Methoden benennen,
- die Konzepte Nutzerpartizipation und Nutzerbeteiligung voneinander abgrenzen,
- unterschiedliche Grade von Partizipation benennen und erklären,
- Unterschiede zwischen direkter und repräsentativer Beteiligung erläutern.

8.1 Sozio-technische Prinzipien

Das grundlegende Prinzip des sozio-technischen Ansatzes besagt, dass ein IT-Projekt nur dann erfolgreich sein wird, wenn man ein sozio-technisches System als Ganzes betrachtet und versteht. Bereits in der Forschung des Tavistock Institutes in den 1950er Jahren wurden mehrere Prinzipien zur Gestaltung sozio-technischer Systeme beschrieben, die bis heute ihre Relevanz nicht verloren haben. Eines dieser Prinzipien heißt Joint Optimization oder gleichzeitige Verbesserung, ein weiteres ist die Organizational Choice bzw. organisatorische Wahlfreiheit. Beide Prinzipien werden in den folgenden Abschnitten erläutert.

https://doi.org/10.1515/9783111478555-008

8.1.1 Prinzip der Joint Optimization

Das Prinzip der **Joint Optimization** oder gleichzeitigen Verbesserung besagt, dass das soziale System immer gleichzeitig mit dem technischen System verändert werden muss (Sydow, 1985, S. 29). Ein Projekt zur Gestaltung eines sozio-technischen Systems muss die bestmögliche Passung zwischen technischem und sozialem System finden. Für IT-Projekte, die Systeme für den Einsatz in Unternehmen konfigurieren oder entwickeln, bedeutet dies, dass sie im Kontext eines größeren Projektes, das die Veränderungsprozesse des sozialen Systems beinhaltet, gesehen werden müssen. Damit ergeben sich drei Ebenen, die innerhalb eines Projektes gleichzeitig gestaltet werden müssen: das technische System, Veränderungsprozesse im sozialen System und die Nutzung des technischen Systems durch das soziale System.

Ein einfaches Beispiel soll die Gestaltungsebenen deutlich machen: Möchte ein lokal ansässiger Einzelhändler Teile seines Sortimentes auch in einem Onlineshop anbieten, so muss er auf der ersten Ebene das technische System des Onlineshops auswählen, konfigurieren bzw. entwickeln. Für die zweite Ebene muss sich das soziale System seines Teams so organisieren, dass die neuen Arbeitsaufgaben wie Bearbeitung der Bestellungen, Beantwortung von Anfragen, Bearbeitung von Retouren, Kontrolle der Geldflüsse usw. gut verteilt und organisiert sind. In der Wechselwirkung zwischen technischem und sozialem System muss letztlich organisiert werden, wer die Funktionen des Onlineshops in welchem Arbeitsschritt wie einsetzt.

Das Prinzip der Joint Optimization fordert, dass die Planung der Änderungen im technischen und sozialen System parallel stattfinden, weil sie Auswirkungen aufeinander haben. So können sich durch Änderungen in der Organisation neue Anforderungen an die Technik ergeben. Ebenso können technische Restriktionen der Organisation Grenzen setzen.

8.1.2 Das Prinzip der Organizational Choice

Ein weiteres Prinzip der sozio-technischen Systemgestaltung ist die Organizational Choice. oder organisatorische Wahlfreiheit. Auch dieses Prinzip ist ein Ergebnis der Forschungen des Tavistock Institutes, das sehr gut auf IT-Projekte übertragen werden kann. Kein technisches System kann eine Arbeitsorganisation in Gänze bestimmen. Technische Systeme legen oft eine bestimmte Arbeitsorganisation nahe, es bleiben aber immer organisatorische Freiheitsgrade in der Verwendung eines gegebenen technischen Systems. Diese Freiheitsgrade müssen im Rahmen einer Technikeinführung bewusst gestaltet werden. Der Begriff **Organizational Choice** oder organisatorische Wahlfreiheit bezeichnet die Freiheitsgrade, die jede Organisation bei der Einführung und Nutzung eines technischen Systems hat (Sydow, 1985).

Das Beispiel des Einzelhändlers, der Teile seines Sortimentes in einem Onlineshop anbieten möchte, dient auch hier der Veranschaulichung. Die Arbeitsteilung in seinem

Team wird durch den Onlineshop nicht festgelegt. So ist es möglich, dass einige Mitarbeitende ausschließlich für den Onlineshop arbeiten, während andere ausschließlich für den Laden vor Ort zuständig sind. Eine andere Organisation wäre, dass jeder zeitweise sowohl online als auch vor Ort tätig ist. Man kann es so organisieren, dass jemand verantwortlich ist, aus den Onlinebestellungen Packlisten auszudrucken, damit die Waren von anderen im Laden zusammengesucht werden. Es ist auch möglich zu regeln, dass eine Person ein mobiles Device nutzt, um Bestelleingänge zu prüfen und auch direkt zu kommissionieren. Die Varianten der Arbeitsorganisation rund um einen Onlineshop sind vielfältig. Einiges wird durch die Eigenschaften des technischen Systems nahegelegt, aber kaum etwas wird deterministisch bestimmt.

Sozio-technische Projekte lassen der Organisation Raum, die Regeln zur Nutzung des IT-Systems aktiv zu erarbeiten. Für ein erfolgreiches Projekt ist es wichtig, dass die Regeln am Ende vereinbart sind (vgl. sozio-technische Selbstbeschreibung, Kapitel 2.5).

8.2 Techniknutzung als sozialer Prozess

Aus eher technischer Sicht könnte ein ideales Projekt wie folgt verlaufen: Die Anforderungen an eine Software werden erhoben, die Software wird entwickelt und erfüllt alle Anforderungen, die Software wird getestet und eingeführt, die Nutzer verwenden die Software gemäß den anfangs formulierten Anforderungen. Die Erfahrung mit Softwareprojekten lehrt eine andere Sichtweise: neue oder geänderte Anforderungen an die Software ergeben sich während der Nutzung. Sehr häufig verwenden Nutzende IT-Systeme anders als die Entwicklung es beabsichtigt oder die IT-Abteilungen es erwartet haben.

Betrachtet man Phasen eines IT-Projektes aus einer sozio-technischen Perspektive, so wird deutlich, dass die Nutzenden das neue IT-System keineswegs passiv entgegennehmen, sondern aktiv an der Gestaltung des sozio-technischen Systems mitwirken. In diesem Zusammenhang sind die Begriffe Technikakzeptanz und Technikaneignung wichtig. Sie werden in den folgenden Abschnitten erläutert.

8.2.1 Technikakzeptanz

Technikakzeptanz beschreibt, ob ein Mensch sich auf die Nutzung einer Technik überhaupt einlässt. Der Begriff der Akzeptanz leitet sich aus dem lateinischen *accipere* her, das annehmen bedeutet. Mit Bezug auf IT-Systeme spricht man von Nutzerakzeptanz, um zu beschreiben, ob und wie Menschen eine Technik akzeptieren. Nutzerakzeptanz bezeichnet die Einstellung einer Person zu einem Produkt oder einem technischen System und ist relevant für dessen tatsächliche Verwendung (Wessel, 2022). Diese psychologische Definition zeigt bereits auf, dass zwischen der Einstellung eines Menschen zu einem IT-System und dessen tatsächlicher Nutzung unterschieden werden muss.

Abbildung 8.1 zeigt ein Technologieakzeptanzmodell, das die komplexen Zusammenhänge zwischen externen Faktoren, menschlichen Eigenschaften, Nutzungsabsicht und tatsächlicher Nutzung eines technologischen Systems beschreibt (Venkatesh et al., 2003). Das **Technologieakzeptanzmodell (TAM)**, das auch unter dem Namen Unified Theory of Acceptance and Use of Technology (UTAUT) bekannt geworden ist, beschreibt vier Einflussgrößen. Drei davon wirken auf die Verhaltensintention eines Menschen hinsichtlich der Techniknutzung, eine wirkt direkt auf das tatsächliche Nutzungsverhalten. Die vier Einflussgrößen, auf der linken Seite der Abbildung dargestellt, sind:

- Leistungserwartung: Diese Variable beschreibt den Grad, zu dem Nutzende annehmen, dass ihnen das angebotene IT-System einen Vorteil bei ihrer Aufgabenerfüllung verschafft. Ein Vorteil kann bspw. sein, dass sie durch Nutzung des IT-Systems ihre Aufgaben schneller erledigen können.
- Aufwandserwartung: Diese Variable beschreibt den Grad, zu dem Nutzende annehmen, dass sie das angebotene IT-System leicht anwenden können. Eine schwer zu überblickende Benutzeroberfläche wirkt sich hier bspw. negativ aus, weil der zu erwartende Aufwand, sie zu bedienen, als sehr hoch gewertet wird.
- Sozialer Einfluss: Diese Variable beschreibt den Grad, zu dem Nutzende wahrnehmen, dass andere relevante Personen die Nutzung des Systems von ihnen erwarten. Hinzu kommen Annahmen darüber, welchen Einfluss die Nutzung des Systems auf ihr Ansehen bei anderen relevanten Personen haben wird.
- Unterstützende Rahmenbedingungen: Diese Variable beschreibt den Grad, zu dem Nutzende erkennen, dass sie in der Nutzung des IT-Systems organisatorisch und technisch unterstützt werden. Technische Unterstützung kann bspw. in der Kompatibilität mit anderen verwendeten Systemen liegen. Organisatorische Unterstützung kann bspw. durch Schulungsmaßnahmen oder einen gut organisierten Service in Problemfällen geleistet werden. Es ist interessant, dass diese Einflussgröße direkt auf das Nutzungsverhalten und nicht bloß auf die Verhaltensabsicht wirkt.

Die Wirkung dieser vier Einflussgrößen im Technologieakzeptanzmodell wird unterschiedlich durch vier Moderatorvariablen verändert, die in der Abbildung 8.1 unterhalb der Linien dargestellt sind: Geschlecht, Alter, Erfahrung und Freiwilligkeit der Nutzung.

In seiner Gänze macht das Technikakzeptanzmodell deutlich, dass die Entscheidung über die Nutzung eines IT-Systems nicht rein individuell ist und nicht nur zu einem bestimmten Zeitpunkt einmalig getroffen wird. Technikakzeptanz ist vielmehr ein Zusammenspiel unterschiedlicher Faktoren, die auf die individuelle Verhaltensabsicht und darüber auf das tatsächliche Nutzungsverhalten einwirken.

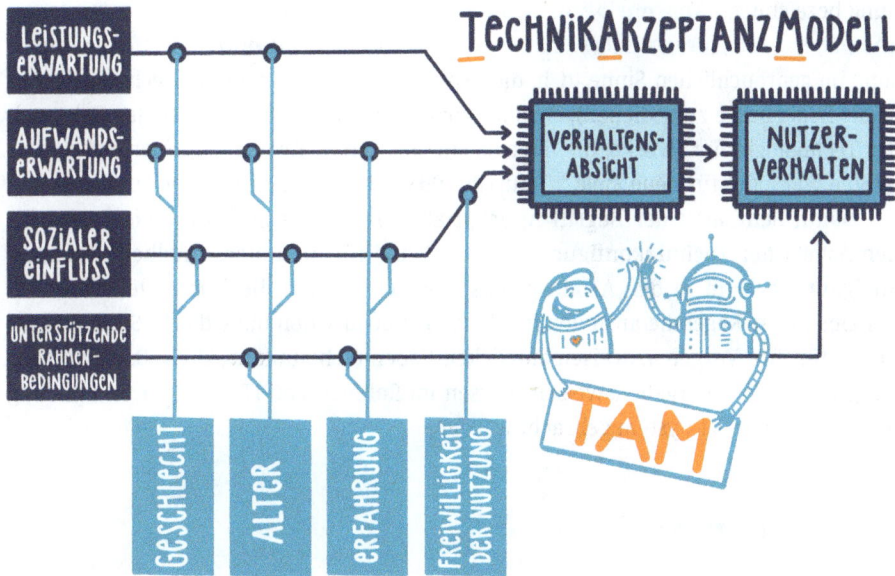

TechnikAkzeptanzModell

Abbildung 8.1: Technikakzeptanzmodell nach (Venkatesh et al., 2003).

8.2.2 Technikaneignung

Selbst wenn Menschen ein IT-System akzeptiert haben und es aktiv nutzen, bedeutet das nicht, dass die Nutzung so geschieht, wie es vorher geplant war. Es findet vielmehr ein sozialer Prozess der Technikaneignung statt, der in der Wissenschaft unterschiedlich beschrieben wird (vgl. Kapitel 5.3).

Der Begriff **Evolving Use** oder sich entfaltende Nutzung beschreibt, dass sich die Nutzung einer Software nicht vorherbestimmen lässt, weil Nutzende oft neuartige Wege der Nutzung beschreiten (Andriessen et al., 2003).

Ortungsdienste auf Smartphones sind ein Beispiel für Evolving Use. Ursprünglich waren diese Funktionen dazu gedacht, Geräte im Falle des Verlustes wiederfinden zu können. Menschen fingen dann an, die Ortung für andere Zwecke einzusetzen. Freunde können sich mithilfe der Ortungsfunktion bei einer Verabredung in fremder Umgebung einfacher finden. Eltern können den Aufenthaltsort ihrer Kinder nachvollziehen, ohne dass diese immer wieder zu Hause anrufen müssen. Auf Basis dieser neuen Nutzungen haben die Hersteller dann wieder neue Anwendungen konzipiert, die nicht mehr Geräte, sondern direkt Personen anzeigen. Die Anwendungen erlauben Nutzenden nun einzustellen, wer ein Gerät wie lange tracken darf.

Das in dem Beispiel Ortungsdienste beschriebene Wechselspiel zwischen sich entfaltender Nutzung eines IT-Systems und der Erzeugung neuer Anforderungen an das IT-System wird in der Literatur auch mit dem Begriff der Appropriation oder Aneignung bezeichnet. „**Appropriation** ist die Art, in der Technologien adoptiert, angepasst und in den Arbeitspraxis integriert werden. Hierzu gehört die nutzerspezifische Anpassung im gebräuchlichen Sinne (d. h. die explizite Rekonfiguration der Technologie, um lokale Bedürfnisse zu bedienen); darüber hinaus beinhaltet sie aber auch den Gebrauch der Technologie für Zwecke, die über das hinaus gehen, für das sie ursprünglich entworfen war, oder für neue Ziele." (Dourish, 2003, S. 467, Übersetzung der Autorinnen).

Damit beinhaltet der Begriff Appropriation in Ergänzung zu *evolving use* auch den Aspekt der Technikkonfiguration. Ein Grund für die unterschiedliche Technikaneignung gerade in der Arbeitspraxis liegt darin, dass die Nutzenden eines IT-Systems in der Regel die anstehenden Aufgaben auch schon ohne das IT-System lösen und dafür ihre Vorgehensweisen entwickelt haben (Tchounikine, 2017). Diese oft sehr lange eingeübten Vorgehensweisen müssen im Rahmen von IT-Projekten in Einklang mit einem neuen IT-System gebracht werden.

8.3 Partizipation

Die Gestaltung eines sozio-technischen Systems kann nur durch Kooperation von IT-Fachleuten und zukünftigen Nutzenden eines IT-Systems erfolgreich sein. Dieser Abschnitt widmet sich daher dem Thema Partizipation von Nutzenden und erläutert Motive, Grade, Formen und Methoden der Partizipation.

8.3.1 Die Begriffe Nutzerbeteiligung und Nutzerpartizipation

Methoden zur Gestaltung sozio-technischer Systeme beziehen immer die künftigen Nutzenden der Systeme aktiv ein. Methoden, die Nutzende beteiligen, nennt man auch partizipative Methoden. Das lateinische Wort Partizipation lässt sich mit Teilnahme, Teilhabe oder auch Beteiligung übersetzen. Die allgemeine Definition von Enid Mumford beschreibt Partizipation als „Prozess, in dem sich zwei oder mehr Parteien bei Planung, Regelung oder Entscheidung beeinflussen. Er ist begrenzt auf Entscheidungen, die einen zukünftigen Einfluss auf alle an der Entscheidung Beteiligten oder auf die von ihnen repräsentierten Personen haben." (Mumford, 1995, S. 12, Übersetzung der Autorinnen). Partizipative Methoden in IT-Projekten beziehen sich auf Aufgaben und Aktivitäten, die Nutzende oder ihre Repräsentanten im Projektverlauf ausführen. Von **Nutzerpartizipation** (engl. *user participation*) kann dann gesprochen werden, wenn IT-Fachleute und Nutzende gemeinsam aktiv an der Entwicklung oder dem Designprozess arbeiten (Abelein und Paech, 2015).

Von der Nutzerpartizipation abzugrenzen ist der Begriff der **Nutzerbeteiligung** (engl. *user involvement*), der eine passivere Rolle der Nutzenden beschreibt. Manchmal beschränkt sich der Begriff der Nutzerbeteiligung auch auf das Empfinden der Nutzenden in Bezug auf das IT-System. Wird das IT-System als wichtig und für die eigene Person relevant wahrgenommen, so spricht man von einer hohen Nutzerbeteiligung (Abelein und Paech, 2015). Die Verwendung der Begriffe ist nicht immer trennscharf. Im weiteren Verlauf des Kapitels wird mit Nutzerbeteiligung eine schwächere Form der Nutzerpartizipation bezeichnet.

8.3.2 Motive für den Einsatz partizipativer Methoden

Seit den 1980er Jahren gibt es innerhalb der Informatik die Forschungsrichtung Participatory Design (PD) oder partizipatives Design (Kensing und Blomberg, 1998). Im Participatory Design wird untersucht, wie Nutzende und andere Stakeholder eines IT-Systems von Anfang an und durch den gesamten Design- und Entwicklungsprozess hindurch beteiligt werden können (vgl. Bullinger-Hoffmann et al., 2021).

Die Motive, partizipative Methoden in einem IT-Projekt anzuwenden, können sehr unterschiedlich sein. Die Erkenntnis, durch Partizipation zu einem besseren Projekterfolg zu gelangen, kann ebenso ausschlaggebend sein wie persönliche oder politische Wertvorstellungen, theoretische Überlegungen, gesetzliche Vorgaben oder die Anwendung von Vorgehensmodellen, die eine Nutzerbeteiligung vorsehen.

Projekterfolg

Partizipative Methoden helfen, die Prozesskenntnisse der Nutzenden und ihre Interessen in die Gestaltung der IT-Systeme mit einzubringen. Dadurch steigt die Wahrscheinlichkeit, dass die neue Software Arbeitsprozesse geeignet unterstützt, Nutzende bei der Erreichung ihrer Ziele hilft oder die Vorlieben der Nutzenden beispielsweise im Hinblick auf die Gestaltung der Benutzeroberfläche berücksichtigt. Studien zeigen, dass Partizipation sowohl die Zufriedenheit und Technikakzeptanz der Nutzenden erhöht als auch die Qualität des IT-Systems. Beide Aspekte tragen zu einem besseren Projekterfolg bei (Abelein und Paech, 2015).

Wertvorstellung

Viele Menschen verbringen einen großen Teil ihrer Arbeitszeit an Computern und müssen mit den durch ihren Arbeitgeber bereitgestellten IT-Systemen arbeiten. Da erscheint es als humanistisches oder demokratisches Grundrecht, dass diese Menschen die IT-Systeme, die ihre Arbeitsumgebung so prägen, aktiv mitgestalten dürfen. Partizipative Methoden in IT-Projekten unterstützen bei der Wahrnehmung dieses Grundrechts. Die Motivation dieser Perspektive ist es, ein Arbeitsumfeld zu gestalten, das es den arbeitenden Menschen nicht nur erlaubt, psychisch gesund zu bleiben, sondern auch, sich persönlich weiterzuentwickeln. Eine Komponente solcher Arbeitsumfelder ist die Beteiligung der Arbeitnehmenden an der Gestaltung ihrer Arbeitsumgebung.

Gesetzliche Vorgaben

Für viele Bereiche des Arbeitslebens gibt es gesetzliche Vorgaben, wie Arbeitnehmende in die Auswahl und Gestaltung von IT-Systemen mit einzubeziehen sind. Das Betriebsverfassungsgesetz (BetrVG) regelt dies für Betriebe, die Landespersonalvertretungsgesetze (LPVG) für Dienststellen der Länder und Gemeinden. Den Arbeitnehmenden wird sowohl bei den IT-Systemen selbst als auch bei den damit verbundenen Arbeitsprozessen ein Mitgestaltungsrecht eingeräumt (vgl. Abschnitt 10.1). Partizipative Methoden für IT-Projekte können Arbeitnehmervertretungen und künftige Nutzende dabei unterstützen, ihre Rechte wahrzunehmen.

Theoretische Überlegungen

Die Systemtheorie beschreibt soziale Systeme als Systeme, die aus Kommunikationen bestehen und sich nur von innen heraus kommunikativ verändern können. Die zukünftigen Nutzenden eines IT-Systems müssen daher notwendigerweise an der Gestaltung beteiligt werden. Es werden partizipative Methoden benötigt, die das soziale System dabei unterstützen, sich an das technische System anzupassen und neue sozio-technische Selbstbeschreibungen zu formulieren (vgl. Kapitel 2.5).

Vorgehensmodelle

Es gibt Vorgehensmodelle, die eine Beteiligung der zukünftigen Nutzenden explizit vorsehen. In Kapitel 9 wird beispielsweise das Modell STEPS vorgestellt. Hier können Methoden der partizipativen Softwareentwicklung genutzt werden, um den Rahmen der Nutzerbeteiligung, den das Vorgehensmodell beschreibt, zu konkretisieren.

8.3.3 Grade der Partizipation

Beteiligt man zukünftige Nutzende an IT-Projekten, so kann diese Beteiligung hinsichtlich der Art der Kommunikation sowie der Verbindlichkeit sehr unterschiedlich ausfallen (Kensing und Blomberg, 1998; Issa und Isaias, 2022). Bereits oben wurde zwischen Nutzerpartizipation und Nutzerbeteiligung unterschieden. Im Folgenden gehen wir auf vier Grade der Partizipation ein.

Information

Die zukünftigen Nutzenden werden über den Einsatz eines neuen IT-Systems informiert. Es handelt sich um eine kommunikative Einbahnstraße, die Nutzenden werden nicht um ihre Meinung gefragt. Diese Art der Nutzerbeteiligung ist sinnvoll, wenn es zwar viele Nutzende gibt, diese in ihrem (Arbeits-)leben von dem IT-System aber nur am Rande betroffen sind. Eine gute Informationspolitik trägt in solchen Fällen sowohl zur Akzeptanz als auch zum effektiven Einsatz des neuen IT-Systems bei.

Ein einfaches Beispiel für ein IT-Projekt, in dem eine reine Information angemessen ist, stellt der folgende Fall dar. In einem Beratungsunternehmen führt die Buchhaltung eine neue Software zur Erfassung und Abrechnung von Dienstreisen ein. Wenige Tage bevor die Software produktiv geschaltet wird, erhalten alle Mitarbeitenden eine Mail mit den wichtigsten Änderungen im Verfahren und in der Nutzung der Software.

Datenerhebung

Auch bei der Datenerhebung handelt es sich um eine kommunikative Einbahnstraße. Die zukünftigen Nutzenden werden, typischerweise im Rahmen einer Anforderungserhebung, um ihre Meinung zu Nutzungskontext und Systemeigenschaften befragt. Die IT-Fachleute sollen durch die Datenerhebung das Umfeld des zu gestaltenden IT-Systems besser einschätzen können. Welche der Informationen tatsächlich in die Gestaltung des IT-Systems einfließen und wie sie umgesetzt werden, ist nicht festgelegt. Insofern ist diese Art der Beteiligung für die zukünftigen Nutzenden unverbindlich.

Ein Beispiel für die Beteiligungsform der Datenerhebung ist der folgende Fall. Ein Reiseveranstalter mit vielen in ganz Deutschland verteilten Büros möchte seine Buchungssoftware überarbeiten. Im Rahmen des Projektes versendet die Zentrale des Reiseveranstalters einen Fragebogen an alle Büros; die dortigen Mitarbeitenden sollen Fragen zu ihrer Erfahrung mit dem bisherigen IT-System sowie zu ihren wichtigsten Änderungswünschen für ein neues IT-System beantworten.

Beratung

In der Beratung entwickelt sich ein Dialog zwischen den zukünftigen Nutzenden und den für die Gestaltung des IT-Systems verantwortlichen IT-Fachleuten. Gemeinsam erörtern sie die Gestaltung und den Einsatz des neuen IT-Systems. Die Kommunikation zwischen Fachleuten und Nutzenden ist somit intensiver als in den vorherigen zwei Graden der Partizipation. Aber auch im Fall der Beratung ist nicht festgelegt, wie die Meinung der zukünftigen Nutzenden in die Gestaltung des IT-Systems einfließt. Es kann sein, dass das Entwicklungsteam oder andere Stakeholder die Kompetenz haben, gegen den Rat der Nutzenden zu entscheiden.

Das obige Beispiel lässt sich hier weiterentwickeln. Der Reiseveranstalter lädt aus den drei größten Büros jeweils die zwei erfahrensten Mitarbeitenden ein, um im Rahmen eines Workshops unterschiedliche Prototypen der neuen Buchungssoftware zu diskutieren. Das Entwicklungsteam holt sich so die Beratung der Nutzenden bei der Entscheidung ein, welcher Ansatz weiterverfolgt werden soll. Die endgültige Entscheidung liegt aber beim Entwicklungsteam und dem Management in der Zentrale.

Mitbestimmung

Die Mitbestimmung ist hinsichtlich Kommunikation und Verbindlichkeit die intensivste Form der Partizipation. Es findet ein Dialog zwischen IT-Fachleuten und zukünftigen Nutzenden über das IT-System statt. Darüber hinaus ist eindeutig geregelt, dass die Meinung der Nutzenden in der Entwicklung berücksichtigt werden muss. Für Konfliktfälle ist ein Eskalationsweg beschrieben.

Die Fortsetzung des Beispiels auf Ebene der Mitbestimmung lautet wie folgt. Der oben genannte Reiseveranstalter bildet für die Entwicklung des neuen Buchungssystems eine Projektgruppe, in der neben den IT-Fachleuten auch drei Nutzende vertreten sind. Es ist vereinbart, dass alle Fragen zur Gestaltung und Nutzung der Software in der Projektgruppe im Konsens zu beantworten sind. Das Projekt erhält einen Lenkungsausschuss, der im Konfliktfall berät und ggfs. entscheidet.

8.3.4 Formen der Partizipation

Neben dem Grad der Partizipation ist auch zu entscheiden, welche Nutzende direkt oder indirekt in die Gestaltung eines IT-Systems einbezogen werden. Formen der Partizipation zukünftiger Nutzender an IT-Projekten kann man danach unterscheiden, ob die Nutzenden direkt persönlich teilnehmen (direkte Partizipation), oder ob sie durch andere Personen vertreten werden (indirekte oder repräsentative Partizipation). Die Formen der direkten und indirekten Partizipation lassen sich mit allen im vorherigen Abschnitt beschriebenen Graden der Partizipation kombinieren.

Direkte Partizipation

Im Falle der direkten Partizipation werden die zukünftigen Nutzenden des IT-Systems persönlich in das Entwicklungsprojekt integriert. Der Vorteil liegt in dem großen Fachwissen, das die Nutzenden unmittelbar in das Projekt einbringen können. Durch eine direkte Beteiligung lässt sich auch die Akzeptanz für ein IT-System zuverlässig erhöhen (Dalpiaz et al., 2017). Verbindet man die direkte Partizipation mit einem hohen Grad der Partizipation wie Beratung oder Mitbestimmung, so stellen sich methodische Fragen.

Die Wahl von geeigneten Dokumentationsformen sowie Vorgehensmodellen stellt eine Herausforderung bei der Organisation von IT-Projekten mit direkter Beteiligung zukünftiger Nutzenden dar. Die Nutzenden sind Fachexperten in ihrem Arbeitsgebiet, das durch das neue IT-System unterstützt werden soll. Sie sind aber häufig wenig geübt in der Projektarbeit oder gar in der Entwicklung von IT-Systemen. Dies ist ein Schwerpunktthema im Feld des Participatory Design.

Eine weitere Herausforderung bei der direkten Partizipation zukünftiger Nutzender ist, den notwendigen Abstand zu den Ist-Prozessen zu gewinnen. Die erfolgreiche Gestaltung sozio-technischer Systeme erfordert Veränderungen auch in der Arbeitsorganisation. Gerade Fachexperten, die sich in jedem Detail der Arbeit auskennen, fällt es manchmal schwer, ganze Prozesse in Frage zu stellen und zu überdenken. Stattdessen werden immer wieder technische Lösungen für Probleme gesucht, die es bei einer anderen Arbeitsorganisation gar nicht gäbe. Hier können Schulungsmaßnahmen alle Beteiligten für solche Denkfallen sensibilisieren und Methoden lehren, kreativ neue Wege zu beschreiten. Ergänzend kann das Projektteam um Externe ergänzt werden, die einen Blick von außen beisteuern.

An seine Grenzen stößt der Ansatz der direkten Beteiligung, wenn es entweder zu viele oder zu wenige Nutzende für die Projektarbeit gibt. Zu viele Nutzende kann es in größeren Unternehmen geben, wenn beispielsweise in einem Finanzbereich mit 50 Mitarbeitenden ein ERP-System eingeführt werden soll. In solchen Fällen arbeitet man oft mit wenigen sogenannten Keyusern, die die zukünftigen Nutzenden im Projekt repräsentieren. Geht es um die Partizipation von sehr großen, verteilten, heterogenen Gruppen von Nutzenden, so können Ansätze des Crowdsourcing für die Anforderungsanalyse verwendet werden (bspw. Groen et al., 2017; Dalpiaz et al., 2017).

Repräsentative Partizipation in Unternehmen

In der formalen Form der repräsentativen Beteiligung vertreten Betriebs- oder Personalräte die Interessen der zukünftigen Nutzenden. In Deutschland ist diese Vertretung durch das Betriebsverfassungsgesetz (BetrVG) bzw. die Landespersonalvertretungsgesetze (LPVG) geregelt (vgl. Kapitel 10.1).

Diese Form der repräsentativen Beteiligung umgeht einige Probleme der direkten Beteiligung. Arbeitnehmervertretungen sind für diese Aufgabe explizit von ihrer eigentlichen Arbeitstätigkeit freigestellt. Sie können sich daher gezielt für die Arbeit in IT-Projekten weiterbilden und in dieser auch durch Kontinuität Erfahrung sammeln. Dadurch, dass sie unternehmensweit tätig sind und eben nicht mehr in den Detailprozessen des Arbeitsalltags stecken, fällt ihnen oft der Blick auf das Ganze leichter. Die gesetzlichen Regelungen zur Mitwirkung und Mitbestimmung geben der Teilnahme von Arbeitnehmervertretungen in IT-Projekten einen verbindlichen Rahmen. Dies erleichtert den Mitwirkenden die Projektarbeit oft.

Die Vorteile der repräsentativen Beteiligung tragen direkt auch ihre Nachteile in sich. Eben weil Arbeitnehmervertretungen eine Distanz zu dem Arbeitsalltag der zukünftigen Nutzenden haben, bringen sie nicht deren detaillierte Fachkenntnisse mit. Ein weiteres Risiko der repräsentativen Beteiligung ist, dass einzelne Projekte zum Spielball größerer Auseinandersetzungen zwischen Arbeitgeber und Arbeitnehmer werden. Die Repräsentanten im konkreten Projekt vertreten dann nicht mehr die Interessen der zukünftigen Nutzenden mit dem Ziel, ein arbeitsfähiges soziotechnisches System zu gestalten. Ihr Verhalten im Projekt hat dann vielmehr das Erreichen eines anderen außerhalb des Projektes liegenden Ziels zum Maßstab.

Mischformen zwischen direkter und indirekter Beteiligung kommen in der Praxis häufig vor und helfen, die Vorteile beider Ansätze zu kombinieren.

Repräsentative Partizipation auf gesellschaftlicher Ebene

Verlässt man den Kontext von Unternehmen, so stellt sich die Frage, wie Partizipation auf gesellschaftlicher Ebene funktionieren kann, wenn viele unterschiedliche Interessensgruppen beteiligt sind. Eine Möglichkeit ist es, Organisationen zu gründen, die durch ihre Struktur und ihre Regeln die beteiligten Interessensgruppen vertreten. Wir betrachten die Gesellschaft für Telematik (gematik) als Beispiel. Sie ist im Zusammenhang mit der für 2004 geplanten Einführung der elektronischen Gesundheitskarte in Deutschland gegründet worden. Ihre Struktur sowie ihre Aufgaben sind im Sozialgesetzbuch (SGB) V festgelegt. Gesellschafter sind der Bund, vertreten durch das Bundesministerium für Gesundheit, und Spitzenorganisationen aus dem Gesundheitswesen. Ergänzend gibt es einen Beirat, zu dem unter anderen auch IT-Hersteller, Interessensvertreter für Patienten oder die Wissenschaft und Hochschulmedizin gehören. Aufgabe der gematik ist es nach § 306 Abs. 1 SGB V die Telematikinfrastruktur zu schaffen, auf der Anwendungen wie die elektronische Gesundheitskarte oder die elektronische Patientenakte aufbauen. So ist auf gesellschaftlicher Ebene eine repräsentative Beteiligung für die Digitalisierung im Gesundheitswesen organisiert worden.

Der Vorteil von Organisationen wie der gematik ist, dass viele Interessensgruppen systematisch an der Gestaltung von IT-Systemen beteiligt werden können. Die komplexe Struktur bringt den Nachteil, dass Entscheidungsprozesse schwierig und langwierig sind. Die Geschichte der elektronischen Gesundheitskarte in Deutschland macht dies deutlich.

8.4 Zusammenfassung

Dieses Kapitel stellte Grundprinzipien der Gestaltung sozio-technischer Systeme vor. Wir starteten mit den Prinzipien der Organizational Choice und Joint Optimization, die bereits von den Forschern des Tavistock Institutes erarbeitet worden waren. Mit einem Technikakzeptanzmodell (TAM) zeigten wir, dass Technikakzeptanz mehr ist als nur eine Ja- oder Nein-Entscheidung. Wir gingen auf die Beschreibung der Technikaneignung als sozialen Prozess ein und unterschieden die Begriffe Appropriation und Evolving Use.

Zum Thema Partizipation haben wir die Begriffe Nutzerpartizipation und Nutzerbeteiligung unterschieden. Danach stellten wir mit Projekterfolg, Wertvorstellungen, gesetzliche Vorgaben, theoretische Überlegungen sowie Regeln aus Vorgehensmodellen unterschiedliche Motive für die Einbindung der Nutzenden dar. Information, Datenerhebung, Beratung und Mitbestimmung wurden als vier Grade der Partizipation unterschieden und Einsatzmöglichkeiten aufgezeigt. Abschließend erläuterten wir die Formen der direkten und repräsentativen Partizipation in betrieblichem und gesellschaftlichem Kontext. Abbildung 8.2 fasst diese Aspekte von Partizipation in IT-Projekten grafisch zusammen.

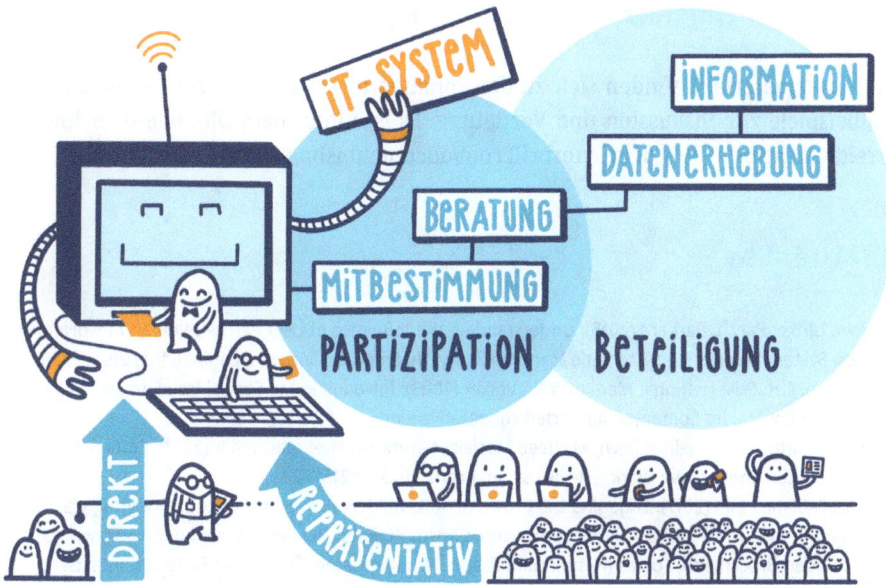

Abbildung 8.2: Aspekte der Partizipation in IT-Projekten.

8.5 Fragen zur Wiederholung

1. Was versteht man unter Joint Optimization?
2. Was versteht man unter Organizational Choice?
3. Welche vier Einflussgrößen für die Technikakzeptanz nennt das UTAUT und worauf wirken sie?
4. Erkläre Technikaneignung, Appropriation und Evolving Use.
5. Welche Motive für die Nutzerpartizipation hast du in diesem Kapitel kennengelernt?
6. Wie unterscheiden sich Nutzerbeteiligung und Nutzerpartizipation?
7. Welche Grade der Nutzerpartizipation hast du kennengelernt und wie kann man sie einsetzen?
8. Wie unterscheiden sich direkte und repräsentative Beteiligung in IT-Projekten?

8.6 Zum Nachdenken/Zur Diskussion

Im Zusatzmaterial befinden sich zu den Inhalten dieses Kapitels zahlreiche aktuelle Fallbeispiele zur Diskussion und Vertiefung. Es ist hinter dem QR-Code oder hier zu erreichen: https://www.degruyterbrill.com/document/isbn/9783111479590/html

8.7 Literatur

Abelein, Ulrike; Paech, Barbara (2015): Understanding the Influence of User Participation and Involvement on System Success – a Systematic Mapping Study. In: Empirical Software Engineering, 20, 1, S. 28–81.

Andriessen, J. H. Erik; Hettinga, Marike; Wulf, Volker (2003): Introduction to Special Issue on Evolving Use of Groupware. In: Computer supported cooperative work, 12, 4, S. 367–380.

Bullinger-Hoffmann, Angelika; Koch, Michael; Möslein, Kathrin; Richter, Alexander (2021): Computer-Supported Cooperative Work – Revisited. In: i-com, 20, 3, S. 215–228.

Dalpiaz, Fabiano et al. (2017): Engaging the Crowd of Stakeholders in Requirements Engineering via Gamification. In: Stieglitz, Stefan; Lattemann, Christoph; Robra-Bissantz, Susanne; Zarnekow, Rüdiger; Brockmann, Tobias (Hrsg.): Gamification – Using Game Elements in Serious Contexts. Switzerland: Springer International Publishing AG, S. 123–135.

Dourish, Paul (2003): The Appropriation of Interactive Technologies: Some Lessons from Placeless Documents. In: Computer supported cooperative work, 12, 4, S. 465–490.

Groen, Eduard C. et al. (2017): The Crowd in Requirements Engineering: The Landscape and Challenges. In: IEEE Software, 34, 2, S. 44–52.

Issa, Tomayess; Isaias, Pedro (2022): Sustainable Design: HCI, Usability and Environmental Concerns, Second edition. London: Springer London, Limited.

Kensing, Finn; Blomberg, Jeanette (1998): Participatory Design: Issues and Concerns. In: Computer supported cooperative work, 7, 3–4, S. 167–185.

Mumford, Enid (1995): Effective Systems Design and Requirements Analysis: The ETHICS Approach. Houndmills u. a.: Macmillan.

Sydow, Jörg (1985): Der soziotechnische Ansatz der Arbeits- und Organisationsgestaltung – Darstellung, Kritik, Weiterentwicklung. Frankfurt, New York: Campus Verlag.

Tchounikine, Pierre (2017): Designing for Appropriation: A Theoretical Account. In: Human–Computer Interaction, 32, S. 155–195.

Venkatesh, Viswanath; Morris, Michael G.; Davis, Gordon B.; Davis, Fred D. (2003): User Acceptance of Information Technology: Toward a Unified View. In: MIS quarterly, 27, 3, S. 425–478.

Wessel, Daniel (2022): Nutzerakzeptanz. In: Wirtz, Markus Antonius (Hrsg.): Dorsch – Lexikon der Psychologie. Bern: Hogrefe AG. Online verfügbar unter https://dorsch.hogrefe.com/stichwort/nutzer akzeptanz (abgerufen am 21.04.2025).

IV

9 Vorgehensweisen

In diesem Kapitel gehen wir der Frage nach, wie bei der Gestaltung sozio-technischer Systeme vorgegangen werden kann. Dazu motivieren wir zunächst, dass die Gestaltung sozio-technischer Systeme ein vertracktes Problem, ein so genanntes Wicked Problem, ist. Zur Lösung haben Forschungsgruppen Vorgehensweisen auf unterschiedlichen Abstraktionsniveaus entwickelt. Wir stellen zuerst Heuristiken vor, die Daumenregeln für die Gestaltung liefern. Es folgen Methoden, die für ausgewählte Aspekte in der Gestaltung sozio-technischer Systeme entwickelt wurden. Anschließend gehen wir auf Vorgehensmodelle ein, die Projektschritte für die Gestaltung sozio-technischer Systeme beschreiben. Mit unserem generischen Vorgehensmodell zur Gestaltung sozio-technischer Systeme runden wir das Kapitel ab. Nach Studium dieses Kapitels kannst du

- Wicked Problems erklären,
- den Begriff Heuristik erläutern,
- Heuristiken für die Gestaltung sozio-technischer Systeme nennen,
- Methoden für die Gestaltung sozio-technischer Systeme darstellen,
- Vorgehensmodellen für die Gestaltung sozio-technischer Systeme benennen,
- das generische Vorgehensmodell zur Gestaltung sozio-technischer Systeme skizzieren und erläutern.

9.1 Wicked Problems

Für **Wicked Problems**, auch vertrackte, verzwickte, unstrukturierte oder schwierige Probleme genannt, ist es besonders herausfordernd, eine Lösung zu erarbeiten. Sie sind durch zehn Eigenschaften charakterisiert. Das Gegenteil von Wicked Problems sind Tame Problems, also zahme oder strukturierte Probleme. Letztere zeichnen sich dadurch aus, dass das Problem klar definiert ist, dass es eine oder mehrere Lösungsstrategien gibt, und dass eine Lösung im Hinblick auf ihre Korrektheit eindeutig überprüfbar ist. Eine Partie Schach zu spielen ist ein Beispiel für ein Tame Problem.

Bei der Gestaltung sozio-technischer Systeme hingegen handelt es sich um ein Wicked Problem. Dieser Typ von Problemen ist 1973 erstmals systematisch im Kontext der Sozialpolitik in den USA beschrieben worden (Rittel und Webber, 1973). Seitdem

https://doi.org/10.1515/9783111478555-009

wird er sehr häufig gerade auch im Zusammenhang mit IT-Projekten verwendet, um die Herausforderungen bei der Veränderung sozialer Systeme zu beschreiben. Wir verwenden im Folgenden das Beispiel der Einführung eines Enterprise Resource Planning (ERP) Systems in einem Unternehmen, um die zehn Eigenschaften von Wicked Problems, so wie Rittel und Webber sie formuliert haben, zu veranschaulichen. Dabei beziehen wir uns auf die Eigenschaften im Original, die in der heutigen Zeit nach wie vor ihre Relevanz haben, auch wenn die Formulierungen nicht immer angemessen erscheinen.

1. Es gibt keine definitive Formulierung für ein vertracktes Problem. Wenn ein Unternehmen ein IT-Projekt zur Einführung eines ERP-Systems startet, dann hat es zuvor ein Problem identifiziert, das gelöst werden soll. Das kann beispielsweise lauten: „Unsere Einkaufsprozesse sind nicht effizient genug." Das Unternehmen könnte das Problem aber auch auf vielfältige andere Weise formulieren, wie zum Beispiel: „Unsere Einkaufsprozesse sind zu teuer." Während es bei strukturieren Problemen wie Schach eine eindeutige Problemstellung wie „Schlage den König deines Gegners, bevor er deinen schlägt!" gibt, muss die Problemstellung bei vertrackten Problemen ausgehandelt werden. Sie bleibt immer interpretationsbedürftig.

2. Vertrackte Probleme haben kein natürliches Ende. Ein Schachspiel ist genau dann beendet, wenn ein Spieler aufgibt, oder wenn ein König geschlagen ist. Die Einführung eines ERP-Systems hingegen hat kein natürliches Ende. Solche Projekte enden in der Regel, weil vereinbarte Ziele erreicht sind oder weil das Budget aufgebraucht ist. Inhaltlich gäbe es aber immer noch Themen, an denen man weiterarbeiten könnte.

3. Lösungen für vertrackte Probleme sind nicht richtig oder falsch, sondern gut oder schlecht. Im Schachspiel ist sehr klar, ob jemand nach den Regeln gespielt und dann gewonnen oder verloren hat. Bei der Einführung eines ERP-Systems wird man am Ende eher beschreiben, welche Aspekte gut und welche weniger gut gelungen sind. Ein absolutes richtig oder falsch wird es nur für einzelne technische Aspekte, nicht aber für das gesamte sozio-technische System geben.

4. Es gibt keine unmittelbare und keine endgültige Prüfung einer Lösung für ein vertracktes Problem. Wenn die Einführung eines ERP-Systems den Einkaufsprozess des Unternehmens effizienter machen soll, dann lässt sich das nicht unmittelbar nach Inbetriebnahme prüfen. Man muss die Prozesskosten über eine längere Zeit messen und interpretieren. Auch nach einer erfolgten Bewertung können immer noch Änderungen, beispielsweise ein langwieriges und kostenintensives Update, eintreten, die das Bild vollständig ändern. Ein Schachspiel hingegen ist und bleibt gewonnen, wenn der gegnerische König fällt.

5. Jede Lösung für ein vertracktes Problem ist eine „einmalige Aktion"; da es keine Möglichkeit gibt, durch Versuch und Irrtum zu lernen, ist jeder Versuch wichtig. Bei der Einführung eines ERP-System investiert ein Unternehmen viel Geld und verändert Arbeitsabläufe und Aufgabenbereiche von Mitarbeitenden. Im Falle

von Planungsfehlern können diese Maßnahmen nicht problemlos wieder rückgängig gemacht werden. Eine Korrektur ist wieder ein eigenes Projekt, das für sich ein neues vertracktes Problem darstellt. Hat man ein Schachspiel verloren, weil die Strategie nicht aufging, dann kann man in der Regel um eine Revanche bitten, aus Fehlern lernen und ein neues Spiel beginnen.

6. Für vertrackte Probleme gibt es weder eine aufzählbare (oder erschöpfend beschreibbare) Menge möglicher Lösungen noch eine gut beschriebene Menge zulässiger Operationen, die in den Plan aufgenommen werden können. Im Schach gibt es klare Regeln hinsichtlich der erlaubten Züge. Auch die Menge der Lösungsmöglichkeiten ist durch die Regeln begrenzt. Bei der Einführung eines ERP-Systems hingegen gibt es im Zusammenspiel von Organisation und Technik nahezu unbegrenzt viele Kombinationsmöglichkeiten (vgl. Kapitel 8.1.2). Für die Methoden, die im Projekt zum Einsatz kommen, gibt es zwar Best Practices, diese muss jedes Unternehmen aber für sich und sein Projekt individuell anpassen.

7. Jedes vertrackte Problem ist im Wesentlichen einmalig. Das soziale System und seine Reaktion auf das technische System machen jedes Projekt zur Einführung eines ERP-Systems einmalig. Selbstverständlich gibt es Projektphasen und Arbeitsschritte, die in jedem Projekt vorkommen. Jedes Unternehmen bringt aber Eigenschaften mit, die sein Projekt von anderen unterscheiden.

8. Jedes vertrackte Problem kann als Symptom eines anderen Problems gedeutet werden. Wenn ein Unternehmen als Problem definiert, dass sein Einkaufsprozess zu ineffizient ist, dann kann die Ursache in mangelnder Digitalisierung liegen. Damit wäre die Ineffizienz des Einkaufsprozesses ein Symptom der mangelnden Digitalisierung.

9. Die Existenz einer Diskrepanz, die ein vertracktes Problem darstellt, kann auf verschiedene Weise erklärt werden. Die Wahl der Erklärung bestimmt den Weg der Problemlösung. Rittel und Webber definieren ein Problem als Diskrepanz zwischen einem Soll- und einem Istzustand. Wenn das Unternehmen die Ineffizienz seines Einkaufsprozesses mit mangelnder Digitalisierung erklärt, dann ist die Einführung eines ERP-Systems folgerichtig. Liegt die Ursache für die mangelnde Effizienz im hohen Krankenstand der Mitarbeitenden, dann könnten andere Maßnahmen passender sein. Dieser Punkt macht die Beschreibung des eigentlichen Problems (siehe 1.) so wichtig.

10. Der Planer hat kein Recht auf Fehler. Wir haben bereits gesagt, dass ein verlorenes Schachspiel in der Regel einfach abgehakt werden kann. Verfehlt man als Projektleitung eines großen ERP-Einführungsprojektes die gesetzten Ziele, dann wird das vermutlich nicht einfach abgehakt werden. Die Ursache dafür liegt darin, dass die Maßnahmen des Projektes nicht einfach wieder rückgängig gemacht werden können (siehe 5.).

Die in den folgenden Abschnitten dargestellten Heuristiken, Methoden und Vorgehensmodelle zur Gestaltung sozio-technischer Systeme basieren auf der Erkenntnis, dass ein Wicked Problem gelöst werden muss. Sie vermeiden die Reduktion auf ein einfaches technisches Problem, so wie es im Technological Fix (vgl. Kapitel 5.2) vorgenommen wird. Es handelt sich daher nicht um einfache Rezepte, die schrittweise abgearbeitet werden können. Es sind vielmehr Empfehlungen, die jeweils auf ein konkretes Projekt angepasst werden müssen.

9.2 Heuristiken

Heuristiken liefern Daumenregeln für die Gestaltung sozio-technischer Systeme. Wir geben zunächst eine Übersicht, bevor wir dann die acht Heuristiken für das sozio-technische Systemdesign ausführlich darstellen, weil diese dem Fokus unseres Lehrbuchs am nächsten kommen.

9.2.1 Übersicht über Heuristiken

Einige Forschungsgruppen haben Sammlungen von Leitlinien, Prinzipien und Heuristiken erstellt. Diese erheben nicht den Anspruch, alle Schritte in einem Projekt zu beschreiben. Vielmehr geben sie Hinweise auf Aspekte, die zu einem Projekterfolg beitragen. Im Folgenden beschränken wir uns auf den Begriff der Heuristik.

Eine **Heuristik** ist eine „Vorgehensweise zur Lösung von allg. Problemen, für die keine eindeutigen Lösungsstrategien bekannt sind oder aufgrund des erforderlichen Aufwands nicht sinnvoll erscheinen; beinhaltet in erster Linie ‚Daumenregeln‘ auf der Grundlage subjektiver Erfahrungen und überlieferter Verhaltensweisen. Heuristik wird v. a. in schlecht strukturierten und schwer überschaubaren Problembereichen angewendet." (Thommen und Siepermann, 2018). Wenn beispielsweise eine Studentin in der übervollen Mensa ihre Kommilitonen sucht, dann wird sie nicht systematisch in einer Ecke beginnend alle Tischreihen absuchen. Sie wird gezielt in den Bereichen suchen, in denen sie häufig sitzen, weil sie vermutet, dass sie dort auch heute wieder sitzen. So verwendet die Studentin keinen Algorithmus, sondern ihr Vorwissen und ihre Vermutung über das Verhalten der Kommilitonen.

Seit den initialen Forschungen am Tavistock Institute sind viele Heuristiken veröffentlicht worden, die zur Gestaltung sozio-technischer Systeme eingesetzt werden können. Neben der Heuristik im folgenden Abschnitt gibt es zahlreiche weitere Ansätze, die wir für eine Vertiefung empfehlen. Sie sind in zeitlicher Reihenfolge sortiert:

- fünf Prinzipien des sozio-technischen Ansatzes (Hill, 1971)
- neun Prinzipien für das sozio-technische Design (Cherns, 1976; Cherns, 1987)
- PAPA, ein Akronym für vier wichtige ethische Themen im Informationszeitalter (Privacy, Accuracy, Property, Accessibility) (Mason, 1986)

- zehn Vorschläge zum sozio-technischen Design von Informationssystemen (Eason, 1988)
- sechs Prinzipien der Methode MUST für partizipatives Design (Kensing et al., 1998)
- 19 Prinzipien des sozio-technischen Designs (Clegg, 2000)
- acht Fragen im Ethics Canvas zur Beurteilung ethischer Fragen in Forschungs- und Innovationsprojekten (Reijers et al., 2018)
- sieben moralische Dimensionen in MEESTAR, einem Modell zur ethischen Evaluierung sozio-technischer Arrangements (Weber, 2019)
- zehn Prinzipien des Value-Based Engineering (Spiekermann, 2023)

9.2.2 Acht Heuristiken für das sozio-technische Systemdesign

In der Tradition der genannten Beispiele sind auch Heuristiken für sozio-technische Systeme im Kontext der Industrie 4.0 entwickelt worden (Herrmann et al., 2022). Diese stellen wir exemplarisch im Detail dar. Es handelt sich um acht Heuristiken für das sozio-technische Systemdesign (Herrmann und Nierhoff, 2019). Sie dienen in erster Linie dazu, ein vorhandenes sozio-technisches System zu analysieren, Verbesserungsvorschläge zu erarbeiten und Maßnahmen einzuleiten. In IT-Projekten, in denen ein neues System eingeführt wird, können die Heuristiken als Checkliste zur Überprüfung der Konzeption genutzt werden. In die acht Heuristiken sind auch Erkenntnisse der Arbeits- und Organisationspsychologie eingeflossen, so wie wir sie in Kapitel 6 behandelt haben. Die Heuristiken lauten:

1. Nachvollziehbarkeit und Feedback zur Aufgabenbearbeitung: Nutzende sollen jederzeit nachvollziehen können, wieviel ihrer Aufgabe sie schon bewältigt haben, und wieviel noch vor ihnen liegt. Darüber hinaus sollen sie Feedback zu der Qualität ihrer Aufgabenbearbeitung erhalten. Ein Sachbearbeiter in der Einkaufsabteilung eines Unternehmens, der Bestellanforderungen aus allen Abteilungen in einem ERP-System entgegennimmt und bearbeitet, soll sehen können, in welchem Status die bereits bearbeiteten Anfragen sind und wie viele Anfragen noch offen sind.

2. Von der Flexibilität der Vorgehensweisen zur gemeinsamen Weiterentwicklung des Systems: Mitarbeitende sollen nicht mehr als unbedingt notwendig durch das technische System zu einer bestimmten Vorgehensweise gezwungen werden. Sie sollen die Aufgabenbearbeitung innerhalb einer Gruppe flexibel abstimmen und verteilen können. So können sie das sozio-technische System kontinuierlich weiterentwickeln. Im Beispiel des Sachbearbeiters mit dem ERP-System bedeutet das, dass er über die Bündelung und Reihenfolge der Bearbeitung von Bestellanforderungen selbstständig und in Absprache mit seinen Kollegen entscheiden kann.

3. Kommunikationsunterstützung für Aufgabenbearbeitung und sozialen Austausch: In dem sozio-technischen System muss es gute Möglichkeiten zur Kommunikation unter Mitarbeitenden geben. Ein gut integriertes ERP-System bietet dem Sachbe-

arbeiter im Einkauf die Möglichkeit, einfach Rückfragen an den Ersteller einer Bestellanforderung zu senden. Auch der soziale Austausch zwischen den Kollegen im Einkaufsteam wird durch räumliche Organisation oder technische Anwendungen unterstützt.

4. Aufgabengebundener Informationsaustausch für die Erleichterung geistiger Arbeit: Die Stärken von IT-Systemen für eine gute Informationswirtschaft werden genutzt. So ist die richtige Information zum richtigen Zeitpunkt im erforderlichen Umfang sowie der erforderlichen Qualität am richtigen Ort (Laudon et al., 2016). Gleichzeitig wird darauf geachtet, dass keine unnötigen persönlichen Daten gesammelt werden, und dass keine unvereinbarte Leistungskontrolle auf Basis der Daten durchgeführt wird. Im Beispiel des ERP-Systems heißt das, dass der Sachbearbeiter jederzeit auf alle notwendigen Informationen zur Bearbeitung einer Bestellanforderung leicht zugreifen kann. Daten, die im Laufe der Bearbeitung über seine Arbeitsweise entstehen, dürfen nicht zur Leistungsbeurteilung herangezogen werden.

5. Balance zwischen Anstrengung und erlebtem Erfolg: Ein Arbeitsplatz wird so gestaltet, dass für die Menschen im psychologischen Sinne gute Arbeitsaufgaben entstehen. Eine schlechte Arbeitsgestaltung wäre im Beispiel der Einkaufsabteilung, wenn eine Person den ganzen Arbeitstag nur Bestellanforderungen im ERP-System auf Vollständigkeit hin überprüfen müsste.

6. Kompatibilität zwischen Anforderungen, Kompetenzentwicklung und Systemeigenschaften: Innerhalb des sozio-technischen Systems werden die Eigenschaften des technischen Systems auf die Anforderungen des Unternehmens und der Mitarbeitenden angepasst und kontinuierlich, auch bei sich ändernden Rahmenbedingungen, weiterentwickelt. Im Beispiel der Einkaufsabteilung muss das ERP-System angepasst werden, wenn das Unternehmen auf Märkten einkauft, für die sich Zollbestimmungen geändert haben. Die neuen Regeln müssen im System korrekt hinterlegt sein und die Mitarbeitenden müssen die Möglichkeit haben, sich in dem Themengebiet weiterzubilden.

7. Effiziente Aufgabenverteilung für ganzheitliche Ziele: Sozio-technische Systeme in Unternehmen entstehen, damit für das Unternehmen wichtige Ziele erreicht werden können. Dabei muss die Aufgabenverteilung sowohl zwischen Mensch und IT-System als auch zwischen den Mitarbeitenden so verteilt werden, dass sie der Zielerreichung dient. Wenn die Einkaufsabteilung aus unserem Beispiel vermehrt komplexe Zollbestimmungen bei dem Einkauf eines bestimmten Produktes erfüllen muss, so kann es sinnvoll sein, diese Arbeit bei wenigen Mitarbeitenden zu bündeln, damit sie eine Expertise aufbauen können.

8. Unterstützende Technik und Ressourcen für produktive und fehlerfreie Arbeit: IT-Systeme sollen Menschen bei ihrer Arbeit unterstützen und effizientere, fehlerfreie Aufgabenbearbeitung ermöglichen. Wenn ein Sachbearbeiter im Einkauf eine Bestellung aus dem Ausland auslösen möchte, ohne die für die Zollabwick-

lung notwendigen Angaben gemacht zu haben, wird das ERP-System Hinweise darstellen und den Bestellabschluss gegebenenfalls ganz verhindern.

9.3 Methoden

Neben Heuristiken, die eher bei der Beschreibung sozio-technischer Systeme helfen, gibt es auch Methoden zur Gestaltung sozio-technischer Systeme, die in unterschiedlichen Projektphasen zum Einsatz kommen können. Einige stellen wir folgend vor.

9.3.1 Methoden der Umfeldanalyse und Anforderungserhebung

Damit IT-Fachleute in der Gestaltung eines sozio-technischen Systems mitwirken können, müssen sie das soziale System besser kennenlernen. Zu diesem Zweck bietet die qualitative Forschung Methoden zur Umfeldanalyse (Flick et al., 2022). Eine Auswahl von hoher praktischer Relevanz haben wir hier aufgenommen:
- Dokumentenanalyse: In Unternehmen existieren in der Regel Dokumente wie Jahresberichte, Unternehmensleitlinien, Arbeitsplatzbeschreibungen, Prozessbeschreibungen, Organisationshandbücher u. Ä. Solche Dokumente können ein erster Einstieg sein, um das Umfeld für ein IT-Projekt kennenzulernen.
- Interviews: Die IT-Fachleute befragen die zukünftig Nutzenden und andere Projektbeteiligte zu dem anstehenden IT-Projekt. Methodisch zu unterscheiden sind geschlossene Interviews, die mit einem festen Fragenkatalog operieren, von offenen Interviews, in denen sich der Gesprächsverlauf spontan entwickeln kann.
- Schriftliche Befragungen: Sind persönliche Gespräche nicht möglich, so kann man zukünftige Nutzende auch schriftlich mit Hilfe von Fragebögen um ihre Einschätzung bitten.
- Teilnehmende Beobachtung (ethnographische Vorgehensweise): IT-Fachleute begeben sich für eine gewisse Zeit in das Arbeitsumfeld der zukünftig Nutzenden. Sie nehmen an dem Arbeitsalltag teil und dokumentieren diesen für das Projekt.

Ergänzend stellt die Arbeitspsychologie Werkzeuge zur Arbeitsanalyse zur Verfügung, die psychologisch relevante Eigenschaften einer Arbeit ermitteln (Nerdinger et al., 2019). Ziele solcher Werkzeuge können bspw. die Identifikation von Belastungsschwerpunkten oder der Vergleich von Arbeitsplätzen sein. Die Ergebnisse der Analyse fließen dann in die Neugestaltung von IT-gestützten Arbeitsprozessen ein.

Im Bereich der Anforderungsanalyse gibt es Methoden, die auf der Betrachtung sozio-technischer Systeme aufbauen und speziell das Zusammenwirken von Mensch und Technik im Blick haben. Task Support Requirements (TSR) sind eine besondere Art funktionaler Anforderungen für interaktive Software in sozio-technischen Systemen. Sie beschreiben die Unterstützung durch Software, die dazu notwendige Benutzeroberfläche sowie die notwendigen menschlichen Aktivitäten und Eigenschaften, um eine gegebene Aufgabe zu erfüllen (Gregoriades und Sutcliffe, 2024). Die Task Support Requirements basieren auf einer zuvor durchgeführten Analyse der Arbeitsteilung zwischen Mensch und Technik. Es wird festgelegt, welche Schritte zur Aufgabenbewältigung automatisiert, welche Schritte als Interaktion und welche durch Menschen erfolgen. Diese Betrachtung nennt man auch Functional Allocation. Die Methode des Crowd-Centric Requirements Engineering (CCRE) beschreibt, wie sehr große anonyme Gruppen mithilfe von Gamification an der Anforderungsanalyse partizipieren können (Dalpiaz et al., 2017).

9.3.2 Übersicht über Workshopmethoden

Für die partizipative Gestaltung von IT-Systemen bieten sich in Projekten Workshopformate an. Hier arbeiten zukünftige Nutzende, IT-Fachleute und weitere Stakeholder gemeinsam an der Gestaltung eines sozio-technischen Systems. Forschungsgruppen erarbeiten, evaluieren und veröffentlichen immer wieder Methoden zur Durchführung solcher Workshops. Ein Beispiel ist das System Scenarios Tool (SST), das durch eine Reihe von Workshop die bewusste Entscheidungsfindung bei der Gestaltung sozio-technischer Systeme unterstützt (Hughes et al., 2017). Die Methode legt besonderen Wert darauf, dass unterschiedliche Stakeholder ihre jeweilige Perspektive einbringen und die Entscheidungen beeinflussen können.

Eine spezielle Methode in Workshops ist der Walkthrough, der in der Informatik in unterschiedlichen Kontexten Tradition hat. Als Code Walkthrough bezeichnet er eine Methode der Qualitätssicherung von Programmcode. Zum Testen von Software hinsichtlich ihrer Anwendungstauglichkeit (engl. Usability) wird der Cognitive Walkthrough (Polson et al., 1992) verwendet. Der Groupware Walkthrough wiederum erweitert letzteren, so dass er auf kooperationsunterstützende Software angewendet werden kann (Pinelle und Gutwin, 2002).

Allen Walkthrough-Methoden gemeinsam ist, dass ein Gegenstand, etwa ein Software-Programm oder ein Dokument, schrittweise anhand von Leitfragen überprüft wird. Die Inspektion kann mehrere Gegenstände, Softwaresysteme, Dokumente oder deren Kombination umfassen. Wesentlich ist, dass das, was inspiziert werden soll, in mehrere Teile zerlegt werden kann, von denen jedes unter derselben Fragestellung analysiert wird. Außerdem muss eine gut nachvollziehbare Reihenfolge geplant werden, entlang derer sämtliche Teile besprochen werden können, damit beim schrittweisen Durchgehen nichts vergessen wird. Im Code Walkthrough ist dies Programmcode mit der Frage, ob jede Zeile das gewünschte Ergebnis liefert; im Cognitive Walkthrough inspiziert man Benutzeroberflächen beispielsweise unter den folgenden Fragestellungen: „Werden Nutzende erkennen, welches die für ihr Ziel korrekte Funktion ist?", „Werden Nutzende erkennen, dass die korrekte Funktion zur Verfügung gestellt wird?", „Können Nutzende den Fortschritt erkennen, wenn sie die korrekte

Funktion einmal ausgelöst haben?" (Cockton et al., 2012, S. 1281, Übersetzung der Autorinnen).

In dieser Tradition wurde der Socio-Technical Walkthrough (STWT) (Herrmann et al., 2002; Herrmann, 2012) entworfen, auf den wir im Folgenden detaillierter eingehen.

9.3.3 Der Socio-Technical Walkthrough (STWT)

Der Socio-Technical Walkthrough (STWT) gehört zu den partizipativen Methoden und ermöglicht es zukünftig Nutzenden und IT-Experten, gemeinsam an der Gestaltung eines sozio-technischen Systems zu arbeiten. Die Methode beschreibt ein Workshopformat, das in allen Projektphasen eingesetzt werden kann und die Prinzipien eines Walkthroughs verwendet.

STWT – Sozio-technische Modelle als Gegenstand

Im STWT gehen die Teilnehmenden grafische Darstellungen computergestützter Prozesse schrittweise anhand von Leitfragen durch. Die Leitfragen hängen von der jeweiligen Projektphase ab. Zu Beginn eines Entwicklungsprojektes kann man fragen: „Wie kann ein IT-System diesen Prozessschritt unterstützen?". Im weiteren Verlauf, wenn erste Prototypen vorliegen, könnte eine Frage lauten: „Unterstützt diese Maske diesen Prozessschritt sinnvoll?". Im Rahmen der Produktivsetzung einer neuen Software kann man fragen: „Welche zusätzlichen Vereinbarungen müssen an dieser Stelle getroffen werden?".

Um in einem STWT zukünftige IT-gestützte Prozesse zu planen, werden grafische Darstellungen dieser Prozesse eingesetzt. Der Zweck des STWT ist es, ein sozio-technisches System im Ganzen zu verstehen und zu gestalten. Daher müssen die in diesem Kontext verwendeten Modelle sowohl menschliche Aktivitäten als auch deren technische Unterstützung darstellen. Eine speziell für die Zwecke der sozio-technischen Modellierung entwickelte Notation ist SeeMe (Herrmann, 2012). Daneben bieten sich auch Geschäftsprozessmodelle aus der Wirtschaftsinformatik an. Häufig verwendete Notationen sind in diesem Zusammenhang erweiterte ereignisgesteuerte Prozessketten (eEPK), die Business Process Model and Notation (BPMN) oder UML-Aktivitätsdiagramme (Drescher et al., 2017).

STWT – Vor- und Nachbereitung von Workshops

In einer STWT-Vorbereitungsphase bietet es sich an, die oben beschriebenen Methoden der Datenerhebung anzuwenden. So wird ein gemeinsames Verständnis des Projektauftrags sowie des -umfelds geschaffen.

Nach dieser initialen Phase folgen eine Reihe von moderierten Workshops, die dem Walkthrough-Prinzip gehorchen. Zur Vorbereitung dieser Workshops gehören

Aufgaben, die allgemein für Gruppensitzungen im Vorfeld zu erledigen sind. Die folgenden Erläuterungen konzentrieren sich auf diejenigen Aspekte der Vor- und Nachbereitung, die spezifisch für den STWT als Methode sind.

Eine wichtige Aufgabe der Vorbereitung ist es, die Leitfrage zu formulieren, anhand derer der Walkthrough durchgeführt wird: Sie muss einerseits offen genug sein, um die Teilnehmer anzuregen, sich in die zukünftige Arbeitssituation zu versetzen und an möglichst alle relevanten Aspekte zu denken. Andererseits muss es den Moderierenden möglich sein, die Diskussion anhand der Moderationsfrage immer wieder zu fokussieren. Die Moderationsfragen eines STWT-Workshops dienen dazu, den Teilnehmenden zu helfen, sich konkrete Arbeitssituationen vor Auge zu führen.

Eine weitere Aufgabe in der Vorbereitung ist die Erarbeitung eines Modells, anhand dessen der STWT durchgeführt werden soll. Für den allerersten Workshop kann dieses Modell das Ergebnis der initialen Datenerhebungsphase sein. Für die weiteren Workshops wird es sich in der Regel um Modelle handeln, die in vorherigen Workshops modifiziert und erarbeitet worden sind.

Schließlich müssen kontinuierlich die Arbeitsergebnisse der Projektgruppe zwischen den Workshops eingearbeitet werden.

STWT – Durchführung von Workshops

Zusammengefasst sind STWT-Workshops moderierte Gruppendiskussionen, in denen die Teilnehmenden bestimmte Aspekte eines sozio-technischen Systems gemeinsam weiterentwickeln. Die Teilnehmenden für einen STWT-Workshop müssen so gewählt sein, dass sie Entscheidungen für die zukünftige IT-gestützte Arbeit treffen können. Daher ist es sinnvoll, neben den zukünftig Nutzenden auch die Projektleitung, das Management und IT-Fachleute dabei zu haben. Ein STWT benötigt eine Moderation, die die Sitzung strukturiert, immer wieder auf die Leitfrage zurückführt und die Diskussionsergebnisse dokumentiert.

Ein typischer STWT verläuft in den folgenden Phasen (Herrmann, 2009):

– Startphase: Die Moderation präsentiert ein Diagramm, das die Ergebnisse der bisherigen Arbeit darstellt. In der Regel wird von einem Übersichtsdiagramm ausgegangen und dort das Thema der aktuell anstehenden Diskussion verortet.

– Arbeit mit der Leitfrage: Die Moderation formuliert die vorbereiteten Leitfragen, an-hand derer in der aktuellen Sitzung gearbeitet werden soll. Ab dann gehen die Teilnehmenden den relevanten Diagrammteil Schritt für Schritt durch.

– Diskussion: In Beantwortung der Leitfragen kommen unterschiedlichste Beiträge wie Antworten, Meinungen, neue Anregungen oder weitere Verweise auf Dokumente zusammen.

– Konfliktaufdeckung und -lösung: Die Darstellung und Diskussion unterschiedlicher Perspektiven auf das sozio-technische System wird in der Regel Konflikte aufdecken. Je nach Art des Konfliktes und Kultur der Organisation können diese Konflikte direkt im Workshop oder aber außerhalb gelöst werden.

– Dokumentation im Diagramm: Ergebnisse, aber auch offene Fragen dokumentiert die Moderation direkt im Prozessdiagramm. So können alle Beteiligten sehen, dass und wie ihr Beitrag festgehalten wird. Nach einer längeren Diskussionsphase fokussiert die Moderation immer wieder auf das Diagramm, hält Ergebnisse dort fest und führt den walkthrough strukturiert weiter.

9.4 Vorgehensmodelle

In den vorherigen Abschnitten wurden Heuristiken und Methoden vorgestellt, die im Rahmen von Projekten zur Gestaltung sozio-technischer Systeme eingesetzt werden können. Forschungsgruppen haben auch Vorgehensmodelle zur Gestaltung sozio-technischer Systeme entwickelt, die konkrete Projektschritte beschreiben.

9.4.1 Übersicht über Vorgehensmodelle

Bevor wir in den nächsten Abschnitten ausgewählte Vorgehensmodelle, die wir als besonders prägend oder relevant für die Gestaltung sozio-technischer Systeme erachten, im Detail beschreiben, geben wir hier eine Übersicht über weitere Vorgehensmodelle, die zur Vertiefung des Themas studiert werden können:

– Das Neun-Schritt-Modell der sozio-technischen Analyse des Tavistock-Forschers Fred Emery unterstützt Führungskräfte, das Prinzip der Joint Optimization zu realisieren (Emery, 1993; vgl. Abschnitt 8.1.1).
– Design-in-use (Folcher, 2003) unterstützt speziell die Phase der Aneignung von IT-Systemen durch die Nutzenden (vgl. Kapitel 8.2.2).
– Auch das End-User Development (Wulf und Jarke, 2004) widmet sich diesem Aspekt.
– In dem sozio-technischen Rahmenwerk wird ein sozio-technisches System als ein in seine finanzielle und ökonomische Umwelt eingebettetes Hexagon beschrieben. Zehn Schritte sind vorgesehen, um ein sozio-technisches System zu analysieren und zu verstehen (Davis et al., 2014).

9.4.2 Softwaretechnik für Evolutionäre Partizipative Systemgestaltung (STEPS)

Die Informatikerin Christiane Floyd veröffentlichte 1989 ein iteratives Vorgehensmodell zur Softwareentwicklung, das sie Softwaretechnik für Evolutionäre Partizipative Systemgestaltung (STEPS) nannte (Floyd et al., 1989). „Kennzeichnend für STEPS ist die Betrachtung von Software im Einsatzkontext, wobei die Einbettung in die unterstützten Arbeits- und Kommunikationsprozesse im Vordergrund steht. Da von einem Zusammenspiel von Softwareeinführung und organisatorischer Veränderung ausgegangen wird, wird Software-Entwicklung als integrativer Teil einer übergreifenden Organisationsentwicklung gesehen." (Floyd et al., 1997, S. 1).

In Projekten, die diesem Vorgehensmodell folgen, erarbeiten Nutzende und IT-Fachleute im Schritt der Systemgestaltung gemeinsam eine Systemspezifikation. Danach begeben sich die Softwareentwickler an die Aufgabe, die Software zu realisieren. Parallel dazu ist es die Aufgabe der zukünftig Nutzenden, den Schritt Umfeldvorbereitung durchzuführen. Eine Systemversion in STEPS ist dann nicht nur eine Version einer Software. Jede Softwareversion ist vielmehr eingebettet in einen Arbeitskontext, der im Schritt Umfeldvorbereitung vorbereitet worden ist. Als Beispiele für Tätigkeiten im Schritt Umfeldvorbereitung nennt Floyd Qualifizierungsmaßnahmen oder auch organisatorischen Anpassungen. Der Schritt Umfeldvorbereitung bietet somit Raum für

– Aktivitäten, die soziale Prozesse der Technikaneignung unterstützen,
– Maßnahmen, die einer Joint Optimization dienen,
– Entscheidungsprozesse, die Organizational Choice wahrnehmen,
– Gestaltung von Arbeitsprozessen, die die neue Software nutzen.

STEPS ist ein Vorgehensmodell für Softwareentwicklung, in dem die Organisationsentwicklung durch den Schritt Umfeldvorbereitung explizit verortet ist. Damit unterstützt STEPS eine sozio-technische Systemgestaltung.

9.4.3 Soft-Systems-Methodology (SSM)

Die Soft-Systems-Methodology (SSM) nutzt die Systemtheorie als theoretische Basis. SSM ist 1981 entwickelt worden, um Organisationsentwicklung anhand von systemischen Paradigmen zu gestalten. Spielte Technik zu Beginn für die Methode noch keine Rolle, so gewannen im Laufe der Zeit Themen mit Bezug zur Einführung von IT-Systemen an Bedeutung. Peter Checkland erweiterte die Methode, die dann insbesondere im Forschungsgebiet Computer Supported Cooperative Work (CSCW) sehr positiv aufgenommen wurde. Die Vorgehensweise SSM besteht aus vier Schritten (Checkland, 1999, S. A15):

1. eine Problemsituation inklusive ihrer kulturellen und politischen Aspekte erkennen,
2. relevante zweckorientierte Aktivitätssysteme identifizieren und modellieren,
3. die Situation anhand der Modelle diskutieren, um zwei Dinge zu erarbeiten:
   a. Änderungen, die die Situation verbessern würden, und gleichzeitig als wünschenswert und (kulturell) möglich betrachtet werden;
   b. Ausgleich zwischen gegensätzlichen Interessen, der die Durchführung von Verbesserungsmaßnahmen ermöglicht;
4. Maßnahmen ergreifen, um in der Situation Verbesserung herbeizuführen.

Die in Schritt 2 erstellten Modelle stellen zweckorientierte Aktivitätssysteme dar. Diese bestehen aus zusammenhängenden menschlichen Aktivitäten, die einem Zweck dienen. Ein integraler Bestandteil von SSM sind Grafiken, mit denen die zweckorientierten Aktivitätssysteme auf informelle Art dargestellt werden. Diese Grafiken hat Checkland *„rich pictures"* genannt. Sie enthalten sowohl menschliche Aktivitäten als auch unterstützende IT-Systeme. Ihre Aufgabe ist es, die gesamte Problemsituation zu strukturieren und die Diskussion in Schritt 3 zu unterstützen.

9.4.4 Value-Based Engineering (VBE)

Value-Based Engingeering (VBE) ist eine Vorgehensweise, ethische Werte systematisch und kontrolliert in die Gestaltung eines sozio-technischen Systems einfließen zu lassen (Spiekermann, 2021; Spiekermann, 2023). Das VBE ist die Basis des ISO/IEC/IEEE 24748-7000 Standard (ISO/IEC/IEEE, 2022). Es handelt sich um eine prozessorientierte Vorgehensweise zur Systementwicklung, die Ethical Value Requirements (EVR) oder ethische Wertanforderung formuliert. EVRs können sowohl technischer als auch organisatorischer Natur sein und gehen als Anforderungen in einem risikobasierten Ansatz in das weitere Projekt ein. Wichtige Prozessschritte sind:
- Kernwerte für das sozio-technische System werden identifiziert und zu Kernwertclustern zusammengefügt.
- Wertqualitäten für die Kernwertcluster werden formuliert.
- Die Kernwertcluster werden anhand ihrer Bedeutung für das Gesamtprojekt priorisiert.
- Aus den Kernwertclustern und den dazugehörigen Wertqualitäten werden Ethical Value Requirements (EVR) abgeleitet.
- In einem risikobasierten Ansatz werden ausgewählte Werte im weiteren Projekt verfolgt.

9.4.5 Ethics Canvas

Der Ethics Canvas beschreibt Schritte, die in IT-Projekten durchgeführt werden können, um ethische Themen zu identifizieren, zu diskutieren und in der Lösung zu berücksichtigen (Reijers et al., 2018). Bei dem Werkzeug handelt es sich um eine Schablone mit Feldern, die entweder ausgedruckt oder online verwendet werden kann (Lewis et al., 2017). Man kann den Ethics Canvas als leichtgewichtige Alternative zum VBE betrachten. Die Arbeit mit dem Ethics Canvas erfolgt in drei Schritten:
- Im ersten Schritt wird geprüft und notiert, wer durch das IT-System betroffen sein kann. Es ist wichtig, dabei nicht nur an die Nutzenden des IT-Systems zu denken, sondern auch an Menschen, die indirekt betroffen sein können.

- In einem zweiten Schritt werden die möglichen ethischen Auswirkungen des IT-Systems betrachtet.
- Der dritte und letzte Schritt identifiziert die wichtigsten ethischen Themen in dem Projekt und definiert Maßnahmen. Diese Maßnahmen können gesellschaftlicher, organisatorischer oder technischer Natur sein.

9.4.6 Ethical Deliberation in Agile Processes (EDAP)

Ethical Deliberation in Agile Processes (EDAP) integriert ethische Fragestellungen systematisch in eine agile Projektvorgehensweise zur Softwareentwicklung. Die Betrachtung agiler Vorgehensweisen ist besonders interessant, weil hier im Rahmen der einzelnen Entwicklungszyklen wiederholt dezentrale Entscheidungen, die auch ethische Aspekte einschließen, getroffen werden. EDAP besteht aus drei mehrschrittigen Phasen, die im Folgenden anhand der Vorgehensweise Scrum erläutert werden (Pretschner et al., 2021):
- In Phase I wird von den Verantwortlichen zunächst der gesellschaftliche und organisatorische Werterahmen identifiziert, von dem das Projekt ausgeht. Dieser Rahmen wird im weiteren Verlauf des Projektes nicht mehr grundlegend hinterfragt.
- In Phase II erarbeiten Auftraggeber und Product Owner Anforderungen, die sich aus ethischen Werten für das vorliegende IT-Projekt ergeben. Entsprechende Einträge werden im Backlog vorgenommen.
- In Phase III ist das Entwicklungsteam dafür verantwortlich, die Anforderungen, die sich aus Phase I und II ergeben, technisch umzusetzen. Phase III wird in jedem Sprint wiederholt.

9.5 Generisches Vorgehensmodell zur Gestaltung sozio-technischer Systeme

Die dargestellten Heuristiken, Methoden und Vorgehensmodelle zur Gestaltung sozio-technischer Systeme fokussieren jeweils auf einen Teilabschnitt oder Teilaspekt eines Gesamtprojektes. Für die Gestaltung eines sozio-technischen Systems in Gänze fehlt es an Vorgehensmodellen. Das liegt an den Eigenarten sozio-technischer Systeme, die emergent, nicht deterministisch und komplex sind. In einem Projekt zur Gestaltung sozio-technischer Systeme müssen das soziale und das technische System sowie ihr Zusammenspiel erarbeitet werden. Es muss ein Wicked Problem gelöst werden. In Abbildung 9.1 schlagen wir deshalb ein generisches Vorgehensmodell zur Gestaltung sozio-technischer Systeme vor. Es stellt die Elemente soziales System, technisches System sowie die notwendigen Gestaltungsprozesse abstrakt dar. So ist ein Rahmen gegeben, der in einem IT-Projekt immer darauf hinweist, dass zwei unterschiedliche Systemtypen zu gestalten und miteinander zu verbinden sind. Innerhalb dieses Rahmens können die in den vorherigen Abschnitten beschriebenen Heuristiken, Methoden und Vorgehensmodelle zur Anwendung kommen.

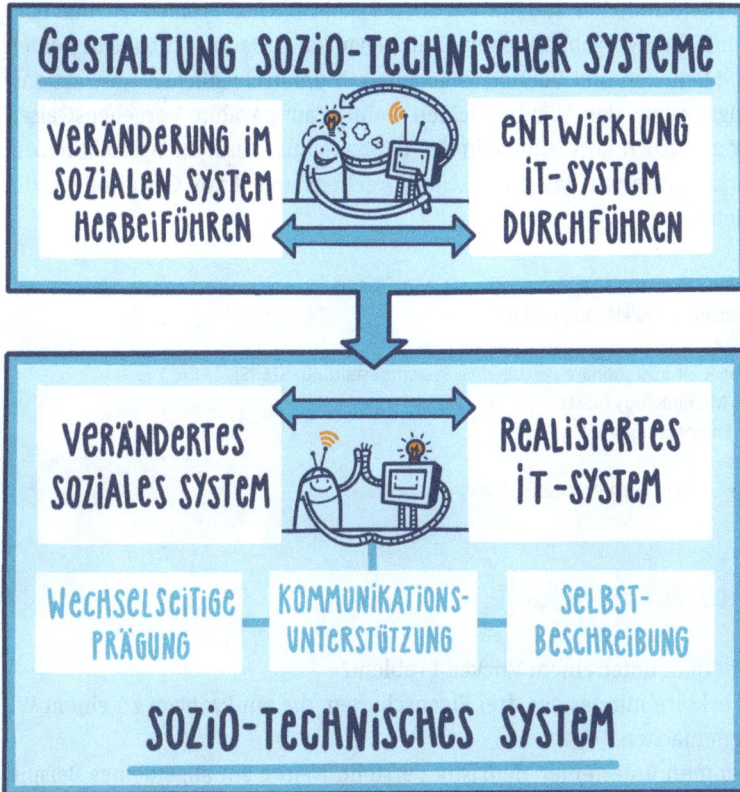

Abbildung 9.1: Generisches Vorgehensmodell zur Gestaltung sozio-technischer Systeme.

Im oberen Teil des Modells in Abbildung 9.1 ist der Entstehungs- bzw. Entwicklungsprozess abgebildet. Veränderungen im sozialen System werden parallel zu der Entwicklung im technischen System vorbereitet. Der doppelseitige Pfeil zwischen den beiden Aktivitäten steht für das Prinzip der Joint Optimization. Nutzt man dieses generische Vorgehensmodell in einem Organisationskontext, so entspricht die Veränderung im sozialen System der Planung und Etablierung von Arbeitsprozessen. In einem größeren gesellschaftlichen Kontext finden hier Meinungsbildungs- und Gesetzgebungsprozesse statt.

Im unteren Teil des Modells ist als Ergebnis ein sozio-technisches System entstanden, in dem sich ein durch das Projekt verändertes soziales System auf ein technisches System in seiner Umwelt eingestellt hat. Dabei sind die drei Elemente Kommunikationsunterstützung, wechselseitige Prägung und sozio-technische Selbstbeschreibung erarbeitet worden (vgl. Abschnitt 2.5).

9.6 Zusammenfassung

Dieses Kapitel widmete sich Vorgehensweisen zur Gestaltung sozio-technischer Systeme. Wir starteten mit der Beschreibung von Wicked Problems und machten deutlich, dass die Gestaltung sozio-technischer Systeme ein eben solches Wicked Problem ist, und dass es daher keine einfachen Vorgehensweisen dafür geben kann. Darauf aufbauend stellten wir Heuristiken, Methoden und Vorgehensmodelle mit unterschiedlichen Abstraktions- und Detaillierungsniveaus dar. Wir beleuchteten einige ausgewählte Vorgehensweisen genauer, die wir zusätzlich noch einmal in der Infobox unten zusammengestellt haben. Abschließend erläuterten wir das generische Vorgehensmodell zur Gestaltung sozio-technischer Systeme.

> **i**
>
> **Heuristik**: Acht Heuristiken des sozio-technischen Systemdesigns
> **Methode**: Socio-technical Walkthrough (STWT)
> **Vorgehensmodelle**:
> – Softwaretechnik für Evolutionäre Partizipative Systemgestaltung (STEPS)
> – Soft-Systems-Methodology (SSM)
> – Value-based Engineering (VbE)
> – Ethics Canvas
> – Ethical Deliberation in Agile Processes (EDAP)

9.7 Fragen zur Wiederholung

1. Was versteht man unter einem Wicked Problem?
2. Nenne und erkläre mindestens drei Eigenschaften, die ein Problem zu einem Wicked Problem machen.
3. Erkläre, was man unter einer Heuristik versteht. Nenne ein allgemeines Beispiel für eine Heuristik.
4. Nenne und erläutere die acht Heuristiken für das sozio-technische Systemdesign im Kontext von Industrie 4.0.
5. Nenne und erläutere Methoden zur Umfeldanalyse in Projekten zur Gestaltung sozio-technischer Systeme.
6. Nenne weitere Methoden, die in Projekten zur Gestaltung sozio-technischer Systeme zum Einsatz kommen können.
7. Erläutere die Methode des Walkthrough in der Informatik.
8. Erläutere das Ziel der Methode Socio-Technical Walkthrough.
9. Nenne Vorgehensmodelle zur Gestaltung sozio-technischer Systeme.
10. Erläutere das Vorgehen des Ethical Deliberation in Agile Projects (EDAP).
11. Erläutere die Besonderheit des Vorgehensmodells STEPS für die Gestaltung sozio-technischer Systeme.
12. Erläutere die Elemente des generischen Vorgehensmodells zur Gestaltung sozio-technischer Systeme.

9.8 Zum Nachdenken/Zur Diskussion

Im Zusatzmaterial befinden sich zu den Inhalten dieses Kapitels zahlreiche aktuelle Fallbeispiele zur Diskussion und Vertiefung. Es ist hinter dem QR-Code oder hier zu erreichen: https://www.degruyterbrill.com/document/isbn/9783111479590/html

9.9 Literatur

Checkland, Peter (1999): Systems thinking, systems practice. Chichester: Wiley.

Cherns, Albert (1976): The Principles of Sociotechnical Design. In: Human relations, 29, 8, S. 783–792.

Cherns, Albert (1987): Principles of Sociotechnical Design Revisited. In: Human relations, 40, 3, S. 153–161.

Clegg, Chris W. (2000): Sociotechnical principles for system design. In: Applied Ergonomics, 31, 5, S. 463–477.

Cockton, Gilbert; Woolrych, Alan; Hornbæk, Kasper; Frøkjær, Erik; Jacko, Julie A. (2012): Inspection-Based Evaluations. In: Jacko, Julie A. (Hrsg.): The Human-Computer Interaction Handbook – Fundamentals, Evolving Technologies, and Emerging Applications. United Kingdom: Routledge, S. 1279–1298.

Dalpiaz, Fabiano et al. (2017): Engaging the Crowd of Stakeholders in Requirements Engineering via Gamification. In: Stieglitz, Stefan; Lattemann, Christoph; Robra-Bissantz, Susanne; Zarnekow, Rüdiger; Brockmann, Tobias (Hrsg.): Gamification – Using Game Elements in Serious Contexts. Switzerland: Springer International Publishing AG, S. 123–135.

Davis, Matthew C.; Challenger, Rose; Jayewardene, Dharshana N. W.; Clegg, Chris W. (2014): Advancing socio-technical systems thinking: A call for bravery. In: Applied Ergonomics, 45, 2, Part A, S. 171–180.

Drescher, Andreas; Koschmider, Agnes; Oberweis, Andreas (2017): Modellierung und Analyse von Geschäftsprozessen. Berlin/Boston: De Gruyter Oldenbourg.

Eason, Ken (1988): Information technology and organisational change. London, New York, Philadelphia: Taylor & Francis.

Emery, Fred (1993): The Nine-Step Model. In: Trist, Eric; Murray, Hugh; Trist, Beulah (Hrsg.): The Socio-Technical Perspective. Philadelphia: University of Pennsylvania Press, Inc, S. 569–579.

Flick, Uwe; Kardorff, Ernst; Steinke, Ines (2022): Qualitative Forschung: ein Handbuch. Reinbek bei Hamburg: Rowohlt Taschenbuch Verlag.

Floyd, Christiane; Krabbel, Anita; Ratuski, Sabine; Wetzel, Ingrid (1997): Zur Evolution der evolutionären Systementwicklung: Erfahrungen aus einem Krankenhausprojekt. In: Informatik-Spektrum, 20, 1, S. 13–20.

Floyd, Christiane; Reisin, Fanny-Michaela; Schmidt, Gerhard (1989): STEPS to software development with users. In: Ghezzi, C.; McDermid, J.A. (Hrsg.): 2nd European Software Engineering Conference, University of Warwick, Coventry, UK, September 11–15, 1989. Proceedings. Berlin, Heidelberg: Springer Berlin Heidelberg, S. 48–64.

Folcher, Viviane (2003): Appropriating artifacts as instruments: when design-for-use meets design-in-use. In: Interacting with Computers, 15, 5, S. 647–663.

Gregoriades, Andreas; Sutcliffe, Alistair (2024): Using Task Support Requirements during Socio-Technical Systems Design. In: Systems, 12, Artikel 9. Online verfügbar unter https://www.mdpi.com/2079-8954/12/9/348 (abgerufen am 21.04.2025).

Herrmann, Thomas (2009): Systems Design with the Socio-Technical Walkthrough. In: Whitworth, Brian; de Moor, Aldo (Hrsg.): Handbook of research on socio-technical design and social networking systems. Hershey: IGI Global, S. 336–351.

Herrmann, Thomas (2012): Kreatives Prozessdesign, Konzepte und Methoden zur Integration von Prozessorganisation, Technik und Arbeitsgestaltung. Berlin Heidelberg: Springer Gabler.

Herrmann, Thomas; Jahnke, Isa; Nolte, Alexander (2022): A problem-based approach to the advancement of heuristics for socio-technical evaluation. In: Behaviour & information technology, 41, 14, S. 3087–3109.

Herrmann, Thomas; Kunau, Gabriele; Loser, Kai-Uwe (2002): Sociotechnical Walkthrough – ein methodischer Beitrag zur Gestaltung soziotechnischer Systeme. In: Herczeg, Michael; Prinz, Wolfgang; Oberquelle, Horst (Hrsg.): Mensch & Computer 2002: Vom interaktiven Werkzeug zu kooperativen Arbeits- und Lernwelten. Stuttgart: Teubner, S. 323–332.

Herrmann, Thomas; Nierhoff, Jan (2019): Heuristiken für die Industrie 4.0. Online verfügbar unter https://hi4.iaw.ruhr-uni-bochum.de (abgerufen am 21.04.2025).

Hill, Paul (1971): Towards a new philosophy of management. Epping, Essex: Gower Press Limited.

Hughes, Helen P. N.; Clegg, Chris W.; Bolton, Lucy E.; Machon, Lauren C. (2017): Systems scenarios: a tool for facilitating the socio-technical design of work systems. In: Ergonomics, 60, 10, S. 1319–1335.

ISO/IEC/IEEE (2022): ISO/IEC/IEEE International Standard – Systems and software engineering – Life cycle management – Part 7000: Standard model process for addressing ethical concerns during system design. ISO/IEC/IEEE 24748-7000 First edition 2022-11.

Kensing, Finn; Simonsen, Jesper; Bodker, Keld (1998): MUST: A Method for Participatory Design. In: Human-computer interaction, 13, 2, S. 167–198.

Laudon, Kenneth C.; Laudon, Jane P.; Schoder, Detlef (2016): Wirtschaftsinformatik – Eine Einführung, 3. deutsche Auflage. Halbergmoos: Pearson Deutschland GmbH.

Lewis, David; Reijers, Wessel; Pandit, Harshvardhan (2017): Ethics Canvas Manual. ADAPT Centre; Trinity College Dublin; Dublin City University. Online verfügbar unter https://www.ethicscanvas.org/download/handbook.pdf (abgerufen am 21.04.2025).

Mason, Richard O. (1986): Four Ethical Issues of the Information Age. In: MIS quarterly, 10, 1, S. 5–12.

Nerdinger, Friedemann W.; Blickle, Gerhard; Schaper, Niclas (2019): Arbeits- und Organisationspsychologie, 4. Auflage. Berlin, Heidelberg: Springer.

Pinelle, David; Gutwin, Carl (2002): Groupware walkthrough: adding context to groupware usability evaluation. In: Proceedings of the SIGCHI Conference on Human Factors in Computing Systems. S. 455–462.

Polson, Peter G.; Lewis, Clayton; Rieman, John; Wharton, Cathleen (1992): Cognitive walkthroughs: a method for theory-based evaluation of user interfaces. In: International journal of man-machine studies, 36, 5, S. 741–773.

Pretschner, Alexander; Zuber, Niina; Gogoll, Jan; Kacianka, Severin; Nida-Rümelin, Julian (2021): Ethik in der agilen Software-Entwicklung. In: Informatik Spektrum, 2021, 44, S. 348–354.

Reijers, Wessel et al. (2018): Discussing Ethical Impacts in Research and Innovation: The Ethics Canvas. In: Kreps, David; Ess, Charles; Leenen, Louise; Kimppa, Kai (Hrsg.): 13th IFIP TC 9 International Conference on Human Choice and Computers, This Changes Everything – ICT and Climate Change: What Can We Do? S. 299–313.

Rittel, Horst W. J.; Webber, Melvin M. (1973): Dilemmas in a general theory of planning. In: Policy Sciences, 4, 2, S. 155–169.

Spiekermann, Sarah (2021): Value-based Engineering: Prinzipien und Motivation für bessere IT-Systeme. In: Informatik Spektrum, 44, 4, S. 247–256.

Spiekermann, Sarah (2023): Value-Based Engineering: A Guide to Building Ethical Technology for Humanity. Berlin; Boston: De Gruyter.

Thommen, Jean-Paul; Siepermann, Markus (2018): Heuristik. In: Gabler Wirtschaftslexikon. Online
    verfügbar unter https://wirtschaftslexikon.gabler.de/definition/heuristik-34474/version-257976
    (abgerufen am 21.04.2025).
Weber, Karsten (2019): Methoden der ethischen Evaluation von IT. In: INFORMATIK 2019: 50 Jahre
    Gesellschaft für Informatik – Informatik für Gesellschaft (Workshop-Beiträge). S. 431–444.
Wulf, Volker; Jarke, Matthias (2004): The economics of end-user development. In: Communications of the
    ACM, 47, 9, S. 41–42.

10 Rechtlicher Rahmen

In diesem Kapitel spannen wir einen rechtlichen Rahmen auf, der exemplarisch relevante Gesetze und Verordnungen zusammenstellt. Dabei gehen wir zunächst mit dem Betriebsverfassungsgesetz (BetrVG) und einem Landespersonalvertretungsgesetz (LPVG) auf Teile des Arbeitsrechts ein, die für die Einführung und den Betrieb von IT-Systemen in Organisationen oder Unternehmen gelten. Danach beschäftigen wir uns mit der EU-Datenschutzgrundverordnung (DSGVO), die den Umgang mit personenbezogenen Daten regelt. Abschließend gehen wir auf die EU-Digitalstrategie ein, in deren Rahmen u. a. die Gesetze über digitale Dienste (engl. Digital Services Act) und digitale Märkte (engl. Digital Markets Act) sowie die EU-KI-Verordnung (engl. AI Act) und datenbezogene Gesetze verortet werden. Nach Studium dieses Kapitels kannst du
- Regelungen zur Mitbestimmungspflicht von Arbeitnehmenden in BetrVG und LPVG darstellen,
- wesentliche Elemente der DSGVO erläutern,
- Gesetze der EU-Digitalstrategie nennen,
- Anwendungsgebiete der Gesetze über digitale Dienste und digitale Märkte aufzeigen,
- wesentliche Inhalte der KI-Verordnung wiedergeben und insbesondere die dargelegten Risikoklassen unterscheiden,
- datenbezogene Gesetze der EU Digitalstrategie benennen.

10.1 Arbeitsrecht

Bereits in Kapitel 6 haben wir uns mit Arbeitsgestaltung und der dazugehörigen Einflussnahme von Arbeitnehmenden befasst. In Kapitel 8 ist die partizipative Gestaltung von IT-Systemen behandelt worden. Sie ist eine Möglichkeit, der Forderung nach Einflussnahme von Arbeitnehmenden gerecht zu werden. Im Folgenden werden die gesetzlichen Bestimmungen, die in Deutschland die Einflussnahme von Arbeitnehmenden auf die Gestaltung von IT-Systemen und den daraus entstehenden Arbeitsplätzen regeln, zusammengefasst. Sie sind dem Arbeitsrecht zuzuordnen.

Unter **Arbeitsrecht** versteht man die „Gesamtheit aller Rechtsregeln, die sich mit der unselbstständigen, abhängigen Arbeit befassen. Zu unterscheiden sind Individual-

https://doi.org/10.1515/9783111478555-010

arbeitsrecht (befasst sich mit dem Verhältnis Arbeitgeber und Arbeitnehmer) und Kollektivarbeitsrecht (befasst sich mit Gewerkschaften und Betriebsräten auf der einen, Arbeitgeberverbänden und Arbeitgebern auf der anderen Seite)." (Wichert, 2018). Da sich die Einführung und der Betrieb von IT-Systemen auf Organisationen oder Unternehmen als Ganzes bezieht, beschäftigen wir uns nun mit dem Kollektivarbeitsrecht. Hier sind das Betriebsverfassungsgesetz (BetrVG) und die Landespersonalvertretungsgesetze (LPVG) relevant.

In den Gesetzen findet sich kein einzelner Paragraf, der die Beteiligung der Arbeitnehmenden an IT-Projekten gebündelt regelt. Vielmehr betreffen unterschiedliche Passagen der Gesetze mehr oder weniger direkt auch die Einführung von IT-Systemen. Die folgenden Abschnitte stellen solche Passagen aus dem BetrVG und dem LPVG in Nordrhein-Westfalen (NRW) vor. Darauf aufbauend diskutieren wir dann den Bezug zu IT-Projekten.

10.1.1 Betriebsverfassungsgesetz (BetrVG)

Das **Betriebsverfassungsgesetz** (BetrVG) regelt bundesweit für privatwirtschaftliche Unternehmen die Mitbestimmung der Arbeitnehmenden: „In Betrieben mit in der Regel mindestens fünf ständigen wahlberechtigten Arbeitnehmern, von denen drei wählbar sind, werden Betriebsräte gewählt." (BetrVG § 1 Absatz [1]). Betriebsratsmitglieder übernehmen die repräsentative Vertretung der Arbeitnehmer u. a. in Fragen der Arbeitsgestaltung. Im Betriebsverfassungsgesetz sind die folgenden Stellen im vierten Teil „Mitwirkung und Mitbestimmung der Arbeitnehmer" von besonderer Bedeutung für die Einführung von IT-Systemen:

BetrVG § 87 Mitbestimmungsrechte (Dritter Abschnitt: Soziale Angelegenheiten)
„(1) Der Betriebsrat hat, soweit eine gesetzliche oder tarifliche Regelung nicht besteht, in folgenden Angelegenheiten mitzubestimmen:
    [...]
    6. Einführung und Anwendung von technischen Einrichtungen, die dazu bestimmt sind, das Verhalten oder die Leistung der Arbeitnehmer zu überwachen;
    [...]"

BetrVG § 90 Unterrichtungs- und Beratungsrechte (Vierter Abschnitt: Gestaltung von Arbeitsplatz, Arbeitsablauf und Arbeitsumgebung)
„(1) Der Arbeitgeber hat den Betriebsrat über die Planung [...]
    2. von technischen Anlagen,
    3. von Arbeitsverfahren und Arbeitsabläufen einschließlich des Einsatzes von Künstlicher Intelligenz oder
    4. der Arbeitsplätze

rechtzeitig unter Vorlage der erforderlichen Unterlagen zu unterrichten.

(2) Der Arbeitgeber hat mit dem Betriebsrat die vorgesehenen Maßnahmen und ihre Auswirkungen auf die Arbeitnehmer, insbesondere auf die Art ihrer Arbeit sowie die sich daraus ergebenden Anforderungen an die Arbeitnehmer so rechtzeitig zu beraten, dass Vorschläge und Bedenken des Betriebsrats bei der Planung berücksichtigt werden können. Arbeitgeber und Betriebsrat sollen dabei auch die gesicherten arbeitswissenschaftlichen Erkenntnisse über die menschengerechte Gestaltung der Arbeit berücksichtigen."

BetrVG § 91 Mitbestimmungsrecht (Vierter Abschnitt: Gestaltung von Arbeitsplatz, Arbeitsablauf und Arbeitsumgebung)

„Werden die Arbeitnehmer durch Änderungen der Arbeitsplätze, des Arbeitsablaufs oder der Arbeitsumgebung, die den gesicherten arbeitswissenschaftlichen Erkenntnissen über die menschengerechte Gestaltung der Arbeit offensichtlich widersprechen, in besonderer Weise belastet, so kann der Betriebsrat angemessene Maßnahmen zur Abwendung, Milderung oder zum Ausgleich der Belastung verlangen. Kommt eine Einigung nicht zustande, so entscheidet die Einigungsstelle. Der Spruch der Einigungsstelle ersetzt die Einigung zwischen Arbeitgeber und Betriebsrat."

10.1.2 Landespersonalvertretungsgesetze (LPVG)

Die **Landespersonalvertretungsgesetze** (LPVG) regeln in der Hoheit des jeweiligen Bundeslandes die Mitbestimmung bei öffentlichen Arbeitgebern. Wir beziehen uns in unseren Ausführungen hier auf das LPVG in Nordrhein-Westfalen (NRW): „Bei den Dienststellen des Landes, der Gemeinden, der Gemeindeverbände und der sonstigen der Aufsicht des Landes unterstehenden Körperschaften, Anstalten und Stiftungen des öffentlichen Rechts werden Personalvertretungen gebildet." (LPVG NRW § 1 Abschnitt [1]). Personalratsmitglieder übernehmen hier die repräsentative Vertretung der Arbeitnehmer u. a. in Fragen der Arbeitsgestaltung. Von besonderer Bedeutung für IT-Projekte ist hier der § 72 im dritten Abschnitt.

LPVG NRW § 72 (3) Beteiligungspflichtige Angelegenheiten

„Der Personalrat hat, soweit eine gesetzliche oder tarifliche Regelung nicht besteht, mitzubestimmen in Rationalisierungs-, Technologie- und Organisationsangelegenheiten bei

1. Einführung, Anwendung, wesentlicher Änderung oder wesentlicher Erweiterung von automatisierter Verarbeitung personenbezogener Daten der Beschäftigten außerhalb von Besoldungs-, Gehalts-, Lohn-, Versorgungs- und Beihilfeleistungen sowie Jubiläumszuwendungen,

2. Einführung, Anwendung und Erweiterung technischer Einrichtungen, es sei denn, dass deren Eignung zur Überwachung des Verhaltens oder der Leistung der Beschäftigten ausgeschlossen ist,

3. Einführung grundlegend neuer, wesentlicher Änderung und wesentlicher Ausweitung von Arbeitsmethoden,

4. Maßnahmen, die die Hebung der Arbeitsleistung oder Erleichterungen des Arbeitsablaufs zur Folge haben sowie Maßnahmen der Änderung der Arbeitsorganisation,

5. Einführung, wesentlicher Änderung oder wesentlicher Ausweitung betrieblicher Informations- und Kommunikationsnetze,

6. Einrichtung von Arbeitsplätzen außerhalb der Dienststelle." (LPVG NRW § 72 Abschnitt [3]).

10.1.3 Einsatzmöglichkeiten

BetrVG und LPVG zeigen, wie ernst auch der Gesetzgeber die Verflechtung von IT-Systemen und Organisation im Sinne einer sozio-technischen Arbeitsgestaltung nimmt und ein partizipatives Vorgehen in IT-Projekten verlangt.

Wenn in den Gesetzen von der Änderung von technischen Anlagen oder Arbeitsabläufen die Rede ist, ist der Bezug zu IT-Projekten sehr deutlich. IT-Systeme sind technische Anlagen, die in der Regel dazu führen sollen, dass sich Arbeitsabläufe ändern. Der in beiden Gesetzen vorkommende Aspekt der Leistungs- und Verhaltenskontrolle führt ebenfalls dazu, dass viele IT-Projekte mitbestimmungspflichtig sind. Jedes IT-System zeichnet Spuren des Verhaltens der Nutzenden auf. Hierzu gehören beispielsweise das Speichern und Darstellen von Datum und Uhrzeit der letzten Änderung von Dateien, Änderungsprotokolle, die zu Datenbankänderungen mitgeführt werden oder das Speichern der Fehlversuche eines Mitarbeiters, sein Passwort korrekt einzugeben. Funktionen wie das Speichern der Mitarbeitenden, die Bestellungen bei Lieferanten oder Überweisungen an Banken in ERP-Systemen freigeben, zeichnen solche Spuren offensichtlich ebenso auf.

Das BetrVG und das LPVG in NRW unterscheiden sich, ab wann sie in der Frage der Leistungs- und Verhaltenskontrolle eine Mitbestimmungspflicht sehen. Ersteres sieht eine Mitbestimmungspflicht vor, wenn IT-Systeme dazu „bestimmt" sind, Verhalten und Leistung zu überwachen. Beispiele wie die Überwachung von Passworteingaben kann hier schon eine Mitbestimmungspflicht hervorrufen, die Speicherung des letzten Änderungsdatums einer Datei nicht unbedingt. Das LPVG in NRW ist strenger: Eine Mitbestimmungspflicht liegt nur dann nicht vor, wenn die „Eignung zur Überwachung des Verhaltens oder der Leistung der Beschäftigten ausgeschlossen ist". Damit ist in Nordrhein-Westfalen jedes IT-Projekt, das Arbeitnehmende im öffentlichen Sektor betrifft, mitbestimmungspflichtig: Jede Spur, die ein IT-System hinsichtlich seiner

Nutzung aufzeichnet, ist grundsätzlich dazu geeignet, eine Leistungs- und Verhaltenskontrolle auszuüben.

Die Gesetze verweisen explizit (bspw. BetrVG § 91) auf arbeitswissenschaftliche Erkenntnisse zur Arbeitsgestaltung, deren Einhaltung Betriebs- und Personalvertretungen einfordern können. Wenn Informatikerinnen und Informatiker die Kriterien guter Arbeitsgestaltung (vgl. Kapitel 6) sowie die Grundsätze zur Gestaltung gebrauchstauglicher Software, wie wir sie aus dem Bereich der Mensch-Computer-Interaktion kennen, ernst nehmen, können sie kompetente Ansprechpartner für eine sozio-technische Systemgestaltung sein.

10.2 EU-Datenschutz-Grundverordnung (DSGVO)

Die EU-Datenschutz-Grundverordnung, in Kraft gesetzt im April 2016, löst die Europäische Datenschutzrichtlinie aus dem Jahr 1995 ab. Die EU-Datenschutz-Grundverordnung (DSGVO) „fördert den Schutz der Betroffenen bei der Verarbeitung personenbezogener Daten und den freien Verkehr solcher Daten." (BMI, 2025). Ziel der EU-Datenschutz-Grundverordnung ist die Harmonisierung und Modernisierung des europäischen Datenschutzrechts. Der bis dahin unterschiedlich umgesetzte Datenschutz in den Mitgliedsstaaten hinderte u. a. den grenzüberschreitenden Datenverkehr in der EU.

Zudem werden das europäische Datenschutzrecht und das Grundrecht auf Schutz der personenbezogenen Daten der EU-Grundrechtecharta gestärkt. „Die Betroffenen erhalten mehr Kontrolle und Transparenz bei der Datenverarbeitung, auch und gerade im digitalen Zeitalter. Durch die Datenschutz-Grundverordnung werden die Anforderungen an eine rechtswirksame Einwilligung der betroffenen Personen erhöht und deren Rechte, insbesondere auf Information und Auskunft, erweitert." (BMI, 2025).

Die DSGVO gilt für jegliche Verarbeitung personenbezogener Daten. Sie gilt sowohl für öffentliche Stellen (z. B. Behörden) als auch nicht-öffentliche Stellen (z. B. natürliche Personen, Gesellschaften und andere Personenvereinigungen des Privatrechts), immer dann, wenn sie Informationen über eine identifizierte oder identifizierbare natürliche Person verarbeiten.

Die DSGVO führt die Grundsätze der EU-Datenschutzrichtlinie für die Datenverarbeitung, insbesondere die Zweckbindung, Erforderlichkeit und Datensparsamkeit weitgehend unverändert fort. Mit der neuen Rechenschaftspflicht betont die DSGVO die Verantwortlichkeit der datenverarbeitenden Stellen für die Einhaltung der Prinzipien und deren Nachweis.

> ℹ️ Eine **Verarbeitung personenbezogener Daten** ist nach DSGVO nur rechtmäßig
> – „[...] mit der Einwilligung der betroffenen Person oder wenn die Verarbeitung erforderlich ist,
> – für die Erfüllung eines Vertrags oder zur Durchführung vorvertraglicher Maßnahmen,
> – zum Schutz lebenswichtiger Interessen der betroffenen oder einer anderen natürlichen Person,
> – zur Wahrung berechtigter Interessen des Verantwortlichen oder Dritten, sofern nicht die Interessen oder Grundrechte und Grundfreiheiten der betroffenen Person überwiegen,
> – zur Erfüllung einer rechtlichen Verpflichtung des Verantwortlichen oder
> – für die Wahrnehmung einer im öffentlichen Interesse liegenden oder in Ausübung hoheitlicher Gewalt erfolgenden Aufgabe des Verantwortlichen." (BMI, 2025).

Wie bisher bedarf jegliche Verarbeitung personenbezogener Daten einer legitimierenden Rechtsgrundlage. Folglich ist in der DSGVO genau definiert, wann die Verarbeitung personenbezogener Daten rechtmäßig ist (vgl. Infobox). Die Verarbeitung besonders sensibler Daten ist nur ausnahmsweise zulässig. Sensible Daten sind zum Beispiel Daten über die ethnische Herkunft, politische Meinungen, religiöse Überzeugungen oder Gesundheitsdaten.

10.3 Digitalstrategie der EU

Die DSGVO gehört zu den frühen Verordnungen der EU im Hinblick auf die digitale Transformation. Für die 2020er Jahre beschließt die EU eine umfassende Digitalstrategie, aus der zahlreiche weitere Verordnungen hervorgehen: „Die digitale Technologie verändert unser Leben. Mit ihrer Digitalstrategie möchte die EU dafür sorgen, dass dieser Wandel für Menschen und Unternehmen aufgeht, und einen Beitrag zur Klimaneutralität Europas bis 2050 leisten. Die Kommission ist entschlossen, das kommende Jahrzehnt zur Digitalen Dekade Europas zu machen. Europa muss jetzt seine digitale Souveränität ausbauen und eigene Standards setzen, statt anderen zu folgen. Der Schwerpunkt sollte dabei auf Daten, Technologie und Infrastruktur liegen." (EU, o. J.a).

Als Ziel dieser Bemühungen wird die digitale Souveränität sehr häufig benannt, wenn auch unterschiedlich interpretiert (Harrer und Kunau, 2024). Für dieses Lehrbuch ist die Definition des BMWi passend. „Souveränität bezeichnet die Möglichkeit zur unabhängigen Selbstbestimmung von Staaten, Organisationen oder Individuen. Digitale Souveränität ist heute ein wichtiger Teilaspekt allgemeiner Souveränität, der die Fähigkeit zur unabhängigen Selbstbestimmung in Bezug auf die Nutzung und Gestaltung digitaler Systeme selbst, der darin erzeugten und gespeicherten Daten sowie der damit abgebildeten Prozesse umfasst." (BMWi, 2018, S. 3).

Die Verhandlung und die Verkündung von Gesetzen im Rahmen der Digitalstrategie der EU ist zum Zeitpunkt der Erstellung dieses Lehrbuches noch nicht abgeschlossen. Hier geben wir eine Übersicht über bereits in Kraft getretene Gesetze. In den zumeist online zur Verfügung stehenden Quellen können diese Themen bei Bedarf und Interesse vertieft werden. Erst im Laufe der Zeit wird sich herausstellen, wie die Gesetz wirken. Aus diesem Grunde ergänzen wir fortlaufend das Zusatzmaterial um aktuelle Informationen. EU-Gesetze werden oft in deutschen Gesetzen konkretisiert. So dient beispielsweise das deutsche Digitale-Dienste-Gesetz (DDG) zur nationalen Umsetzung des Gesetzes über digitale Dienste der EU (engl. Digital Services Act, DSA) und erweitert diese europäische Verordnung.

10.3.1 Gesetz über digitale Dienste

Das Gesetz über digitale Dienste adressiert „Online- Vermittler und Online-Plattformen wie Marktplätze, soziale Netzwerke, Content-Sharing-Plattformen, App Stores sowie Reise- und Unterkunftsportale. Der zentrale Fokus liegt darauf, illegale oder schädliche Online-Aktivitäten sowie die Verbreitung von Desinformation zu verhindern. Nutzersicherheit, die Wahrung der Grundrechte und eine faire und frei verfügbare Online-Umgebung werden dabei großgeschrieben." (EU, o. J.b). Das Gesetz über digitale Dienste trat im Februar 2024 in Kraft, galt für große Online-Plattformen und Suchmaschinen schon seit August 2023.

Durch dieses Gesetz sollen die Grundrechte von Bürgerinnen und Bürger sowie generell die Zielgruppe der Kinder und Jugendlichen besser geschützt werden. Für Anbieter digitaler Dienste bringt das Gesetz Rechtsicherheit durch das EU-weite einheitliche Regelwerk. Es ist Ziel der EU, dass die Gesellschaft insgesamt von strengeren demokratischen Kontrollen und der Aufsicht über systemische Plattformen profitiert.

„Das Gesetz über digitale Dienste enthält Vorschriften für vermittelnde Online-Dienste, die täglich von Millionen von Menschen in Europa genutzt werden. Die Pflichten der einzelnen Online-Unternehmen variieren je nach Rolle, Größe und Auswirkung im Online-Umfeld." (EU, o. J.b). Dabei sind für Plattformen, die mehr als 10 Prozent der rund 450 Millionen Verbraucherinnen und Verbraucher in Europa erreichen, besondere Vorschriften vorgesehen. Dies wird damit begründet, dass das Risiko der Verbreitung illegaler Inhalte und daraus resultierender Schäden in der Gesellschaft auf den so genannten sehr großen Online-Plattformen und Suchmaschinen (engl. Very Large Online Platform, VLOP sowie Very Large Online Search Engine, VLOE) besonders hoch ist.

10.3.2 Gesetz über digitale Märkte

Das Gesetz über digitale Dienste wird ergänzt um das Gesetz über digitale Märkte (engl. Digital Markets Act, DMA). Ziel der EU ist es, für Fairness zwischen Anbietern auf digitalen Plattformen zu sorgen, indem das Verhalten besonders großer Online-Plattformen, auch Gatekeeper genannt, geregelt wird. So wie der DSA gehört der DMA zu den Kernelementen der EU-Digitalstrategie. Das Gesetz über digitale Märkte legt objektive Kriterien für die Einstufung einer großen Online-Plattform als Gatekeeper fest (vgl. Infobox). Es ist seit Mai 2023 in Kraft.

Im Gesetz über digitale Märkte ist ein Unternehmen **Gatekeeper**, wenn es
– „eine starke wirtschaftliche Position mit erheblichen Auswirkungen auf den Binnenmarkt innehat und in mehreren EU-Ländern aktiv ist,
– über eine starke Vermittlungsposition verfügt, d. h. eine große Nutzerbasis mit einer großen Anzahl von Unternehmen verbindet,
– eine gefestigte und dauerhafte Position auf dem Markt hat (oder bald haben wird). Als über längere Zeit stabil gelten Unternehmen, wenn sie die beiden vorgenannten Kriterien in jedem der letzten drei Geschäftsjahre erfüllt haben." (EU, o. J.c).

Anders als der DSA regelt der DMA nicht das Verhalten großer Anbieter im Hinblick auf Verbraucherinnen und Verbraucher, sondern im Hinblick auf andere Marktteilnehmer. Im Gesetz über digitale Märkte sind Pflichten und Verbote für die Gatekeeper formuliert. Als Pflichten gilt, dass Gatekeeper:
– „Dritten ermöglichen, in bestimmten Situationen mit den eigenen Diensten des Gatekeepers zusammenzuarbeiten,
– es ihren gewerblichen Nutzern ermöglichen, auf die Daten zuzugreifen, die sie bei der Nutzung der Gatekeeper-Plattform generieren,
– den Unternehmen, die auf ihrer Plattform Werbung betreiben, die notwendigen Instrumente und Informationen zur Verfügung stellen, um eine eigene, unabhängige Überprüfung ihrer Werbung auf der Gatekeeper-Plattform vornehmen zu können,
– es ihren gewerblichen Nutzern ermöglichen, ihr Angebot zu bewerben und Verträge mit ihren Kunden außerhalb der Gatekeeper-Plattform abzuschließen." (EU, o. J.c).

Demgegenüber stehen diese Verbote für Gatekeeper:
– „Dienstleistungen und Produkte, die der Gatekeeper selbst anbietet, gegenüber ähnlichen Dienstleistungen oder Produkten, die von Dritten auf der Plattform des Gatekeepers angeboten werden, in puncto Reihung bevorzugt behandeln,
– Verbraucher*innen daran hindern, sich an Unternehmen außerhalb ihrer Plattformen zu wenden,
– Nutzer*innen daran hindern, vorab installierte Software oder Apps zu deinstallieren, wenn sie dies wünschen,
– Endnutzer*innen außerhalb des zentralen Plattformdienstes des Gatekeepers zum Zwecke gezielter Werbung ohne ausdrückliche Zustimmung nachverfolgen." (EU, o. J.c).

10.3.3 KI-Verordnung

Die europäische Verordnung über künstliche Intelligenz (engl. AI Act) ist am 01.08.2024 in Kraft getreten. Sie zielt darauf ab, die verantwortungsvolle Entwicklung und Verwendung künstlicher Intelligenz in der EU zu fördern.

Die Verordnung ist insbesondere auf die potenziellen Risiken von KI für die Gesundheit, die Sicherheit und die Grundrechte der Bürgerinnen und Bürger ausgerichtet.

Die Verordnung definiert Anforderungen, die KI-Entwickler und -Betreiber je nach der spezifischen Verwendung der KI erfüllen müssen. Damit werden auch Anforderungen, die in Deutschland 2019 von der Datenethikkommission formuliert wurden (vgl. Kapitel 7), in EU-Recht übernommen. Mit der KI-Verordnung soll ein einheitlicher Rahmen für alle EU-Länder geschaffen werden, der auf einer zukunftsgewandten Begriffsbestimmung für KI und einem risikobasierten Ansatz (vgl. Infobox) beruht.

Die EU möchte im Bereich der KI eine weltweite Führungsrolle in Sachen sicherer KI übernehmen. Der starke Regelungsrahmen wurde basierend auf Menschenrechten und Grundwerten entwickelt. „Damit kann die EU ein KI-Ökosystem aufbauen, das allen Beteiligten Vorteile bringt. Es ermöglicht eine bessere Gesundheitsversorgung, sicherere und sauberere Verkehrssysteme und effizientere öffentliche Dienste für die Zivilgesellschaft. Innerhalb des KI-Ökosystems können innovative Produkte und Dienstleistungen entwickelt werden, insbesondere im Energie-, Sicherheits- und Gesundheitssektor. Unternehmen können von einer höheren Produktivität und effizienteren Fertigungsverfahren profitieren, während staatliche Stellen ihre Dienste, beispielsweise in den Bereichen Verkehr, Energie und Abfallentsorgung, kostengünstiger und nachhaltiger erbringen können." (EU, 2024a).

In der KI-Verordnung werden unterschiedliche Risikoklassen angegeben, für die der Umgang unterschiedlich geregelt ist:
- **Unannehmbares Risiko:** Verboten sind KI-basierte Systeme, die eine deutliche Bedrohung für die Grundrechte der Menschen darstellen. Beispiele sind Systeme, die Behörden oder Unternehmen eine Bewertung des sozialen Verhaltens ermöglichen (engl. Social Scoring), Systeme, die biometrische Identifizierung und Kategorisierung in Echtzeit zulassen, oder Systeme, die Emotionen am Arbeitsplatz oder in Bildungseinrichtungen möglich machen.
- **Hohes Risiko:** Die KI-Verordnung enthält in Anhang III eine Liste mit KI-Systemen, die als hochriskant eingestuft werden. Für diese gelten strenge Anforderungen, z. B. im Hinblick auf Risikominderungssysteme, hochwertige Datensätze, klare Informationen für die Nutzenden, menschliche Aufsicht. Beispiele für diese Klasse sind KI-basierte medizinische Systeme, KI-Systeme für die Personaleinstellung, Bildungssysteme oder autonomes Fahren.
- **Begrenztes Risiko:** Hier sind Risiken gemeint, denen mit Transparenz begegnet werden kann. Beispielsweise müssen Chatbots ihre Nutzenden darauf aufmerksam machen, dass sie mit einer Maschine kommunizieren. Darüber hinaus sind durch KI erzeugte Inhalte wie Texte oder Bilder zu kennzeichnen.
- **Minimales Risiko:** Viele KI-basierte Systeme, z. B. Spamfilter und KI-gestützte Videospiele, unterliegen keinen besonderen Verpflichtungen. Unabhängig davon steht es Unternehmen frei, sich zusätzliche Verhaltenskodizes zu geben.

10.3.4 Datenbezogene Gesetze

Im Hinblick auf die Generierung und Verwendung von Daten hat die EU zwei Verordnungen erarbeitet. Das Daten-Governance-Gesetz (engl. Data Governance Act, DGA) ist „ein sektorübergreifendes Instrument, das darauf abzielt, die Weiterverwendung von öffentlich/gespeicherten, geschützten Daten zu regulieren, die gemeinsame Nutzung von Daten durch die Regulierung neuartiger Datenvermittler zu fördern und die gemeinsame Nutzung von Daten für altruistische Zwecke zu fördern." (EU, 2024b). Es ist das erste Ergebnis im Rahmen der europäischen Datenstrategie und trat im September 2023 in Kraft. Mit dem Data-Governance-Gesetz sollen wirtschaftliche und gesellschaftliche Potenziale genutzt werden, zum Beispiel durch die Nutzung von Daten für eine bessere Gesundheitsversorgung oder personalisierter Behandlungen.

Das Datengesetz (engl. Data Act, DA) ist „eine umfassende Initiative zur Bewältigung der Herausforderungen und zur Freisetzung der Chancen, die Daten in der Europäischen Union bieten, wobei der Schwerpunkt auf einem fairen Zugang und Nutzerrechten liegt und gleichzeitig der Schutz personenbezogener Daten gewährleistet wird." (EU, 2024c). Das Datengesetz trat im Februar 2024 in Kraft und ergänzt das Daten-Governance-Gesetz. Es soll eine gerechte Verteilung des Wertes von Daten ermöglichen, indem klare und faire Regeln für den Zugriff auf und die Nutzung von Daten innerhalb der europäischen Datenwirtschaft definiert werden. Beispielsweise werden bei vernetzten Geräten bei jeder Nutzung neue Daten generiert, insbesondere innerhalb des Internets der Dinge (engl. Internet of Things, IoT). Diese tragen zum Produkt bei und werden damit zu einem wesentlichen Bestandteil. „Das Datengesetz gibt Einzelpersonen und Unternehmen das Recht, auf die Daten zuzugreifen, die durch ihre Nutzung intelligenter Objekte, Maschinen und Geräte erzeugt werden." (EU, 2024c).

„Während das Daten-Governance-Gesetz Prozesse und Strukturen regelt, die den freiwilligen Datenaustausch erleichtern, stellt das Datengesetz klar, wer aus Daten Wert schaffen kann und unter welchen Bedingungen. Zusammen werden diese beiden Rechtsakte einen zuverlässigen und sicheren Zugang zu Daten erleichtern und deren Nutzung in wichtigen Wirtschaftszweigen und Bereichen von öffentlichem Interesse fördern. Sie werden auch zur Schaffung eines EU-Binnenmarkts für Daten beitragen, von dem letztlich sowohl die europäische Wirtschaft als auch die Gesellschaft insgesamt profitieren werden." (EU, 2024c).

10.4 Zusammenfassung

In diesem Kapitel beschäftigten wir uns mit einem rechtlichen Rahmen für IT-Projekte. Dieser ist in Abbildung 10.1 zusammenfassend dargestellt. Er bietet eine geeignete Grundlage für die Beachtung rechtlicher Themen in IT-Projekten. Dabei wurden mit dem Betriebsverfassungsgesetz (BetrVG) und den Landespersonalvertretungsgesetzen (LPVG) die Gesetze vorgestellt, die für die Einführung und den Betrieb von IT-Systemen in Unternehmen oder Organisationen relevant sind. Mit der EU-Datenschutzgrundverordnung (DSGVO) haben wir das Regelwerk zum Umgang mit personenbezogenen Daten kennengelernt. Schließlich wurden die Gesetze über digitale Dienste (engl. Digital Services Act) und digitale Märkte (engl. Digital Markets Act) sowie die KI-Verordnung (AI Act) und datenbezogene Gesetze eingeführt. Diese werden der EU-Digitalstrategie zugeordnet, mit der die EU beabsichtigt, geeignete Rahmenbedingungen und gesetzliche Regelungen für die digitale Transformation zu schaffen.

Abbildung 10.1: Der rechtliche Rahmen für IT-Projekte.

Darüber hinaus existieren zahlreiche, weitere Gesetze, die für die Informatik von Bedeutung sind. Für eine weitere Vertiefung in rechtliche Fragen zur digitalen Transformation empfehlen wir Bücher mit unterschiedlichen Schwerpunkten wie beispielsweise IT-Vertragsrecht (Hoeren und Pinelli, 2024) oder IT- und Datenschutzrecht (Auer-Reinsdorf und Conrad, 2019).

10.5 Fragen zur Wiederholung

1. Erkläre relevante Passagen des BetrVG, die die Beteiligung von Arbeitnehmenden an IT-Projekten regelt.
2. Welche Daten regelt die EU-Datenschutzgrundverordnung? Für wen gilt sie?
3. Welche Gesetze werden der EU-Digitalstrategie zugeordnet?
4. Was sind Gatekeeper im Sinne des Digital Markets Act?
5. Welche Pflichten und Verbote gelten für diese Gatekeeper?

6.   Welche Risikoklassen werden in der KI-Verordnung unterschieden?

10.6 Zum Nachdenken/Zur Diskussion

Im Zusatzmaterial befinden sich zu den Inhalten dieses Kapitels zahlreiche aktuelle Fallbeispiele zur Diskussion und Vertiefung. Es ist hinter dem QR-Code oder hier zu erreichen: https://www.degruyterbrill.com/document/isbn/9783111479590/html

10.7 Literatur

Auer-Reinsdorff, Astrid; Conrad, Isabell (2019): Handbuch IT- und Datenschutzrecht, 3. Auflage. München: C.H.Beck.

Bundesministerium des Inneren (BMI) (2025): Datenschutz-Grundverordnung. Online verfügbar unter: https://www.bmi.bund.de/SharedDocs/faqs/DE/themen/it-digitalpolitik/datenschutz/datenschutz grundvo-liste.html (abgerufen am 23.04.2025).

Bundesministerium für Wirtschaft und Energie (BMWi) (2018): Digitale Souveränität und Künstliche Intelligenz. Voraussetzungen, Verantwortlichkeiten und Handlungsempfehlungen. Online verfügbar unter https://www.de.digital/DIGITAL/Redaktion/DE/Digital-Gipfel/Download/2018/p2-digitale-souveraenitaet-und-kuenstliche-intelligenz.pdf?__blob=publicationFile&v=5 (abgerufen am 23.04.2025).

EU (o. J.a): Ein Europa für das digitale Zeitalter. Online verfügbar unter https://commission.europa.eu/stra tegy-and-policy/priorities-2019-2024/europe-fit-digital-age_de (abgerufen am 23.04.2025).

EU (o. J.b): Gesetz über digitale Dienste. Online verfügbar unter https://commission.europa.eu/strategy-and-policy/priorities-2019-2024/europe-fit-digital-age/digital-services-act_de (abgerufen am 23.04.2025).

EU (o. J.c): Das Gesetz über digitale Märkte: für faire und offene Märkte. Online verfügbar unter https://commission.europa.eu/strategy-and-policy/priorities-2019-2024/europe-fit-digital-age/digital-markets-act-ensuring-fair-and-open-digital-markets_de (abgerufen am 23.04.2025).

EU (2024a): KI-Verordnung tritt in Kraft. Online verfügbar unter https://commission.europa.eu/news/ai-act-enters-force-2024-08-01_de (abgerufen am 23.04.2025).

EU (2024b): Daten-Governance-Gesetz erläutert. Online verfügbar unter https://digital-strategy.ec.europa.eu/de/policies/data-governance-act-explained (abgerufen am 23.04.2025).

EU (2024c): Datengesetz. Online verfügbar unter https://digital-strategy.ec.europa.eu/de/policies/data-act (abgerufen am 23.04.2025).

Harrer, Andreas; Kunau, Gabriele (2024): Digitale Souveränität in Hochschulen – am Beispiel des Projektes SecAware.nrw. In: Klein, Maike; Krupka, Daniel; Winter, Cornelia; Gergeleit, Martin; Martin, Ludger (Hrsg.): Informatik 2024. Bonn: Gesellschaft für Informatik e.V., S. 781–790. Online verfügbar unter https://dl.gi.de/handle/20.500.12116/45228 (abgerufen am 23.04.2025).

Hoeren, Thomas; Pinelli, Stefan (2024): IT-Vertragsrecht. Berlin: De Gruyter.

Wichert, Joachim (2018): Arbeitsrecht. In: Gabler Wirtschaftslexikon. Online verfügbar unter https://wirtschaftslexikon.gabler.de/definition/arbeitsrecht-28071 (abgerufen am 23.04.2025).

11 Musterlösungen für die Wiederholungsfragen

11.1 Kapitel 1

1. Definiere Informatik aus verschiedenen Blickwinkeln.

Auf der einen Seite gibt es Definitionen, die sich rein auf die Entwicklung von IT-Systemen fokussieren. Auf der anderen Seite gibt es Definitionen, die Anwendung und Auswirkungen des Computereinsatzes in unterschiedlichem Maße mit zum Gegenstand der Informatik machen.

Für eine weniger provokante Beschreibung der Informatik hat sich die Gesellschaft für Informatik entschieden, auf die wir auch in diesem Lehrbuch setzen: „Informatik ist eine Basis- und Querschnittsdisziplin, die ihre Grundlagen aus der Mathematik und den Ingenieurswissenschaften bezieht und in alle Lebens- und Anwendungsbereiche wirkt." (GI, 2015, S. 3).

2. Welche Teildisziplinen der Informatik werden unterschieden?

In den meisten Lehrbüchern hat sich die Unterteilung der Informatik in die vier Teildisziplinen theoretische, technische, praktische und angewandte Informatik durchgesetzt.

3. Beschreibe die Disziplin Informatik & Gesellschaft.

Informatik & Gesellschaft hat sozio-technische Systeme zum Gegenstand. (1) Sie entwickelt Theorien und Modelle zu ihrer Beschreibung. (2) Sie analysiert und beschreibt die Wechselwirkungen zwischen der Informationstechnik und den sie nutzenden sozialen Systemen. (3) Sie entwickelt Methoden zu ihrer Gestaltung, die neben der Technikgestaltung auch die Veränderung im sozialen System im Blick haben.

4. Definiere den Begriff Gesellschaft.

Gesellschaft ist definiert „als Gegenstand der Soziologie v. a. die territorial abgegrenzte Organisationsform zur Befriedigung und Sicherstellung der Lebensvollzüge einer größeren Menschengruppe." (Springer Gabler Verlag, 2010).

5. Welche Rolle spielt die Soziologie für Informatik & Gesellschaft?

In der Soziologie wird Gesellschaft im engeren Sinne beschrieben als Form des menschlichen Zusammenlebens, die einen Handlungsrahmen entwickelt und die individuelle Erfahrungswelten übersteigt. Diese Definition macht deutlich, dass Informatik & Gesellschaft weniger die Erfahrung des einzelnen als vielmehr den Einfluss der digitalen Transformation auf das Zusammenleben vieler Menschen zum Thema hat. Das Teilgebiet der Soziologie, das einen besonders engen Bezug zu Informatik & Gesellschaft hat, ist die Techniksoziologie. Sie beschäftigt sich mit der zunehmenden

https://doi.org/10.1515/9783111478555-011

Technisierung der Gesellschaft und stellt Fragen nach der Steuerbarkeit von Technikentwicklung.

6. Welche Rolle spielt die Psychologie für Informatik & Gesellschaft?

Die Disziplin der Psychologie hat zum Ziel, menschliches Verhalten zu beschreiben,
zu erklären und vorherzusagen. Für Informatik & Gesellschaft sind besonders Erkenntnisse aus zwei Bereichen der Psychologie interessant: Die Arbeits- und die
Organisationspsychologie legt die Basis für die Gestaltung von Arbeitsaufgaben und
-prozessen. Inhalte der Wahrnehmungspsychologie können für die Gestaltung von Benutzungsschnittstellen gewinnbringend eingesetzt werden und sind häufig Bestandteil von Lehrveranstaltungen zu Mensch-Computer-Interaktion.

11.2 Kapitel 2

1. Warum braucht man ein Konzept wie das der sozio-technischen Systeme?

Will man das Zusammenspiel von Menschen und Technik beschreiben, so kommt
man schnell zu der Erkenntnis, dass es nicht ausreicht, die beiden Elemente getrennt
voneinander zu behandeln. Es gibt Wechselwirkungen. So verhalten sich Menschen
anders, wenn sie eine Technik zur Verfügung haben, als wenn sie ohne diese Technik
auskommen müssen. Die Sinnhaftigkeit und Qualität von Technik wiederum lassen
sich nur im Kontext ihrer Nutzung durch Menschen beschreiben und bewerten. Das
Konzept der sozio-technischen Systeme soll hier unterstützen.

2. Beschreibe den historischen Ursprung des Begriffs der sozio-technischen Systeme.

Der Begriff des sozio-technischen Systems wurde erstmals geprägt von Forschern des
britischen Tavistock Institute of Human Relation: In den 1950er Jahren im Kontext
von Forschungen zum britischen Steinkohlebergbau. Die Forscher damals kamen zu
der Schlussfolgerung, dass die Beziehung sozialer, psychologischer und technischer
Aspekte so eng ist, dass man sie nur in Kombination verstehen und gestalten kann.
Um diesen engen Zusammenhang zu beschreiben, prägten sie den Begriff des sozio-
technischen Systems.

3. Wo wird das Konzept der sozio-technischen Systeme in der Informatik verwendet?

Das Konzept der sozio-technischen Systeme findet auch in der Informatik, insbesondere in der Softwareentwicklung, Anwendung. Dahinter steckt die Erkenntnis, dass
auch Softwaresysteme nur dann erfolgreich eingesetzt werden können, wenn sie sinnvoll in einen organisatorischen Zusammenhang eingebettet werden. Für Softwaresysteme gilt genau das, was die Forscher des Tavistock Institute für die modernen Maschinen im Bergbau wie oben beschrieben haben. Enid Mumford war in den 1980er
und 1990er Jahren die Erste, die die sozio-technische Systeme in der Informatik betrachtet hat. Danach hat beispielsweise Ian Sommerville den Begriff im Software Engi-

neering verwendet. Der Verein Wirtschaftsinformatik e.V. definiert sozio-technische Systeme als den Gegenstand der Wirtschaftsinformatik.

4. Wie lautet eine allgemeine Definition des Begriffs „sozio-technisches System"?

Eine generische Beschreibung lautet: Sozio-technische Systeme beinhalten menschliche Akteure, die mit Technik interagieren (vgl. Polojärvi et al., 2023, S. 485).

5. Welche anderen Ansätze zur Definition sozio-technischer Systeme kennst du?

In der industriell geprägten Arbeitswelt wird ein sozio-technisches System als Produktionseinheit verstanden. Hier wird das MTO-Schema aus der Arbeits- und Organisationspsychologie verwendet, das ein sozio-technisches System als Dreiklang aus Mensch, Technik und Organisation beschreibt. Für die Softwaretechnik definiert Ian Sommerville, dass sozio-technische Systeme Technik und Personen umfassen und sich durch definierte Arbeitsprozesse auszeichnen. In der Wirtschaftsinformatik wird betont, dass in einem sozio-technischen System soziale und technische Teilkomponenten untrennbar zusammenwirken. Einen anderen Ansatz bieten sozioinformatische Systeme, die eine Teilmenge sozio-technischer Systeme darstellen. Sozio-informatische Systeme enthalten immer ein Hard- und/oder Softwaresystem als zentralen Technikteil.

6. Erkläre die Definition sozio-technischer Systeme, die in diesem Lehrbuch verwendet wird, anhand eines Beispiels.

Ein soziales System soll dann sozio-technisches System genannt werden, wenn es eine besondere Beziehung zu einem technischen System in seiner Umwelt eingeht. Diese besondere Beziehung ist durch folgende Eigenschaften gekennzeichnet:
– Das soziale System nutzt das technische System zur Unterstützung der Kommunikationsprozesse.
– Das soziale und das technische System prägen sich wechselseitig:
  – Das technische System beeinflusst das soziale System.
  – Das soziale System gestaltet das technische System.
– Das technische System findet Eingang in die Selbstbeschreibungen des sozialen Systems. So entstehen sozio-technische Selbstbeschreibungen.

Ein Beispiel ist die Nutzung einer E-Learning-Plattform in einer I&G-Vorlesung:
– Das soziale System bilden die Dozentin und die Studierenden durch ihre Kommunikation miteinander.
– Sie nutzen die E-Learning-Plattform als technisches System.
– Vorlesungsmaterial wird auf der Plattform bereitgestellt und Studierende geben Hausarbeiten auf der Plattform ab. So wird die E-Learning-Plattform zur Kommunikation in dem sozialen System genutzt.
– Das technische System E-Learning-Plattform beeinflusst das soziale System, weil sich durch die Online-Zusammenarbeit Präsenzzeiten reduzieren.

– Das soziale System gestaltet das technische System, indem Regeln technisch umgesetzt werden. In der E-Learning-Plattform findet das beispielsweise durch die
Zulassung von Kursteilnehmern und deren Zugriffsrechte auf Dokumente statt.
– Die Studierenden und die Dozentin vereinbaren, dass Sprechstundentermine nur
über die E-Learning-Plattform gebucht werden können. So wird die E-Learning-
Plattform Teil der Selbstbeschreibung des sozialen Systems und es entsteht eine
sozio-technische Selbstbeschreibung.

**7. Was sind sozio-technische Selbstbeschreibungen und welche Relevanz haben sie in
IT-Projekten?**

Sozio-technische Selbstbeschreibungen stellen dar, wie ein soziales System die Nutzung eines technischen Systems integrieren möchte. Je gelungener diese Beschreibung
ist, desto höher ist die Wahrscheinlichkeit, dass das technische System erfolgreich genutzt wird.

Mögliche Inhalte sozio-technischer Selbstbeschreibungen sind:
– Beschreibung der Aufgabenteilung zwischen Menschen und Technik,
– Beschreibung der Nutzung eines technischen Systems im Ablauf eines Arbeitspro-
zesses,
– Vereinbarungen unter Kollegen hinsichtlich der Nutzung eines technischen Systems,
– Vereinbarungen hinsichtlich der Nutzung ergänzender technischer Systeme,
– Vereinbarung hinsichtlich der Nicht-Nutzung technischer Systeme.

11.3 Kapitel 3

**1. Welche drei Arten von Kommunikation können in der Informatik unterschieden
werden?**

Es werden die folgenden drei Arten unterschieden: (1) Computer-Computer-Kommunikation, (2) Mensch-Computer-Kommunikation, (3) Mensch-Mensch-Kommunikation.

2. Nenne jeweils ein Beispiel für Verhalten, Handeln und soziales Handeln.

Verhalten: gähnen, niesen
Handeln: schreiben, Fahrrad fahren
soziales Handeln: etwas aussprechen, jemandem die Hand schütteln

**3. Ordne die Personen Paul Watzlawick, Warren Weaver und Niklas Luhmann je
einer der besprochenen Perspektiven auf Kommunikation zu.**

Paul Watzlawick: psychologische Perspektive
Warren Weaver: nachrichtentechnische Perspektive
Niklas Luhmann: soziologische Perspektive

4. Beschreibe die vier Seiten einer Nachricht nach Schulz von Thun in folgendem Beispiel: Ein Projektleiter sagt in einer Projektsitzung zu seinem Team: „Ich werde entscheiden, sobald fundierte Testergebnisse vorliegen."

Die vier Seiten der Kommunikation sind:

(1) Selbstoffenbarung: Entscheidung ist erst nach den Testergebnissen möglich.

(2) Sachinhalt: Eine Entscheidung findet statt, nachdem die Testergebnisse vorliegen.

(3) Beziehung: Ich traue euch als Teammitgliedern zu, dass ihr die Testergebnisse erstellen könnt.

(4) Appell: Liebe Teammitglieder, bitte erstellt schnell die Testergebnisse.

5. Welche drei Selektionen werden in der soziologischen Perspektive auf Kommunikation unterschieden?

Die drei Selektionen in der soziologischen Perspektive sind:

(1) Selektion aus der Menge an Informationen

(2) Selektion bezüglich der Mitteilungsäußerung

(3) Selektion auf Empfängerseite

6. Die folgenden Aussagen (1–7) beschreiben eine zusammenhängende Handlungssituation. Zur Vereinfachung nehmen wir an, dass die Mitteilende Anna ist, der Aufnehmende Paul.

(1) Aha, wir gehen also heute Abend ins Konzert.

(2) Es soll eine Überraschung darstellen.

(3) Was ist das? – Da liegen zwei Konzertkarten für heute.

(4) Vor Überraschungen ist man bei Anna nie sicher.

(5) Ich hätte Lust, mit Paul ins Konzert zu gehen.

(6) Paul mag Überraschungen.

(7) Zwei Konzertkarten liegen auf dem Tisch.

Ordne den einzelnen Aussagen eines der folgenden Elemente des kontext-orientierten Kommunikationsmodells zu (a-g):

(a) Idee von Anna

(b) Kommunikationskonzept

(c) Ausdruck

(d) Ausdrucksabbild

(e) Idee von Paul

(f) Partnerbild, das Anna von Paul hat

(g) Partnerbild, das Paul von Anna hat

–   1e

–   2b

–   3d

–   4g

- 5a
- 6 f
- 7c

11.4 Kapitel 4

1. Was sind die wesentlichen Bestandteile menschlicher Zusammenarbeit?
Zusammenarbeit zeichnet sich durch die 3 Ks Kommunikation, Kooperation, Koordination aus.

2. Wofür steht der Begriff CSCW?
CSCW steht für Computer Supported Cooperative Work und bezeichnet ein interdisziplinäres Forschungsfeld, das sich vornehmlich zwei Zielen widmet. Diese sind (1) das Verstehen von Charakter und Anforderungen kooperativer Arbeitsprozesse und (2) die Entwicklung IT-gestützter Technologien für kooperative Arbeitsprozesse.

3. Benenne zwei Möglichkeiten der Klassifikation von Groupware. Erläutere eine dieser Klassifikationsmöglichkeiten.
Zwei bekannte und weit verbreitete Klassifikationsmöglichkeiten sind das 3-K-Modell und die Raum-Zeit-Matrix.

Das 3-K-Modell rückt die drei Bestandteile der Zusammenarbeit Kommunikation, Kooperation und Koordination in das Zentrum der Betrachtung und ordnet diese in einem Dreieck an. Die Positionierung der verschiedenen Groupwarebeispiele innerhalb dieses Dreiecks macht damit den Anwendungsschwerpunkt des jeweiligen Systems deutlich.

Die Raum-Zeit-Matrix gliedert die unterschiedlichen Ausprägungen von Groupware nach Relation der Gruppenmitglieder mit Bezug zu Raum und Zeit. Sie unterscheidet alle Kombinationen von gleicher/verschiedener Zeit bzw. Ort und ordnet Groupware in die entstehenden Quadranten.

4. Was sind geteilte Arbeitsbereiche? In welchen Situationen werden sie eingesetzt?
Der Begriff geteilte Arbeitsbereiche steht für eine Art von Groupware, die die Unterstützung möglichst aller Bestandteile von Gruppenarbeit in einem System integriert. Geteilte Arbeitsbereiche integrieren Funktionalitäten zur Unterstützung von Kommunikation, Kooperation und Koordination. Damit muss eine Gruppe nur ein System einsetzen, um alle Aufgaben zu unterstützen und es sind leichte Übergänge zwischen den Bestandteilen der Gruppenarbeit möglich. Sie werden immer dann eingesetzt, wenn sich Gruppenmitglieder flexibel selbst organisieren.

5. Was sind Workflowmanagementsysteme? In welchen Situationen werden sie eingesetzt?

Workflowmanagementsysteme (WFMS) unterstützen die Ausführung und Überwachung von Workflows bzw. Geschäftsprozessen. Sie werden zur Unterstützung von solchen Geschäftsprozessen eingesetzt, die folgende Eigenschaften haben:

- Sie werden in der Regel von mehreren Personen und abteilungsübergreifend bearbeitet.
- Sie sind stark strukturiert und umfassen formalisierbare Aufgaben: Nur wenn es gelingt, die Gruppenaufgabe in Einzelaufgaben zu zerlegen und diese in eine Reihenfolge zu bringen, kann der Geschäftsprozess in einen Workflow überführt werden.
- Sie laufen in der Regel immer gleich ab und müssen oft ausgeführt werden. Nur dann lohnt sich der Aufwand, den Prozess in einen Workflow zu übertragen und diesen im Workflowmanagementsystem zu integrieren.

11.5 Kapitel 5

1. Welche Ziele verfolgt die wissenschaftliche Disziplin der Techniksoziologie?

Die Techniksoziologie als Teilgebiet der allgemeinen Soziologie kann wie folgt definiert werden: „Techniksoziolog*innen sehen es als ihre Hauptaufgabe an, den mit der Technisierung verbundenen gesellschaftlichen Wandel zu untersuchen und ebenso die sozialen und gesellschaftlichen Entstehungsbedingungen technischer Wandlungsprozesse. Die Techniksoziologie untersucht diese Wechselwirkungen zwischen Technik und Gesellschaft und sie erarbeitet Methoden und Konzepte, um ihre Beobachtungen für die sozialwissenschaftliche Theoriebildung fruchtbar zu machen." (Schubert und Schulz-Schaeffer, 2019, S. 1).

Die Techniksoziologie beleuchtet also das Zusammenwirken von Technik und Gesellschaft sowohl im Entstehungs- als auch im Anwendungskontext (Häußling, 2019, S. 14). Für den Entstehungskontext von Technik (Technikgenese) wird gefragt, wie neue Technologien entstehen, unter welchen Bedingungen sie sich etablieren und welche sozialen Prozesse darauf Einfluss haben. Für den Anwendungskontext von Technik wird gefragt, welche sozialen Prozesse dafür sorgen, dass Technik funktioniert. Von Interesse sind aber auch die Aneignungsprozesse, die die Gesellschaft hinsichtlich einer Technik vollzieht, sowie die Auswirkungen, die die Technik auf die Gesellschaft hat.

2. Was zeichnet die Sichtweise des Technikdeterminismus aus?

Die technikdeterministische Sichtweise kann durch folgende Aussagen charakterisiert werden:

- Technik ist etwas, das außerhalb der Gesellschaft steht und sich unabhängig von dieser entwickelt.

- Technischer Wandel geschieht unverursacht allein dadurch, dass technischer Fortschritt machbar ist.
- Technische Entwicklungen folgen ihrer eigenen Logik und sind durch soziale Prozesse oder den menschlichen Willen nicht steuerbar.
- Die Gesellschaft muss sich mit den durch den technischen Fortschritt entstandenen Fakten auseinandersetzen.

3. Erkläre ein Beispiel für die Sichtweise des Technikdeterminismus.

Die Art, wie ChatGPT Ende 2022 unvermittelt einer breiten Öffentlichkeit zur Verfügung gestellt wurde, ist ein gutes Beispiel für die Sichtweise des Technikdeterminismus. Nur wenige hatten bis dahin von generativer KI überhaupt gehört. Die meisten Menschen und die Gesellschaft als Ganzes waren auf diese Technik nicht vorbereitet. Niemand hatte beispielsweise in einer öffentlichen Abstimmung entschieden, dass KI-gestützte Chatbots in unser Leben treten sollen – sie waren einfach plötzlich da. Nachdem schnell deutlich wurde, wie mächtig und vielseitig generative KI ist, änderten sich Arbeitsaufgaben in vielen Berufsfeldern. Außerdem wurde begonnen, die Nutzung generativer KI in die Gesetze und Regelwerke aufzunehmen.

4. Erkläre das Phänomen des Cultural Lag und nenne ein Beispiel.

Die Folge einer durch Technik determinierten Entwicklung ist, dass neue Technik sozialen Wandel erzwingt. Die Gesellschaft hinkt den technischen Entwicklungen hinterher und muss sich durch Veränderung ihrer Werte, Normen und Verhaltensweisen immer wieder auf neue technische Gegebenheiten anpassen. Der amerikanische Soziologe William F. Ogburn prägte für diese Situation den Begriff des Cultural Lag bzw. der kulturellen Phasenverschiebung. Cultural Lag beschreibt die Einschätzung, dass sich eine Gesellschaft reaktiv technischen Entwicklungen anpasst (Häußling, 2019, S. 93 ff). Ein Beispiel für das Phänomen des Cultural Lag ist, dass der Digital Services Act (DSA) der Europäischen Union 2022 in Kraft getreten ist, um große Plattformen zu regulieren. Amazon als eine der sehr großen Plattformen wurde 1995 als Online-Buchhandel gegründet und hatte bereits 1997 über eine Million Nutzende.

5. Erkläre das Phänomen des Technological Fix und nenne ein Beispiel.

Mit Technological Fix bezeichnet man den Ansatz, technische Lösungen auch in den Fällen zu nutzen, in denen die Probleme komplexe soziale oder gesellschaftliche Ursachen haben. Dabei werden die sozialen oder gesellschaftlichen Folgen der technischen Lösung oft nicht betrachtet. Ein Beispiel aus der Arbeitswelt ist, wenn eine Firma ein technisches Wissensmanagementsystem einführt, ohne zu hinterfragen, warum die Mitarbeitenden ihr Wissen bisher nicht auf anderem Wege geteilt haben. Wenn beispielsweise die Firmenkultur nicht zum Teilen von Wissen ermutigt, dann wird auch die Einführung eines technischen Wissensmanagementsystems das Problem nicht lösen.

6. Was zeichnet die Sichtweise des Sozialdeterminismus aus?

Die sozialdeterministische Perspektive stellt die aktive Rolle der Gesellschaft bei der Durchsetzung technologischer Innovationen in den Mittelpunkt. Die sozialdeterministische Sichtweise kann durch die folgenden Aussagen charakterisiert werden:

- Technische Entwicklungen sind immer auch soziale Prozesse, deren Verlauf sowohl von den handelnden Menschen als auch von gesellschaftlichen Strömungen beeinflusst werden.
- Die Aneignung von Technologien durch Nutzende ist ein sozialer Prozess, der oft anders verläuft als die Konstrukteure der Technik sich das vorgestellt haben.

Technische Artefakte verkörpern die Umsetzung sozialer Ziele.

7. Erkläre ein Beispiel für die Sichtweise des Sozialdeterminismus.

Google nahm seine 2012 eingeführte Google Glass 2015 für Privatpersonen wieder vom Markt, weil sie sich nicht durchsetzen konnte und in der Öffentlichkeit sogar negativ konnotiert war. Die Brille, die der Technik der Augmented Reality (AR) zuzuordnen ist, stieß auf breiten Widerstand, weil Menschen z. B. die Befürchtung hatten, gegen ihren Willen aufgenommen zu werden (Berkemeier et al., 2019). In diesem Beispiel wird deutlich, dass es auch einer ausgereiften Technologie nicht immer gelingt, sich durchzusetzen. Soziale Prozesse spielen bei der Verbreitung und Nutzung von Technik eine entscheidende Rolle.

8. Wie beschreibt die Actor-Network Theory das Zusammenspiel von Mensch und Technik?

Eine zentrale Aussage der Actor-Network Theory (ANT) ist, dass „technologische Artefakte keine passiven Instrumente, sondern eher soziale Partner in der Konstruktion von Wissen sind." (Belliger und Krieger, 2024, S. 193, Übersetzung der Autorinnen). In der Actor-Network Theory geht es nicht darum, das Verhältnis zwischen Gesellschaft und einer außerhalb liegenden Technik zu beschreiben. Vielmehr ist die Technik ein inhärenter Teil der Gesellschaft. Eine Gesellschaft im Sinne der ANT besteht aus einem Geflecht von Aktanten, die menschlicher oder technischer Natur sein können (Degele, 2002). Alle Aktanten eines Netzwerkes sind gleichberechtigt, unabhängig davon, ob sie menschlich oder technisch sind.

9. Erläutere den Begriff der Inskription und nenne ein Beispiel aus dem Kontext der Informatik.

Die ANT prägt den wichtigen Begriff der Inskription. Bruno Latour spricht davon, dass soziale Normen durch Technik gehärtet werden. Inskription bedeutet, dass technische Artefakte Handlungsskripte enthalten, oder anders ausgedrückt: Gewünschtes Verhalten wird in Technik inskribiert (Degele, 2002). Wenn eine Kalenderapp so konfiguriert ist, dass sie zu jedem Termin 15 Minuten vor Beginn eine Erinnerung schickt, dann ist das gewünschte Verhalten, zu Terminen pünktlich zu erscheinen, in die Technik inskribiert worden.

11.6 Kapitel 6

1. Stelle den Zusammenhang zwischen IT-Systemen und Arbeitsgestaltung dar.

Es gibt kaum einen Arbeitsplatz, an dem nicht mit IT-Systemen gearbeitet wird. Das bedeutet, dass in der Informatik entwickelte Anwendungen in der Arbeitsgestaltung eine wichtige Rolle spielen. Den Bezug zwischen IT-Systemen und Arbeitsgestaltung kann man aus zwei Perspektiven betrachten:

- Moderne kooperationsunterstützende IT-Systeme sind nicht nur neutrale Werkzeuge, sondern beeinflussen die inhaltliche Arbeitsorganisation sowie die Eigenschaften von Arbeitsaufgaben.
- Um die Arbeitnehmer durch ihre Arbeit an den IT-Systemen nicht zu schädigen, müssen diese ergonomisch gestaltet sein.

2. Womit beschäftigt sich die Arbeits- und Organisationspsychologie?

Die Psychologie ist die Lehre des menschlichen Verhaltens. Die Arbeits- und Organisationspsychologie beschäftigt sich mit menschlichem Erleben und Verhalten speziell im Arbeitskontext in Organisationen. Sie geht insbesondere der Frage nach, wie Rahmenbedingungen und Arbeitsaufgaben so gestaltet werden können, dass die arbeitenden Menschen nicht nur nicht geschädigt, sondern sogar in ihrer Entwicklung gefördert werden.

3. Was ist Arbeitsgestaltung im Sinne der Arbeits- und Organisationspsychologie?

„Der Begriff Arbeitsgestaltung steht für die systematische Veränderung technischer, organisatorischer und (oder) sozialer Arbeitsbedingungen mit dem Ziel, diese an die Leistungsvoraussetzungen des arbeitenden Menschen anzupassen, sodass sie der Erhaltung und Entwicklung der Persönlichkeit sowie der Gesundheit der arbeitenden Menschen im Rahmen effizienter und produktiver Arbeitsprozesse dienen." (Nerdinger et al., 2019, S. 691).

4. Aus welchen drei Säulen besteht das Job Characteristics Model (JCM) und welche Inhalte haben sie?

Die erste (linke) Säule des Modells heißt „Tätigkeitsmerkmale". Sie enthält wichtigen Merkmale einer Tätigkeit: Anforderungsvielfalt, Ganzheitlichkeit, Wichtigkeit, Autonomie, Rückmeldung durch die Tätigkeit.

Die zweite (mittlere) Säule beschreibt psychologische Prozesse bzw. Erlebniszustände, die durch eine Arbeitsaufgabe, die die in der ersten Säule beschriebenen Eigenschaften erfüllt, ausgelöst werden: erlebte Bedeutsamkeit der eigenen Arbeit, erlebte Verantwortung für die Ergebnisse der eigenen Arbeit, Wissen über die aktuellen Resultate der eigenen Arbeit. Diese psychologischen Prozesse bzw. Erlebniszustände lösen die in der dritten Säule beschriebenen Arbeitsergebnisse aus.

Die dritte (rechte) Säule des Modells heißt „Arbeitsergebnisse". Sie enthält Effekte, die eintreten, wenn eine Arbeitsaufgabe die in der ersten Säule beschriebenen Eigenschaften erfüllt: hohe intrinsische Motivation, hohe allgemeine Arbeitszufriedenheit, hohe Zufriedenheit mit Wachstumsmöglichkeiten sowie eine gute Arbeitsleistung, die sich durch eine hohe Arbeitseffektivität zeigt.

5. Welches sind die fünf im JCM genannten Kriterien guter Arbeitsaufgaben?

Anforderungsvielfalt: Gute Arbeitsaufgaben fordern die arbeitenden Menschen auf unterschiedliche Weisen, und verhindern, dass sie einseitig beansprucht werden. Den Menschen soll ermöglicht werden, möglichst viele unterschiedliche Fähigkeiten, Kenntnisse und Fertigkeiten einzusetzen. Dies bezieht sich auf den motorischen, intellektuellen und sozialen Bereich.

Ganzheitlichkeit: Das Prinzip der ganzheitlichen Arbeitsaufgabe meint, dass Mitarbeiterinnen und Mitarbeiter vollständige (Teil-)Produkte erstellen bzw. vollständige Dienstleistungen erbringen.

Wichtigkeit: Das Kriterium der Wichtigkeit meint, dass ein Arbeitnehmer Sinn in seiner Arbeit sieht. So erhält er das Gefühl, mit seiner Arbeit etwas Positives zu bewirken. Wichtigkeit kann eine Arbeit erlangen, wenn ihr Zusammenhang mit anderen Arbeiten in der Organisation deutlich ist oder wenn sie einen direkten Kundennutzen mit sich bringt.

Autonomie: Übersetzt bedeutet Autonomie Unabhängigkeit oder Selbstständigkeit. Gute Arbeitsaufgaben erlauben Arbeitnehmern einen Rahmen, innerhalb dessen sie ihre Tätigkeiten selbstständig organisieren können.

Rückmeldung: Rückmeldung im Sinne des JCM bedeutet, dass die arbeitende Person, während sie die Aufgabe ausführt, direkt erkennen kann, dass Fortschritte erzielt werden.

6. Welche weiteren Kriterien guter Arbeitsaufgaben gibt es?

Möglichkeit zur sozialen Interaktion: Gute Arbeitsaufgaben sind so gestaltet, dass sie die Kooperation mit anderen Menschen nahelegen oder sogar voraussetzen. Sie geben den Arbeitnehmern nicht nur die Möglichkeit, die Arbeit gemeinsam zu bewältigen, sondern sich auch bei Problemen und Schwierigkeiten gegenseitig zu helfen.

Lern- und Entwicklungsmöglichkeiten: Im Sinne der Arbeits- und Organisationspsychologie gute Arbeitsaufgaben bieten den Arbeitnehmern Lern- und Entwicklungsmöglichkeiten. Damit soll die allgemeine geistige Flexibilität der arbeitenden Menschen erhalten bleiben.

Zeitelastizität und stressfreie Regulierbarkeit: Gute Arbeitsaufgaben lassen Raum für stressfreies Nachdenken und selbstgewählte Interaktion. Unangemessene Arbeitsverdichtung, die den Arbeitnehmern keine zeitlichen Freiräume lässt, verletzt dieses Kriterium. Bei der Festlegung von Vorgabezeiten müssen entsprechende Puffer eingeräumt werden.

11.7 Kapitel 7

1. Was versteht man unter Ethik?

Das Wort Ethik leitet sich vom griechischen Ethos ab und bedeutet Charakter. Im Gegensatz zur Moral geht es bei der Ethik nicht um einen Verhaltenskodex an sich, sondern um die Analyse verschiedener Moralvorstellungen. Sie ist gewissermaßen die Wissenschaft der Moral und beschäftigt sich mit Fragen wie: „Ist Stehlen immer falsch?" oder „Wann ist Lügen akzeptabel?"

2. Welche ethischen Perspektiven werden unterschieden?

Es werden die teleologische Ethik, die deontologische Ethik und die Tugendethik unterschieden.

In der teleologischen Ethik werden Handlungen ausschließlich nach den beabsichtigten Folgen beurteilt.

In der deontologischen Ethik wird die Handlung selbst als gut oder schlecht beurteilt, unabhängig von dem Ergebnis, das sie bewirkt.

Anders als die beiden vorherigen Ethiken beurteilt die Tugendethik nicht eine Handlung, sondern die handelnde Person selbst bzw. deren Charakter oder Haltung.

3. Beschreibe den Begriff digitale Ethik.

Die digitale Ethik beschäftigt sich mit Auswirkungen der Digitalisierung auf die verschiedenen Lebensbereiche und beurteilt, wie moralisches Handeln unter den Bedingungen der Digitalisierung aussehen kann und sollte. Insbesondere für die Gestaltung von digitalen Anwendungen soll der Mensch zu einem reflexionsfähigen Gestalter seiner Welt befähigt werden. Er soll begründbare Haltungen entwickeln und sich auf dieser Basis verantwortlich in der Digitalität verhalten. Der Begriff digitale Ethik entwickelt sich als Oberbegriff für ethische Fragen in der Informatik.

4. Wie sind Informationsethik und Maschinenethik definiert? Was unterscheidet sie?

Informationsethik untersucht also die Moral (in) der Informationsgesellschaft und stellt sich die Frage, was gutes (menschliches) Verhalten ist. Beispielhafte Themen der Informationsethik sind Privatsphäre, automatische Entscheidungsfindung, digitale Piraterie und Cybermobbing.

Die Maschinenethik beschäftigt sich mit der Frage, wie Maschinen so konstruiert und programmiert werden können, dass sie sich gemäß ethischer Werte verhalten. Während sich die Informationsethik auf das ethische Handeln von Menschen (den Entwicklern oder Anwendern der Systeme) bezieht, nimmt die Maschinenethik das ethische Handeln der technischen Systeme selbst in den Blick.

5. Welche Leitlinien für eine Informationsethik gibt es?

Zentrale Leitlinien für eine Informationsethik sind:
– Bericht der Datenethikkommission

- Stellungnahme des Deutschen Ethikrats
- Code of Ethics and Professional Conduct der ACM
- Ethische Leitlinien der GI

6. Benenne die Themen der ethischen Leitlinien der Gesellschaft für Informatik (GI).

Die ethischen Leitlinien der GI beziehen sich auf zwölf Themen:
- Fachkompetenz
- Sachkompetenz und kommunikative Kompetenz
- Juristische Kompetenz
- Urteilsfähigkeit
- Arbeitsbedingungen
- Organisationsstrukturen
- Lehren und Lernen
- Forschung
- Zivilcourage
- Soziale Verantwortung
- Ermöglichung der Selbstbestimmung
- Die Gesellschaft für Informatik

11.8 Kapitel 8

1. Was versteht man unter Joint Optimization?

Das Prinzip der Joint Optimization (gleichzeitige Verbesserung) besagt, dass das soziale System immer gemeinsam mit dem technischen System verändert werden muss. Ein Projekt zur Gestaltung eines sozio-technischen Systems muss die bestmögliche Passung zwischen technischem und sozialem System finden.

2. Was versteht man unter Organizational Choice?

Der Begriff Organizational Choice (organisatorische Wahlfreiheit) bezeichnet die Freiheitsgrade, die jede Organisation bei der Einführung und Nutzung eines technischen Systems hat.

3. Welche vier Einflussgrößen für die Technikakzeptanz nennt das UTAUT und worauf wirken sie?

Die Einflussgrößen Leistungserwartung, Aufwandserwartung und sozialer Einfluss wirken auf die Verhaltensabsicht eines Menschen. Unterstützende Rahmenbedingungen als Einflussgröße wirkt direkt auf das Nutzungsverhalten.

4. Erkläre Technikaneignung, Appropriation und Evolving Use.

Technikaneignung beschreibt den sozialen Prozess, in dem Menschen sich ein technisches System zu eigen machen. Dieser Prozess wird in der Wissenschaft unterschiedlich beschrieben. Der Begriff Evolving Use (sich entfaltende Nutzung) hebt den Aspekt hervor, dass sich die Nutzung einer Software nicht vorherbestimmen lässt. Nutzende tendieren dazu, IT-Systeme neu zu erfinden, indem sie neuartige Wege der Nutzung einführen. „Appropriation ist die Art, in der Technologien adoptiert, angepasst und in den Arbeitspraxis integriert werden. Hierzu gehört die nutzerspezifische Anpassung im gebräuchlichen Sinne (d. h. die explizite Rekonfiguration der Technologie, um lokale Bedürfnisse zu bedienen); darüber hinaus beinhaltet sie aber auch den Gebrauch der Technologie für Zwecke, die über das hinaus gehen, für das sie ursprünglich entworfen war, oder für neue Ziele." (Dourish, 2003, S. 467, Übersetzung der Autorinnen). Damit beinhaltet der Begriff Appropriation in Ergänzung zu Evolving Use auch den Aspekt der Technikkonfiguration.

5. Welche Motive für die Nutzerpartizipation hast du in diesem Kapitel kennengelernt?

– Projekterfolg
– Wertvorstellungen
– gesetzliche Vorgaben
– theoretische Überlegungen
– Regeln aus Vorgehensmodellen

6. Wie unterscheiden sich Nutzerbeteiligung und Nutzerpartizipation?

Von Nutzerpartizipation (engl. *user participation*) kann dann gesprochen werden, wenn Entwickelnde und Nutzende gemeinsam aktiv an der Entwicklung oder dem Designprozess arbeiten (Abelein und Paech, 2015). Davon abzugrenzen ist der Begriff der Nutzerbeteiligung (engl. *user involvement*), der eine passivere Rolle der Nutzenden beschreibt. Manchmal beschränkt sich der Begriff der Nutzerbeteiligung auch auf das Empfinden der Nutzenden in Bezug auf das IT-System.

7. Welche Grade der Nutzerpartizipation hast du kennengelernt und wie kann man sie einsetzen?

Information: Diese Art der Nutzerbeteiligung ist sinnvoll, wenn es zwar viele Nutzende gibt, diese in ihrem (Arbeits-)leben von dem IT-System aber nur am Rande betroffen sind.

Datenerhebung: Die IT-Experten sollen durch die Datenerhebung das Umfeld des zu gestaltenden IT-Systems besser einschätzen können.

Beratung: In der Beratung entwickelt sich ein Dialog zwischen zukünftigen Nutzerinnen und Nutzern und den für die Gestaltung des IT-Systems verantwortlichen IT-Experten. Die Entscheidung über die Gestaltung bleibt aber bei den IT-Experten.

Mitbestimmung: Es findet ein Dialog zwischen IT-Experten und zukünftigen Usern über das IT-System statt. Darüber hinaus ist eindeutig geregelt, dass die Nutzer-Meinung in der Entwicklung berücksichtigt werden muss.

8. Wie unterscheiden sich direkte und repräsentative Beteiligung in IT-Projekten?

Im Falle der direkten Partizipation werden die zukünftigen User des IT-Systems persönlich in das Entwicklungsprojekt integriert. Im Falle der repräsentativen Partizipation werden sie durch andere vertreten. Im Unternehmenskontext können dies formal Mitglieder des Betriebsrats sein. Es können aber auch Keyuser unter den Mitarbeitenden ausgewählt werden, die stellvertretend für alle an einem IT-Projekt teilnehmen.

11.9 Kapitel 9

1. Was versteht man unter einem Wicked Problem?

Für Wicked Problems, auf deutsch auch vertrackte, verzwickte, unstrukturierte oder schwierige Probleme genannt, ist es besonders herausfordernd, eine Lösung zu erarbeiten. Sie sind nach Rittel und Webber (Rittel und Webber, 1973) durch zehn Eigenschaften charakterisiert:

1. Es gibt keine definitive Formulierung für ein vertracktes Problem.
2. Vertrackte Probleme haben kein natürliches Ende.
3. Lösungen für vertrackte Probleme sind nicht richtig oder falsch, sondern gut oder schlecht.
4. Es gibt keine unmittelbare und keine endgültige Prüfung einer Lösung für ein vertracktes Problem.
5. Jede Lösung für ein vertracktes Problem ist eine „einmalige Aktion"; da es keine Möglichkeit gibt, durch Versuch und Irrtum zu lernen, ist jeder Versuch wichtig.
6. Für vertrackte Probleme gibt es weder eine aufzählbare (oder erschöpfend beschreibbare) Menge möglicher Lösungen noch eine gut beschriebene Menge zulässiger Operationen, die in den Plan aufgenommen werden können.
7. Jedes vertrackte Problem ist im Wesentlichen einmalig.
8. Jedes vertrackte Problem kann als Symptom eines anderen Problems gedeutet werden.
9. Die Existenz einer Diskrepanz, die ein vertracktes Problem darstellt, kann auf verschiedene Weise erklärt werden. Die Wahl der Erklärung bestimmt den Weg der Problemlösung.
10. Der Planer hat kein Recht auf Fehler.

Das Gegenteil von Wicked Problem nennt man auch „Tame Problem" oder zahmes Problem.

2. Nenne und erkläre mindestens drei Eigenschaften, die ein Problem zu einem Wicked Problem machen.

1. Es gibt keine definitive Formulierung für ein vertracktes Problem. Wenn ein Unternehmen ein IT-Projekt zur Einführung eines ERP-Systems startet, dann hat es

zuvor ein Problem identifiziert, das gelöst werden soll. Das kann beispielsweise lauten: „Unsere Einkaufsprozesse sind nicht effizient genug." Das Unternehmen könnte das Problem aber auch auf vielfältige andere Weise formulieren, wie zum Beispiel: „Unsere Einkaufsprozesse sind zu teuer." Während es bei strukturierten Problemen wie Schach eindeutige Problemstellungen gibt wie zum Beispiel „Schlage den König deines Gegners, bevor er deinen schlägt!", muss die Problemstellung bei Wicked Problems ausgehandelt werden. Sie bleibt immer interpretationsbedürftig.

2. Es gibt keine unmittelbare und keine endgültige Prüfung einer Lösung für ein vertracktes Problem. Wenn die Einführung eines ERP-Systems den Einkaufsprozess des Unternehmens effizienter machen soll, dann lässt sich das nicht unmittelbar nach Inbetriebnahme prüfen. Man muss die Prozesskosten über eine längere Zeit messen und interpretieren. Auch nach einer erfolgten Bewertung können immer noch Änderungen – beispielsweise ein langwieriges und kostenintensives Update – eintreten, die das Bild vollständig ändern. Ein Schachspiel hingegen ist und bleibt gewonnen, wenn der gegnerische König fällt.

3. Für vertrackte Probleme gibt es weder eine aufzählbare (oder erschöpfend beschreibbare) Menge möglicher Lösungen noch eine gut beschriebene Menge zulässiger Operationen, die in den Plan aufgenommen werden können. Im Schach gibt es klare Regeln hinsichtlich der erlaubten Züge. Auch die Menge der Lösungsmöglichkeiten ist durch die Regeln begrenzt. Bei der Einführung eines ERP-Systems hingegen gibt es im Zusammenspiel von Organisation und Technik nahezu unbegrenzt viele Kombinationsmöglichkeiten (vgl. Kapitel 8, Organizational Choice). Für die Methoden, die im Projekt zum Einsatz kommen, gibt zwar es Best Practices, diese muss jedes Unternehmen aber für sich und sein Projekt individuell anpassen.

3. Erkläre, was man unter einer Heuristik versteht. Nenne ein allgemeines Beispiel für eine Heuristik.

Eine Heuristik ist eine „Vorgehensweise zur Lösung von allg. Problemen, für die keine eindeutigen Lösungsstrategien bekannt sind oder aufgrund des erforderlichen Aufwands nicht sinnvoll erscheinen; beinhaltet in erster Linie ‚Daumenregeln' auf der Grundlage subjektiver Erfahrungen und überlieferter Verhaltensweisen. Heuristik wird v. a. in schlecht strukturierten und schwer überschaubaren Problembereichen angewendet." (Thommen und Siepermann, 2018). Ein Beispiel aus dem Alltag ist: Wenn eine Studentin in der übervollen Mensa ihre Kommilitonen sucht, dann wird sie nicht systematisch in einer Ecke beginnend alle Tischreihen absuchen. Sie wird gezielt in den Bereichen suchen, in denen sie häufig sitzt, weil sie vermutet, dass sie dort auch heute wieder sitzen.

4. Nenne und erläutere die acht Heuristiken für das sozio-technische Systemdesign im Kontext von Industrie 4.0.

1. Nachvollziehbarkeit und Feedback zur Aufgabenbearbeitung: Nutzende sollen jederzeit nachvollziehen können, wieviel ihrer Aufgabe sie schon bewältigt haben, und wieviel noch vor ihnen liegt. Darüber hinaus sollen sie Feedback zu der Qualität ihrer Aufgabenbearbeitung erhalten.

2. Von der Flexibilität der Vorgehensweisen zur gemeinsamen Weiterentwicklung des Systems: Mitarbeitende sollen nicht mehr als unbedingt notwendig durch das technische System zu einer bestimmten Vorgehensweise gezwungen werden. Sie sollen die Aufgabenbearbeitung innerhalb einer Gruppe flexibel abstimmen und verteilen können.

3. Kommunikationsunterstützung für Aufgabenbearbeitung und sozialen Austausch: In dem sozio-technischen System muss es gute Möglichkeiten zur Kommunikation unter Mitarbeitenden geben.

4. Aufgabengebundener Informationsaustausch für die Erleichterung geistiger Arbeit: Die Stärken von IT-Systemen für eine gute Informationswirtschaft werden genutzt. So ist die richtige Information zum richtigen Zeitpunkt im erforderlichen Umfang sowie der erforderlichen Qualität am richtigen Ort (Laudon et al., 2016). Gleichzeitig wird darauf geachtet, dass keine unnötigen persönlichen Daten gesammelt werden, und dass keine unvereinbarte Leistungskontrolle auf Basis der Daten durchgeführt wird.

5. Balance zwischen Anstrengung und erlebtem Erfolg: Ein Arbeitsplatz wird so gestaltet, dass für die Menschen im psychologischen Sinne gute Arbeitsaufgaben entstehen.

6. Kompatibilität zwischen Anforderungen, Kompetenzentwicklung und Systemeigenschaften: Innerhalb des sozio-technischen Systems werden die Eigenschaften des technischen Systems auf die Anforderungen des Unternehmens und der Mitarbeitenden angepasst und kontinuierlich weiterentwickelt, auch bei sich ändernden Rahmenbedingungen.

7. Effiziente Aufgabenverteilung für ganzheitliche Ziele: Sozio-technische Systeme in Unternehmen entstehen, damit für das Unternehmen wichtige Ziele erreicht werden können. Dabei muss die Aufgabenverteilung sowohl zwischen Mensch und IT-System als auch zwischen den Mitarbeitenden so verteilt werden, dass sie der Zielerreichung dient.

8. Unterstützende Technik und Ressourcen für produktive und fehlerfreie Arbeit: IT-Systeme sollen Menschen bei ihrer Arbeit unterstützen und effizientere, fehlerfreie Aufgabenbearbeitung ermöglichen.

5. Nenne und erläutere Methoden zur Umfeldanalyse in Projekten zur Gestaltung sozio-technischer Systeme.

–   Dokumentenanalyse: In Unternehmen existieren in der Regel Dokumente wie Jahresberichte, Unternehmensleitlinien, Arbeitsplatzbeschreibungen, Prozessbeschreibungen, Organisationshandbücher u. Ä. Solche Dokumente können ein erster Einstieg sein, um das Umfeld für ein IT-Projekt kennenzulernen.

– Interviews: Die IT-Experten befragen die zukünftigen Nutzenden und andere Projektbeteiligte zu dem anstehenden IT-Projekt. Methodisch zu unterscheiden sind geschlossene Interviews, die mit einem festen Fragenkatalog operieren, von offenen Interviews, in denen sich der Gesprächsverlauf spontan entwickeln kann.

– Schriftliche Befragungen: Sind persönliche Gespräche nicht möglich, so kann man zukünftige Nutzende auch schriftlich mit Hilfe von Fragebögen um ihre Einschätzung bitten.

– Teilnehmende Beobachtung (ethnographische Vorgehensweise): IT-Experten begeben sich für eine gewisse Zeit in das Arbeitsumfeld der zukünftig Nutzenden. Sie nehmen an dem Arbeitsalltag teil und dokumentieren diesen für das Projekt.

6. Nenne weitere Methoden, die in Projekten zur Gestaltung sozio-technischer Systeme zum Einsatz kommen können.

Arbeitsanalysen aus der Arbeitspsychologie können verwendet werden, um die Eigenschaften von Arbeitsplätzen zu ermitteln. Diese können dann in die Neugestaltung IT-gestützter Arbeitsprozesse einfließen.

Im Bereich der Anforderungsanalyse gibt die Methode der Task Support Requirements (TSR). Sie können eingesetzt werden, um die Arbeitsteilung zwischen Mensch und Technik (auch Functional Allocation genannt) zu beschreiben.

Crowd-Centric Requirements Engineering (CCRE) kann eingesetzt werden, um große anonyme Gruppen an einer Anforderungsanalyse zu beteiligen.

7. Erläutere die Methode des Walkthrough in der Informatik.

Allen Walkthrough-Methoden gemeinsam ist, dass ein Gegenstand, etwa ein Software-Programm oder ein Dokument, schrittweise anhand von Leitfragen überprüft wird. Die Inspektion kann mehrere Gegenstände, Softwaresysteme, Dokumente oder deren Kombination umfassen. In der Informatik gibt es Code Walkthrough, Cognitive Walkthrough, Groupware Walkthrough oder den Socio-Technical Walkthrough.

8. Erläutere das Ziel der Methode Socio-Technical Walkthrough.

Der Socio-Technical Walkthrough (STWT) gehört zu den partizipativen Methoden und ermöglicht es zukünftig Nutzenden und IT-Experten, gemeinsam an der Gestaltung eines sozio-technischen Systems zu arbeiten. Der Zweck des STWT ist es, ein sozio-technisches System im Ganzen zu verstehen und zu gestalten. STWT-Workshops sind moderierte Gruppendiskussionen, in denen die Teilnehmer bestimmte Aspekte eines sozio-technischen Systems gemeinsam weiterentwickeln.

9. Nenne Vorgehensmodelle zur Gestaltung sozio-technischer Systeme.
– Softwaretechnik für Evolutionäre Partizipative Systemgestaltung (STEPS)
– Value-Based Engineering (VBE)
– Soft Systems Methodology (SSM)
– Ethical Deliberation in Agile Processes (EDAP)
– Ethics Canvas

10. Erläutere das Vorgehen des Ethical Deliberation in Agile Projects (EDAP).
EDAP beschreibt die Integration ethischer Fragestellungen in agilen Projektvorgehensweisen zur Softwareentwicklung in drei Phasen. In der ersten Phase identifizieren die Verantwortlichen den gesellschaftlichen und organisatorischen Werterahmen, in dem das Projekt platziert ist. Dieser Rahmen wird im weiteren Verlauf des Projektes nicht mehr grundlegend hinterfragt. In der zweiten Phase werden Anforderungen für das Projekt formuliert, die sich aus dem Werterahmen ergeben. Diese Anforderungen werden in das Backlog des Projektes aufgenommen. In der dritten Phase berücksichtigt das Entwicklungsteam die formulierten Anforderungen in jedem Zyklus der technischen Umsetzung.

11. Erläutere die Besonderheit des Vorgehensmodells STEPS für die Gestaltung sozio-technischer Systeme.
STEPS ist ein Vorgehensmodell für Softwareentwicklung, in dem die Organisationsentwicklung durch den Schritt „Umfeldvorbereitung" explizit verortet ist; damit unterstützt STEPS eine sozio-technische Systemgestaltung.

12. Erläutere die Elemente des generischen Vorgehensmodells zur Gestaltung sozio-technischer Systeme.
Im oberen Teil des Modells ist der Entstehungs- bzw. Entwicklungsprozess abgebildet: Veränderungen im sozialen System werden parallel zu der Entwicklung im technischen System vorbereitet. Der doppelseitige Pfeil zwischen den beiden Aktivitäten steht für das Prinzip der Joint Optimization. Im unteren Teil des Modells ist als Ergebnis ein sozio-technisches System entstanden, in dem sich ein durch das Projekt verändertes, soziales System auf ein technisches System in seiner Umwelt eingestellt hat. Dabei sind die drei Elemente Kommunikationsunterstützung, wechselseitige Prägung und sozio-technische Selbstbeschreibung erarbeitet worden.

11.10 Kapitel 10

1. Erkläre relevante Passagen des BetrVG, die die Beteiligung von Arbeitnehmenden an IT-Projekten regelt.
Das Betriebsverfassungsgesetz (BetrVG) regelt bundesweit für privatwirtschaftliche Unternehmen die Mitbestimmung der Arbeitnehmer. Der § 87 regelt die Mitbestim-

mungsrechte (Dritter Abschnitt, Soziale Angelegenheiten), § 90 bezieht sich auf Unterrichtungs- und Beratungsrechte (Vierter Abschnitt, Gestaltung von Arbeitsplatz, Arbeitsablauf und Arbeitsumgebung) und § 91 das Mitbestimmungsrecht (Vierter Abschnitt, Gestaltung von Arbeitsplatz, Arbeitsablauf und Arbeitsumgebung).

2. Welche Daten regelt die EU-Datenschutzgrundverordnung? Für wen gilt sie?
Die Datenschutz-Grundverordnung gilt für jegliche Verarbeitung personenbezogener Daten. Sie gilt sowohl für öffentliche Stellen (z. B. Behörden) als auch nicht-öffentliche Stellen (z. B. natürliche Personen, Gesellschaften und andere Personenvereinigungen des Privatrechts), immer dann, wenn sie Informationen über eine identifizierte oder identifizierbare natürliche Person verarbeiten.

3. Welche Gesetze werden der EU-Digitalstrategie zugeordnet?
Zu den verhandelten und verkündeten Gesetzen im Rahmen der Digitalstrategie der EU zählen bis zur Drucklegung dieses Lehrbuchs:
- Gesetz über digitale Dienste (Digital Services Act, DSA)
- Gesetz über digitale Märkte (Digital Markets Act, DMA)
- EU-KI-Verordnung (AI Act) sowie
- weitere datenbezogene Gesetze

4. Was sind Gatekeeper im Sinne des Digital Markets Act?
Unternehmen sind Gatekeeper, wenn sie
- „eine starke wirtschaftliche Position mit erheblichen Auswirkungen auf den Binnenmarkt innehat und in mehreren EU-Ländern aktiv ist,
- über eine starke Vermittlungsposition verfügt, d. h. eine große Nutzerbasis mit einer großen Anzahl von Unternehmen verbindet,
- eine gefestigte und dauerhafte Position auf dem Markt hat (oder bald haben wird). Als über längere Zeit stabil gelten Unternehmen, wenn sie die beiden vorgenannten Kriterien in jedem der letzten drei Geschäftsjahre erfüllt haben." (EU, o. J.c).

5. Welche Pflichten und Verbote gelten für diese Gatekeeper?
Als Pflichten gilt, dass Gatekeeper:
- „Dritten ermöglichen, in bestimmten Situationen mit den eigenen Diensten des Gatekeepers zusammenzuarbeiten,
- es ihren gewerblichen Nutzern ermöglichen, auf die Daten zuzugreifen, die sie bei der Nutzung der Gatekeeper-Plattform generieren,
- den Unternehmen, die auf ihrer Plattform Werbung betreiben, die notwendigen Instrumente und Informationen zur Verfügung stellen, um eine eigene, unabhängige Überprüfung ihrer Werbung auf der Gatekeeper-Plattform vornehmen zu können,

– es ihren gewerblichen Nutzern ermöglichen, ihr Angebot zu bewerben und Verträge mit ihren Kunden außerhalb der Gatekeeper- Plattform abzuschließen."
(EU, o. J.c)

Demgegenüber gelten Verbote für „Dienstleistungen und Produkte, die
– der Gatekeeper selbst anbietet, gegenüber ähnlichen Dienstleistungen oder Produkten, die von Dritten auf der Plattform des Gatekeepers angeboten werden, in puncto Reihung bevorzugt behandeln,
– Verbraucher/innen daran hindern, sich an Unternehmen außerhalb ihrer Plattformen zu wenden,
– Nutzer/innen daran hindern, vorab installierte Software oder Apps zu deinstallieren, wenn sie dies wünschen,
– Endnutzer/innen außerhalb des zentralen Plattformdienstes des Gatekeepers zum Zwecke gezielter Werbung ohne ausdrückliche Zustimmung nachverfolgen."
(EU, o. J.c).

6. Welche Risikoklassen werden in der KI-Verordnung unterschieden?

In der KI-Verordnung werden unterschiedliche Risikoklassen unterschieden, für die der Umgang unterschiedlich geregelt ist:
– Unannehmbares Risiko: KI-basierte Systeme, von denen eine klare Bedrohung für die Grundrechte der Menschen ausgeht, sind verboten.
– Hohes Risiko: KI-Systeme, die als hochriskant eingestuft werden.
– Begrenztes Risiko: KI-Systeme, die mit mangelnder Transparenz bei der KI-Nutzung verbunden sind.
– Minimales Risiko: Viele KI-basierte Systeme, zum Beispiel Spamfilter und KI-gestützte Videospiele, unterliegen keinen besonderen Verpflichtungen.

11.11 Literatur

Abelein, Ulrike; Paech, Barbara (2015): Understanding the Influence of User Participation and Involvement on System Success – a Systematic Mapping Study. In: Empirical Software Engineering, 20, 1, S. 28–81.
Belliger, Andrea; Krieger, David (2024): From Systems to Actor-Networks: A Paradigm Shift in the Social Sciences. Bradford: Ethics International Press Limited.
Berkemeier, Lisa; Zobel, Benedikt; Werning, Sebastian; Ickerott, Ingmar; Thomas, Oliver (2019): Engineering of Augmented Reality-Based Information Systems. In: Business & Information Systems Engineering, 61, 1, S. 67–89.
Degele, Nina (2002): Einführung in die Techniksoziologie. München: Wilhelm Fink Verlag.
Dourish, Paul (2003): The Appropriation of Interactive Technologies: Some Lessons from Placeless Documents. In: Computer supported cooperative work, 12, 4, S. 465–490.
EU (o. J.c): Das Gesetz über digitale Märkte: für faire und offene Märkte. Online verfügbar unter https://commission.europa.eu/strategy-and-policy/priorities-2019-2024/europe-fit-digital-age/digital-markets-act-ensuring-fair-and-open-digital-markets_de (abgerufen am 23.04.2025).

Gesellschaft für Informatik e.V. (GI) (2015): Was ist Informatik. Online verfügbar unter https://gi.de/filead min/GI/Hauptseite/Themen/was-ist-informatik-kurz.pdf (abgerufen am 11.01.2025).

Häußling, Roger (2019): Techniksoziologie: Eine Einführung, 2., überarbeitete und aktualisierte Auflage. Opladen, Toronto: Verlag Barbara Budrich.

Laudon, Kenneth C.; Laudon, Jane P.; Schoder, Detlef (2016): Wirtschaftsinformatik – Eine Einführung, 3. deutsche Auflage. Halbergmoos: Pearson Deutschland GmbH.

Nerdinger, Friedemann W.; Blickle, Gerhard; Schaper, Niclas (2019): Arbeits- und Organisationspsychologie, 4. Auflage. Berlin, Heidelberg: Springer.

Polojärvi, Dana; Palmer, Erika; Dunford, Charlotte (2023): A systematic literature review of sociotechnical systems in systems engineering. In: Systems Engineering, 26, 4, S. 482–504.

Rittel, Horst W. J.; Webber, Melvin M. (1973): Dilemmas in a general theory of planning. In: Policy Sciences, 4, 2, S. 155–169.

Springer Gabler Verlag (2010): Gabler Wirtschaftslexikon, Stichwort: Gesellschaft. Online verfügbar unter https://wirtschaftslexikon.gabler.de/definition/gesellschaft-35084/version-151515 (abgerufen 01.06.2025).

Schubert, Cornelius; Schulz-Schaeffer, Ingo (2019): Einleitung: Berliner Schlüssel zur Techniksoziologie. In: Schubert, Cornelius; Schulz-Schaeffer, Ingo (Hrsg.): Berliner Schlüssel zur Techniksoziologie. Wiesbaden: Springer Fachmedien Wiesbaden, S. 1–6.

Thommen, Jean-Paul; Siepermann, Markus (2018): Heuristik. In: Gabler Wirtschaftslexikon. Online verfügbar unter https://wirtschaftslexikon.gabler.de/definition/heuristik-34474/version-257976 (abgerufen am 21.04.2025).

Index

https://doi.org/10.1515/9783111478555-012